Gagner à l'international

La collection « L'aventure industrielle »
Collection dirigée par
Jean-Claude Laloire et Serge Besanger

Les fermetures d'usines, délocalisations et autres destructions d'emplois industriels nourrissent une certaine inquiétude de l'opinion. Mais sait-on qu'il existe en France de véritables fleurons, qui écrivent en ce moment même de très belles pages de l'aventure industrielle française ? Construction électrique, aéronautique, automobile et navale, hautes technologies, énergie ou même électroménager : les champions du « made in France » exportent et génèrent des emplois. Oui, la réindustrialisation est possible, et ces entreprises nous montrent comment.

Serge Besanger

Gagner à l'international

L'aventure Leroy-Somer

Préface de Jean-Claude Laloire

L'Harmattan

5-7, rue de l'Ecole-Polytechnique, 75005 Paris

http://www.editions-harmattan.fr

ISBN : 978-2-14-048585-5
EAN : 9782140485855

À ma famille, qui m'inspire chaque jour.

SOMMAIRE

« Être patron,
c'est d'être serviteur qu'il s'agit. »
Jean Girette

PRÉFACE

Un leader engagé

Serge Besanger a dirigé diverses filiales et *business units* au sein du groupe Leroy-Somer en Europe, puis en Asie. Une expérience dans laquelle il combine rigueur et vision stratégique remarquable. En tant qu'officier de réserve, il aborde ses engagements avec un sérieux inébranlable. Après des médailles des Affaires étrangères, des réservistes des Armées et du don du sang, la récente reconnaissance de ses contributions par l'Ordre national du Mérite met en évidence son dévouement exceptionnel et sa courageuse constance. Ces distinctions témoignent de son impact significatif, tant dans le domaine professionnel que dans son engagement, aussi bien sur le plan civil que militaire.

Serge incarne de belles valeurs et constitue une véritable inspiration pour ceux qui ont le bonheur de le côtoyer. Sa capacité remarquable à former, inspirer et guider des équipes à travers les continents est également saluée par ses pairs. En homme d'équipage, Serge souligne constamment la richesse des individus au sein d'une entreprise, reconnaissant que la réussite d'une structure repose avant tout sur ses membres.

Son passage au sein d'un cabinet-conseil en stratégie a éveillé sa passion pour l'organisation des entreprises. Il a préparé le terrain pour le succès qu'il a rencontré ensuite, redressant avec brio plusieurs filiales de Leroy-Somer et autres entreprises industrielles. Pour tous ceux qui s'intéressent aux belles aventures humaines, le parcours de Serge demeure une source d'inspiration. Nous exprimons notre gratitude, ainsi que celle de toute l'équipe de la Fondation Leroy, pour cet exemple de leadership transcendant les frontières culturelles.

Jean-Claude Laloire
Commandeur de l'Ordre national du Mérite
Président de l'AOR AR
(Association des Officiers de Réserve de l'Arrondissement de Rambouillet)

ENTRÉE EN MATIÈRE

À l'échelle internationale, les relations commerciales reposent davantage sur la confiance personnelle que sur des accords contractuels formels. L'établissement de liens solides requiert du temps, des interactions régulières et une communication ouverte. Les rencontres directes, le réseautage et les visites sur le terrain revêtent une importance capitale à cet égard. Il est impératif de s'adapter aux besoins et aux attentes spécifiques de chaque marché, ce qui demande une compréhension approfondie des préférences et tendances locales.

Ce livre se propose d'expliquer en détail les compétences nécessaires pour réussir dans ce contexte international exigeant. Les aspects clés incluent les compétences en négociation interculturelle, la capacité à trouver des compromis et à résoudre les conflits de manière constructive. J'aborde ces sujets avec l'objectif de fournir des conseils utiles pour naviguer avec succès dans l'univers, toujours plus mondialisé, des affaires.

Je vous souhaite une excellente lecture.

Serge Besanger

PROLOGUE

Peu de gens savent à quel point les moteurs électriques et les alternateurs jouent un rôle essentiel dans nos vies. Ils ignorent de même l'omniprésence de l'entreprise Leroy-Somer dans chaque moment de leur journée. Vous prenez l'ascenseur ? Il y a de fortes chances que celui-ci soit mû par un moteur Leroy-Somer. Vous vous déplacez à bord d'un véhicule électrique de marque Peugeot, Citroën, Opel, Fiat Chrysler, Jeep et bientôt Maserati ? Le moteur est également signé Leroy-Somer ! Vous empruntez un escalator ? Encore un moteur Leroy-Somer.

Votre immeuble de bureau connaît une micropanne d'électricité ? Une génératrice Leroy-Somer s'ébranle à votre secours. Vous mettez en route la ventilation ? Des moteurs Leroy-Somer entraînent la majeure partie des systèmes de ventilation et de refroidissement installés en France comme un peu partout dans le monde. De l'eau ? C'est une électropompe Leroy-Somer qui se met en marche. Et ainsi de suite.

Groupe centenaire de tradition humaniste, premier groupe industriel admis au CAC de la Bourse de Paris en 1986[1], Leroy-Somer exporte plus de 98 % de sa production et contribue largement à la balance commerciale industrielle de la France. L'entreprise est aussi l'inventrice du moteur électrique moderne, de l'alternateur autorégulé, du groupe de continuité autorégulé pour applications informatiques, des panneaux solaires à haut rendement ainsi que de pompes à chaleur et autres produits hautement innovants... Acheter du Leroy contribue à rendre le monde meilleur !

Ce modèle d'ingéniosité, de talent et d'ambition continue de se développer sur tout le territoire et de regarder vers l'avenir.

Comment une entreprise de taille moyenne comme Leroy-Somer devient-elle leader mondial dans sa spécialité ? En quoi la concurrence internationale nous aide-t-elle à progresser ? Pourquoi faut-il rester ouverts aux échanges avec l'étranger ? Pourquoi l'écoute et le service apporté au client doivent-ils être au cœur de nos préoccupations ?

Ce livre parle de stratégie, mais aussi de service client. Ce dernier s'avère central, car il est la première ligne de contact entre l'entreprise et ses

[1] Le CAC 5 se compose au départ de Leroy-Somer, LVMH, Synthélabo, UCB et Eurocom.

acheteurs, avant même le commercial. Le leader l'est et le restera parce qu'il sait rendre un meilleur service à ses utilisateurs.

Je remercie la Fondation Leroy pour son précieux travail de mémoire et de nombreux salariés et anciens salariés dont les témoignages ont contribué à cet ouvrage.

UN PEU D'HISTOIRE…

Marcellin Leroy débute son activité en 1919, à Angoulême. Son atelier se charge de rebobinage de moteurs électriques et remet en l'état des moteurs achetés à la ferraille[2]. La vie n'a pas épargné cet *immigrant* ch'ti à la santé précaire, mais l'artisan bobinier réussit néanmoins à faire grandir son entreprise. Elle se développe à l'international et invente des technologies considérées comme des références sur leurs marchés. Le 23 juin 1986[3], Leroy-Somer compte parmi les cinq premières entreprises françaises à intégrer le CAC : une reconnaissance de son incroyable parcours industriel.

Aujourd'hui, cette entreprise propose une gamme de produits extraordinaires auxquels les gens font confiance au quotidien pour travailler, vivre et se déplacer dans le monde entier. Loin de se résumer à ses moteurs de voitures électriques, génératrices ou moteurs d'ascenseur, Leroy-Somer, est d'abord un collectif, d'hommes et de femmes. Tous sont mobilisés autour d'un objectif commun : offrir des solutions performantes, propres et durables pour l'ensemble de la société grâce à une vaste gamme de machines électriques fiables et efficientes.

Dès ses débuts, l'établissement charentais revendique la compatibilité entre bien commun et performance économique. Ses missions : améliorer la productivité, optimiser les dépenses énergétiques, prolonger la durée de vie des équipements, proposer un accompagnement du parc de machines électriques, depuis les phases d'analyse en amont jusqu'à la gestion des équipements en fin de vie.

---

[2] Revue *Norois*, Faculté des Lettres de Caen-Poitiers-Rennes, No. 39, juillet 1963.
[3] « CAC 5 » : Leroy-Somer et LVMH, puis Eurocom, Synthélabo et UCB.

PARTIE I

Il était (une fois) un réparateur ch'ti...

Les débuts de l'aventure Leroy

Marcellin Leroy (1884-1958) voit le jour à Merck-Saint-Liévin, dans le Pas-de-Calais. La fratrie compte onze enfants. Une fois le certificat d'études en poche, le jeune homme commence à travailler avec son père, maréchal-ferrant. Ces deux forts tempéraments peinent à s'entendre et Marcellin décide de voler de ses propres ailes. Avant-guerre, il travaille dans un atelier de moteurs à Paris, jusqu'à sa mobilisation en 1914. Finalement déclaré inapte, il est envoyé à la poudrerie d'Angoulême. Le talentueux bricoleur est bientôt muté au service électrique. Parallèlement à son travail, il rachète des moteurs à la décharge, les répare, les revend et commence déjà à constituer sa clientèle. Une fois démobilisé, Marcellin Leroy crée sa petite entreprise de moteurs électriques place Saint-Pierre à Angoulême en 1919. Il déménage rue Léonard-Jarraud pour un local plus grand, l'année suivante puis récupère des locaux désaffectés d'une ancienne chaudronnerie à Sillac pour y installer son entreprise. Un nouveau bâtiment est construit avec des petits moyens : les ouvriers bâtissent eux-mêmes les murs, le soir après le travail.

Dans les premiers temps, l'atelier se consacre au rebobinage : les employés redonnent vie à des moteurs mis au rebut. La petite histoire raconte que ce patron, fort économe, ramasse chaque bout de cuivre abandonné avant d'aller voir son responsable d'atelier...

L'entreprise poursuit sa croissance. Elle survit à la crise de 1929 et à la 2de Guerre mondiale. Si son nom est alors totalement inconnu du grand public, ses clients s'appellent la Compagnie des forges et aciéries de la Marine et d'Homécourt, Renault, ou encore Le Creusot. Ils utilisent également des moteurs Jeumont, CGE, ou Alsthom, mais de plus en plus, des Leroy. L'idée de Marcellin Leroy consiste en effet à s'appuyer sur un réseau de centres de service situés à proximité des clients.

En cas de panne ou de dysfonctionnement, les « Leroy » apportent une solution rapide aux clients qui peuvent ainsi reprendre leurs activités dans des conditions optimales. L'entreprise met fin aux interminables parties de ping-pong dans lesquelles les concepteurs de moteurs, alternateurs, réducteurs, poulies ou engrenages se renvoient la balle. Marcellin Leroy suit ses clients à la trace et « piste » même des camions frigorifiques sur les dizaines de kilomètres… pour s'assurer que le moteur à bord donne entière satisfaction !

À la fin des années 1960, Leroy fusionne avec la Somer, fabricant de petits moteurs, et ouvre une division internationale. Les filiales à l'étranger s'installent d'abord dans des centres de service, telle la Secchi de Milan, afin de limer les coûts et de respecter la règle impérative des frais généraux et administratifs inférieurs à 1%, quel que soit le type d'implantation : la garantie du succès face aux concurrents.

Un modèle unique en France

L'édifiante histoire de Leroy-Somer montre qu'un petit atelier provincial inconnu des élites parisiennes, dirigé par un autodidacte sans le sou, peut devenir un leader mondial dans un métier complexe, technique et dominé par des acteurs maintes fois plus grands : ABB, GE, Siemens, Jeumont, Schneider, Alstom…

L'entreprise se démarque aussi en pratiquant une forme de cogouvernance unique au monde. Elle intègre cinq « productifs » dont quatre ouvriers au sein de son conseil de surveillance jusqu'en 1991.

De plus, elle met en place une politique audacieuse de participation aux résultats. Ces approches novatrices illustrent les convictions profondes du fondateur, élevé dans le catholicisme social et influencé par les prêtres-ouvriers. À l'instar de Charles de Gaulle, Marcellin Leroy cherche, une « troisième voie », en matière d'entrepreneuriat. Premier à embrasser ce type de gouvernance révolutionnaire en 1945 en France, il ouvre la voie à d'autres : Bouygues, Legrand…

Enfin, la société adopte une méthode de management qui lui est propre. Elle encourage la prise de décision autonome au niveau local et l'initiative individuelle au contact du client. Cette approche est souvent comparée à une « flottille de filiales » en référence au nombre d'anciens de la Marine nationale qui font Leroy. Décentralisation et autonomie constituent les clés du succès. La responsabilité favorise une réactivité immédiate et un esprit de service commun à tous les collaborateurs. Cette organisation est soutenue par une holding centrale très légère : moins de dix personnes coordonnent les activités globales de l'entreprise.

*

À quelques mois de ma diplomation de l'ESSEC, en janvier 1984, je suis recruté chez Leroy-Somer par Pierre Barbecot. Il est alors directeur de la zone Afrique et responsable de la fondation Aqua Viva qui œuvre pour le développement rural au Mali. Il se charge en outre de ce qu'on appellerait aujourd'hui la RSE[4]. À vingt ans, j'hésite entre Bank of Boston et un cabinet de conseil. L'enthousiasme et l'engagement de Pierre dans des causes humanitaires me font changer d'avis. J'ai de plus l'espoir de diriger très rapidement une filiale.

Mon *onboarding* commence par Rabion. Cette usine installée au sud d'Angoulême compte parmi les plus importantes de France. Elle produit alors quelque 19 000 tonnes de pièces par an... Je suis affecté au montage des motoréducteurs, face à la fonderie. 40 francs de mon premier salaire sont directement versés à Aqua Viva.

Depuis la fin des années 1970, des dizaines de motopompes et panneaux solaires Leroy-Somer équipent des puits sahéliens. Malgré les menaces liées au terrorisme, les tensions tribales et les conflits armés, guidés par la conviction profonde que l'accès à l'eau potable est un droit fondamental pour tous, Pierre et ses équipes font preuve d'un dévouement inébranlable. Leur mission apporte des changements qui impactent durablement la santé et le bien-être de milliers de Sahéliens.

---

[4] La RSE ou responsabilité sociétale des entreprises correspond à la mise en pratique du développement durable à l'échelle de l'entreprise.

PARTIE II

En route vers le CAC

Une nouvelle électrisante

À l'été 1983, au cœur d'une crise économique profonde marquée par l'inconvertibilité du franc et les fluctuations monétaires, Leroy-Somer réalise une opération remarquable. Elle acquiert le premier distributeur de produits industriels aux États-Unis, King Bearing.

L'histoire commence en début d'année, à l'initiative de l'Institut de développement industriel (IDI). Le rôle de cette structure étatique est de prendre des participations dans des réseaux de distribution étrangers capables d'importer rapidement des biens français, afin de soulager la balance des paiements. Claude Gros, *partner* de Cheverny Associates, filiale américaine de l'IDI, soumet le dossier à Jean-Paul Montupet, ex-HEC, *managing director* (administrateur délégué) de Leroy-Somer USA.

Le distributeur basé sur la côte ouest des États-Unis affiche un chiffre d'affaires de 200 millions de dollars. Il compte environ 1 600 employés, dispose d'une centaine de points de vente et se développe rapidement. Son chiffre d'affaires double tous les trois ans grâce à l'ouverture de nouvelles filiales et agences. Expansion rapide, profits à venir : le groupe est à vendre pour 300 millions de dollars. King Bearing est immédiatement identifié comme un candidat au rachat en raison de son potentiel d'importation de moteurs, motoréducteurs et électronique associée.

Principal exportateur de machines électriques aux États-Unis, Leroy-Somer USA possède une trésorerie confortable. Elle occupe une part significative du marché des moteurs d'ascenseurs, de la conversion et du maintien d'énergie. Son patron Jean-Paul Montupet lance aussitôt une *due diligence*[5]. L'équipe constituée par Nadia Barry, la trésorière groupe, découvre cependant un certain nombre de défis à relever. D'une part, King est un patronyme des plus courants. Cette marque pose même problème dans

[5] *Due diligence :* travail consistant à passer en revue l'ensemble des coûts, chiffres d'affaires, résultats, contrats et autres engagements d'une entreprise, en vue de son rachat éventuel.

certains États de la côte Est et en Grande-Bretagne. Par ailleurs, KB est au bord de la cessation de paiements : sa politique d'expansion est trop rapide… En outre, nous ne disposons pas de la somme demandée.

« Magic Montupet »

J.-P. Montupet propose alors une transaction basée principalement sur les futurs bénéfices de l'entreprise. Il sollicite l'IDI pour injecter 7,5 millions de dollars en échange de 25,5 % des parts, aux côtés de LS qui investirait une somme équivalente. Le reste serait versé en cinq tranches annuelles, selon les performances à venir. Connaissant les difficultés de nos concurrents à rapatrier des fonds de France en raison des contrôles de change, Montupet présente cette offre comme un « à prendre ou à laisser ».

Au final, l'achat de King Bearing s'effectue avec un investissement initial de seulement 7,5 millions de dollars, bien en dessous du montant initialement envisagé. C'est un coup de maître de la part de Jean-Paul Montupet, et ce « *deal de l'année* » va attirer l'attention du CAC pour inaugurer la cotation continue à la Bourse de Paris, où Leroy-Somer est désormais reconnu comme un « magicien des fusions-acquisitions à l'international. »

King Bearing présente un gros problème, cependant : *Ray-le-cogneur* (le patron de l'entreprise a été champion de boxe universitaire) est incapable de refuser les demandes des clients. Conséquence : des stocks excessifs, un crédit-client beaucoup trop généreux, et pas vraiment *under control*. KB, avec son approche « *Everything in stock, whenever you want it* », pose un défi que nous sommes déterminés à relever.

Montupet va donc réduire les stocks et les crédits-clients de moitié. Conséquence : la « libération » de quinze millions de dollars de cash, soit le double de notre investissement, somme que nous retrouvons en à peine huit mois… « Magic Leroy » là encore !

L'autre clé du succès réside dans la rapidité. Les produits Leroy sont vite intégrés au catalogue du distributeur américain et soutenus par la force de vente : 1 200 collaborateurs assurent le prompt décollage des ventes.

L'année suivante, Montupet envoie à Angoulême 40 millions de dollars au titre des prix de transfert, et 20 autres millions au titre des dividendes. Les États-Unis représentent alors 70% des profits nets du groupe. Barry annonce : « on va pouvoir réinvestir dans les usines. »

Rien de tel qu'une opération de M&A réussie pour électriser la Bourse. Or à cette époque, le CAC hésite entre Legrand et Leroy comme valeur industrielle phare de l'indice. Hélas pour Legrand, notre collègue de Limoges vient de rater son acquisition de Pass & Seymour, payée au prix fort, avec laquelle les synergies ne sont pas au rendez-vous (au début). La Bourse sanctionne Legrand, alors que l'action Leroy s'envole… Nos performances américaines nous ouvrent ainsi la voie pour figurer parmi les cinq plus grandes valeurs françaises retenues pour l'inauguration du CAC 5, le 23 juin 1986.

Lors de la Grand-messe de janvier 1985 qui réunit tous les collègues, Paul Barry qui succède à Georges Chavanes cette année-là, appelle les troupes à devenir les « 15 000 sur le pont d'Arcole ». Ce clin d'œil à Bonaparte et à ses troupes lors de la première campagne d'Italie souligne l'importance de l'engagement et de l'effort pour atteindre des objectifs ambitieux : 15% de croissance annuelle entièrement auto-financée, et 15% de marge opérationnelle (Ebitda). Montupet montre l'exemple aux autres patrons de filiale.

Désormais, le *benchmark*, c'est Jean-Paul. Au point que je vais bientôt proposer à Paul Barry de rééditer son incroyable performance — cette fois-ci, en Asie.

Les 15 000 d'Arcole

Pendant ce temps en Europe, la récession sévit. Les experts prévoient une période d'anémie prolongée pour l'équipement industriel. Les États-Unis apparaissent comme un relais évident, à la fois pour les ventes et les profits, aux côtés de la région indopacifique, en pleine croissance. Cependant, nous enregistrons de lourdes pertes dans cette région. L'usine érigée sous licence en Inde en 1957 commercialise les produits Leroy à travers le monde, sans pour autant verser le moindre centime de royalties à Angoulême, et Singapour concurrencée par l'Inde perd plus d'un million de dollars par an…

Je suis encore basé en Italie lorsque j'effectue une première mission en Asie, à la demande expresse de Paul Barry, qui s'inquiète de nos résultats là-bas. À mon retour, je présente au *board* mon analyse de la situation : l'Asie est sur le point de suivre une trajectoire similaire à celle des États-Unis. En réponse, Barry me propose comme administrateur délégué (mandataire social) pour l'ensemble de la zone indopacifique. L'objectif est ambitieux. Le chiffre d'affaires s'élève à 1 million de dollars et il s'agit d'atteindre deux cents fois plus en l'espace de cinq ans. Sur ce, je « signe ».

Ce nouveau départ coïncide avec la fin de la belle aventure du solaire pour notre entreprise. Au milieu des années 1980, Leroy-Somer nourrit effectivement de grands espoirs dans ce domaine grâce à France-Photon. Cette joint-venture associe notre entreprise à l'Américain Solarex, Genesol et Photowatt, Cemix et autres participations.

Rappelons que dès 1975, Leroy-Somer démontre la viabilité du solaire avec la construction de la toute première centrale photovoltaïque industrielle au monde à Propriano, en Corse. Notre installation révolutionnaire alimente une motopompe industrielle, puis bientôt d'autres, principalement en Provence et en Afrique. En 1976, Leroy-Somer s'associe à Elf et aux piles

Wonder pour former le groupement GEW. Objectif : implanter des centrales solaires photovoltaïques partout dans le monde. On connaît les fluctuations de Wonder… La gouvernance de cette entité n'est pas des plus faciles. La joint-venture est bientôt dissoute.

Autre innovation marquante de Leroy-Somer en 1976 : la création des premières stations d'énergie solaire pour les relais de télécommunication de France Télécom. Cette technique, issue de l'usine des Agriers à Angoulême, est transférée au groupement GEW plus tard.

À la même époque, le ministère de la Coopération lance le programme Sahel Énergie nouvelle, dans le cadre des relations franco-africaines. Fournisseur exclusif des centrales solaires financées par la France, Leroy-Somer installe ainsi une centaine d'équipements de ce type, du Sénégal au Tchad, en passant par le Mali, le Cameroun et le Niger. Nous sommes là, seul maître à bord.

L'irrigation de la ferme de Teriya-Bugu située entre le Mali et le Burkina Faso, compte parmi les accomplissements les plus remarquables. Le père Verspieren, mentor de Georges Chavanes[6], est à l'origine de ce projet porté par l'association Aqua viva et financé par des fonds collectés auprès des collaborateurs de Leroy-Somer et avec la Fondation de France. L'entreprise équipe ce domaine en motopompes, panneaux solaires et génératrices d'appoint. Aujourd'hui, la ferme bâtie par le père Verspieren dispose d'étangs pour la pisciculture, d'une scierie, d'élevages et d'un verger de 350 000 arbres. Elle fait vivre mille personnes.

Dans les années 1970 et 1980, nous sommes donc les pionniers du solaire en France. LS a investi dans Photowatt, spécialisée dans la production de cellules solaires. Elle possède France-Photon (fabrication de photopiles) ainsi que Genesol et Solarforce, (intégration de systèmes solaires). En 1985, la France occupe incontestablement la première place mondiale du secteur des photopiles. Le groupe Leroy-Somer, ses cinq coentreprises dédiées au solaire et leurs activités d'exportation génèrent un chiffre d'affaires d'un peu plus de cent millions de francs. Leader également dans le domaine des pompes à chaleur, produites à Hasparren, dans le Pays basque, Leroy-Somer est en passe de devenir le champion planétaire des énergies renouvelables.

En tournée sur les *autostrade*

Dans les années 1980, les marchés italien et allemand montrent des potentiels de progression importants. L'Italie représente en général le double du marché français dans la plupart des biens industriels ; l'Allemagne, trois fois davantage. Il faut néanmoins prendre en compte la particularité des pratiques d'affaires : en France, seul le tiers des factures sont émises à crédit

[6] Georges Chavanes est alors directeur général de LS.

alors que ce mode de paiement est systématique pour les clients italiens et allemands. Qui plus est, de l'autre côté des Alpes, le règlement, annoncé à 90 jours, s'étend en réalité bien au-delà ! Cette donnée contrarie notre volonté de maintenir le *cash-flow* positif annoncé à la bourse parisienne. Mais il existe une solution.

La filiale italienne n'a jamais rencontré le moindre problème paiement depuis sa fondation en 1965. Elle a constitué une équipe spécifiquement chargée des recouvrements. La DAF Graziella Tagliaferro est assistée d'une jeune collaboratrice dont la mission est de suivre le règlement des factures au jour le jour. Pour Energia dont je prends la direction fin 1984, l'objectif est de passer d'une perte annuelle de 400 millions de lires, à un profit de 2 à 3 milliards, avec une génération de trésorerie positive. Ceci implique de générer quelque 12 milliards de lires de volume d'affaires neuf…

Cette cible me semble réaliste. La majeure partie de l'industrie italienne se concentre le long des autoroutes Milan-Bologne-Padoue et je pense pouvoir couvrir ce triangle en une seule journée. Frais émoulu d'une école de commerce, rien ne m'a préparé à circuler jusqu'à quarante heures par semaine sur les *autostrade*… et des samedis entiers à vérifier les indicateurs de performance (BFR[7], Ebitda[8], RoCE[9]). Cela signifie, entre autres, se lever à quatre heures du matin pour partir à Pavie ou Reggio, et rentrer le soir de Vicenza après minuit, sachant qu'il faudra de nouveau se lever à cinq heures le lendemain matin pour partir à Gênes ou à Turin… La filiale opère avec des marges serrées, avec des frais administratifs et généraux inférieurs à 1 %. Afin de respecter cette limite infranchissable, toute dépense excessive est mal vue, et notamment celles des nuitées d'hôtel.

Pour contacter notre cellule d'ingénierie, nous avons recours aux cabines téléphoniques des autoroutes. Ces installations disposées en séries de huit à dix à chaque relais autoroutier sont constamment prises d'assaut par les vendeurs. Ils font la queue, jonglent avec des rouleaux de pièces de 100 lires qui passent d'une main à l'autre, s'impatientent. Parfois peu aimables, ils pressent les utilisateurs qui les précèdent d'abréger leurs conversations : « *Ma che cavolo stai dicendo, stronzo* ? » (« De quoi tu parles, c… ? »)

Une anecdote à ce sujet : en plein mois de juillet, à Reggio Emilia, la température extérieure atteint 38°. À l'intérieur de la cabine, elle dépasse largement les 50°. Des refus, aucune commande : un représentant à bout de nerfs essaie de joindre son interlocuteur après une journée difficile. Il transpire abondamment et se rend soudain compte qu'il est à court de pièces pour prolonger son coup de fil de quelques secondes. Il fouille frénétiquement ses poches, son portefeuille. En vain. Il ouvre alors la porte de la cabine et lance un appel à l'aide désespéré. Se décrivant comme le

---

[7] Besoin en Fonds de Roulement

[8] Excédent brut d'exploitation (*Earnings before interest, taxes, depreciation and amortization*).

[9] Retour sur capitaix engagés (*Return on Capital Employed*)

« père de trois enfants en bas âge », il qualifie la situation de « question de vie ou de mort ». Lorsque sa toute dernière pièce va tomber, il se fait tragédien, implore à genoux, fait le signe de croix. Chacun d'entre nous s'attaque soudain à ses précieux rouleaux, brise l'emballage et s'empresse de tendre des pièces de cent lires au pauvre homme : *Ma che vita !*

Premiers partenariats industriels en Italie

Nous signons bientôt un important contrat avec la Sices de Côme. Je dois en vérité ce premier contrat à André Dulac, père de l'alternateur moderne qui, depuis Angoulême, cherchait des tableaux pour équiper ses alternateurs vendus en Afrique et en Amérique du Sud. Nous achetons désormais ces tableaux électriques chez Sices. L'Italien nous fournit en échange de précieuses informations sur le marché. À notre immense surprise, nous découvrons vite que l'Italie compte plus de 350 metteurs en groupe (fabricants de groupes électrogènes). C'est bien au-delà de ce que nous anticipions.

L'Arges di Colombo, voisin de la Sices, est notre second partenaire. En Italie, les entreprises travaillent en « cluster » : elles sont très proches les unes des autres et leur fonctionnement est organisé autour d'un directeur général et d'un directeur commercial. Le reste est sous-traité, y compris la fabrication et l'assemblage. La plupart des metteurs en groupe choisissent Sices pour les tableaux et Arges pour assembler leurs groupes électrogènes et centrales. Les deux nous offrent de précieux contacts.

Enfin, nous repérons un nouveau et ambitieux metteur en groupe, la WFM. La stratégie bien avancée de cette entreprise de Piacenza, s'appuie sur un réseau commercial de plusieurs dizaines d'agents. Je réussis à nous faire une place en leur proposant une commande émanant d'un regroupement d'agriculteurs auquel appartient mon collègue Paolo, qui est également responsable de la division motoréducteurs. Le contrat est signé le jour même. On ne perd pas de temps en Italie !

Gagnant-gagnant

Loin du paradigme concurrentiel traditionnel, la coopétition[10] propose une approche novatrice, axée sur la coopération entre rivaux. Cette collaboration, typique de l'Italie, vise à renforcer la compétitivité de chacun : elle développe des alliances stratégiques dans certains domaines, tout en maintenant une rivalité dans d'autres secteurs. Une telle stratégie comporte

---

[10] Coopétition : coopération de circonstance ou d'opportunité entre acteurs économiques concurrents.

cependant le risque de glissement vers des pratiques illégales de collusion. Lorsque j'évoque ce point lors d'une discussion avec Paul Barry en 1986, son inquiétude est palpable : comment s'assurer qu'il n'y ait ni baisse de l'offre ni accord sur les prix en Italie ?

Je rencontre alors les propriétaires de Saccardo. Ce groupe familial concurrent partage nos valeurs et fabrique des machines comparables aux nôtres. Néanmoins, leurs machines nécessitent d'importants investissements et ne sont que marginalement rentables. Ma stratégie est la suivante : nous leur fournissons nos génératrices et nous leur achetons leurs groupes de continuité et de conversion d'énergie. En redessinant notre gamme sous leur marque, nous nous implantons rapidement sur de nouveaux marchés et étendons notre offre. Ce partenariat industriel et commercial nous permet bientôt de répondre de manière ciblée aux besoins tout en renforçant notre présence en Italie.

Je ne suis pas ingénieur, mais me soigne à coups de manuels de service après-vente et d'expérimentations sur le terrain, avec nos équipes d'après-vente. J'ai par ailleurs pu capter l'essentiel des ressources de la cellule d'ingénierie de Milan, dirigée par Banfi, en arguant de ma patente incompétence en matière technique. Dès lors, Banfi et son équipe travaillent au service quasi exclusif d'Energia !

Ces réussites n'auraient pas été possibles sans l'aide de ma collaboratrice Paola Cardani, le soutien indéfectible de l'Ing. Bertolini à Reggio Emilia et du Dott. Busi à Padoue, et de notre filiale de service dirigée par Eric Tourtay, la Service Leroy-Somer Italiana.

Ainsi nos ventes en Italie explosent et passent de 300 millions de lires à près de 11 milliards par an sur la période 1984-1987. Parmi les *business units* étrangères, Energia devient le premier contributeur à la croissance de Leroy-Somer. Une performance très positive pour le groupe, mais pas tant pour la bourse, qui traite avec condescendance le marché italien. Il faut trouver un autre argumentaire.

La course à l'effet d'échelle

L'année précédant l'inauguration du CAC, les leaders français de la machine électrique ne sont pas Leroy-Somer, mais Alsthom et Jeumont. Tous deux sont actifs dans des secteurs de la construction mécanique, électrique et électromécanique. Ils fournissent jusqu'aux équipements des centrales nucléaires américaines.

Dans notre domaine, Jeumont se distingue par la production de moteurs et d'alternateurs de toutes puissances, fréquences et tensions, ainsi que des convertisseurs d'énergie où elle détient le leadership incontesté du marché français, de 1 à 500 000 kilovolts-ampères. Son principal établissement est une immense usine de 60 hectares installée à Champagne-sur-Seine (Seine-et-Marne). Elle comprend des bâtiments, un stade et même un vélodrome.

À l'époque, Jeumont caracole en tête du secteur des équipements électriques. Son chiffre d'affaires est trois fois supérieur à celui de Leroy-Somer. L'industrie électrique dépend fortement du volume, de la position concurrentielle, de la rapidité d'exécution et de la position sur la courbe d'expérience. La situation du « petit » acteur charentais paraît précaire face à ce géant.

Nos courbes d'expérience vont cependant vite se croiser. Grâce à ses implantations à l'international, Leroy-Somer connaît une croissance annuelle de 15 %, tandis que Jeumont et Alsthom, focalisés sur la France, stagnent. C'est surtout l'accumulation de contrats en Asie, à partir de 1987, qui permettra à Leroy-Somer de descendre plus rapidement la courbe d'expérience. Chaque doublement de la quantité produite entraîne en effet un gain de 15 à 20 % sur toutes les tailles et plus du double en ce qui concerne l'électronique associée. Alors que Jeumont se concentre sur deux clients hexagonaux—EDF et NavalGroup—et qu'Alsthom tente de vendre à distance depuis Genève, je vais bientôt constituer un réseau de filiales et succursales en Asie qui nous permettra notamment de doubler les ventes de la division *power*.

Une « maison de verre » en Charente

Travailler avec l'Asie implique d'accepter des délais fort courts et des changements assez radicaux dans les spécifications techniques. Tout le monde devra accepter de se plier à ce mode de fonctionnement différent. Lorsqu'un dirigeant d'Alsthom ou de Jeumont décide d'une nouvelle production, on s'attend à une levée de boucliers : « Notre contrat de travail ne prévoit pas cela. » L'annonce est généralement suivie d'une grève. Chez Leroy-Somer, la pénétration des marchés asiatiques, comme tout choix stratégique, est validée collégialement, en particulier avec le conseil de surveillance, évoqué plus haut, où siègent cinq employés jusqu'en 1991. Deux d'entre eux sont des syndicalistes[11].

Lors de la grand-messe de 1985, Georges Chavanes qui dirige alors l'entreprise revendique :

> « Toutes nos décisions sont toujours prises à l'unanimité... Les comptes d'exploitation mensuels, les résultats... rien ne doit être caché... L'entreprise devient alors une *maison de verre* : un langage commun se met en place, facilitant la poursuite et l'entretien du dialogue sur les vrais problèmes, les intérêts communs, ceux du compte d'exploitation. »[12] Il soutient encore : « À

[11] Raymond Gadon (CFDT) et Jean-Pierre Auvin (FO)

[12] Chavanes, Georges : *Leroy-Somer, aventure industrielle et humaine du XXe siècle*, Sud-Ouest Éditions, 2012.

partir du moment où il est convenablement informé, écouté, reconnu, le salarié est stimulé. Ce qui fait la différence : des gens motivés ou non [...]. Une personne motivée en vaut cent. »

Leroy-Somer n'est pas une utopique entreprise libérée, mais il y a beaucoup d'intelligence collective et de confiance, et surtout des caps clairs.

J'ai récemment invité mon ami Bernard Streit à la cérémonie de diplomation des administrateurs d'entreprises, que je codirige. Le président et fondateur du groupe Delfingen, un des leaders de l'équipement automobile, est aussi un apôtre de la « maison de verre ». Sa vision est assez proche de celle de Georges Chavanes. Face aux trois promotions d'administrateurs réunies dans l'amphithéâtre Boutmy de Sciences Po, il explique : « En 1984, je décide du partage des bénéfices : 20 % pour les employés. Le chiffre tombe en fin de mois et je fais la répartition entre chacun. Que se passe-t-il ? Les ouvriers s'imaginent que j'ai mis dans ma poche 80 % de l'argent ! C'est une catastrophe. Faut-il abandonner la pratique ? Non. Je réunis tout le monde dans un hangar et leur donne un cours d'économie de l'entreprise. Ils finissent par réaliser que les 80 % restants, c'est du Capex[13] et du besoin en fonds de roulement, tous deux indispensables à la croissance. Défaits de leur sentiment d'injustice, ils se remettent à travailler et l'enthousiasme revient. *Maison de verre* oblige !

Leaders-serviteurs

Autre concept cher aux Leroy : le leader-serviteur met l'accent sur un ensemble de comportements et de pratiques visant à promouvoir le bien-être des collaborateurs. Animé par la volonté de servir, il se focalise sur la satisfaction des besoins des autres avant la sienne. C'est à partir de cette approche altruiste qu'il peut aspirer à diriger. Nos armées françaises mettent également en avant cette philosophie qui contribue à créer un environnement où chacun peut s'épanouir et donner le meilleur de lui-même.

En voici une illustration. En pleine crise de surproduction pétrolière, en 1986, le fonds souverain de Singapour, Temasek, projette de se développer dans la construction navale, avec notamment les plateformes autoélévatrices[14] à des fins d'exploration pétrolière. Keppel, la principale participation de Temasek, prend la décision stratégique d'investir plusieurs milliards de manière contre cyclique dans ce secteur en difficulté. L'île-État de Singapour se retrouve avec des milliers de chômeurs suite à la fermeture du chantier naval américain Bethlehem. Keppel les embauche dans le but de bâtir cinq plateformes, sans commande initiale.

---

[13] Dépenses d'investissement d'une entreprise capitalisées au bilan : acquisition d'immobilisations corporelles (machines...) et/ou incorporelles (brevets, logiciels).

[14] Une plate-forme autoélévatrice se compose d'une coque flottante équipée de jambes mobiles, capables d'élever la coque au-dessus de la surface de la mer à la hauteur requise.

Cette initiative audacieuse vise à se développer en période de basse conjoncture économique, ce qui nécessite une discipline remarquable. Le pari singapourien repose sur l'idée que si Keppel parvient à attirer les meilleures équipes, l'île-État deviendra le leader mondial de cette spécialité lorsque le marché se redressera.

Issu d'une famille de militaires, je suis particulièrement impressionné par la stratégie mise en œuvre par Singapour. En 1986, je visite l'île-État à plusieurs reprises en amont de la reprise en main de notre filiale. Les dirigeants se rencontrent dans les *mess* des officiers de réserve, soulignant l'engagement actif des réservistes dans la vie civile. La plupart des responsables gouvernementaux et des entreprises publiques, y compris Keppel, viennent d'ailleurs du corps des officiers supérieurs.

Je suis aussi frappé par la culture du don du sang à Singapour. Leur contribution est un devoir envers la société. Lorsque le niveau des stocks baisse, les donneurs n'hésitent pas à interrompre leurs activités, travail compris. Les appels perturbent parfois les tâches de nos équipes, mais je les accepte volontiers, étant moi-même donneur. Cette remarquable dévotion montre l'esprit altruiste qui prévaut dans la société singapourienne.

Au cours d'un dîner au cercle des armées singapouriennes, l'année suivante (1987), je discute avec Khoo Teng Chye, le *managing Director* de Temasek. Il m'expose son projet ambitieux : transformer la PME Keppel en leader industriel d'Asie du Sud-Est. Chez Keppel, les unités opérationnelles se structurent autour de commandos pluridisciplinaires appelés *autonomous management teams* (AME). Ces équipes travaillent directement sur le marché pour répondre aux besoins des clients et anticiper les évolutions futures. Nous échangeons nos approches.

J'ai bientôt la chance de rencontrer le ministre de l'Industrie ainsi que le Premier ministre de Singapour, Lee Kuan Yew. Leurs équipes, issues des sphères militaires et industrielles, s'avéreront plus tard un soutien inestimable pour nous, au point de devenir un partenaire mondial au fil du temps. Dès 1988, Keppel nous choisit comme partenaire stratégique pour la fourniture des équipements électriques de ses plate-formes pétrolières. Temasek et GIC nous choisissent également, comme l'une de leurs participations stratégiques dans leur portefeuille d'investissements.

Singapour : un mode de management unique au monde

L'accès au poste de ministre à Singapour nécessite d'être officier de réserve pour les hommes et d'avoir dirigé une entreprise avec un total d'actifs d'au moins cent millions de dollars. Ces conditions garantissent la mise en place d'une rigueur et d'une discipline très spécifiques. Les investissements des fonds singapouriens, répartis à l'échelle mondiale (dont Leroy-Somer, de 1988 à 1990), contribuent à verser des dividendes importants à l'État. Ces recettes couvrent jusqu'à un tiers du budget. De nos jours, le budget de l'État singapourien est généralement excédentaire, ce qui permet au gouvernement de verser 600 dollars par an de « dividendes » à chaque citoyen…

Ce qui me frappe le plus dans les discours de Khoo Teng Chye puis de Lee Kuan Yew, c'est leur projection à long terme : « Nous n'investissons pas uniquement pour les dix prochaines années ni même pour la génération actuelle. » L'horizon des Singapouriens s'étend sur trente à quarante ans au minimum !

Le destin passe pour nous début 1988. Après une vingtaine de meetings préalables au mess des officiers notamment, les dirigeants de Temasek me dévoilent sur un coin de serviette en papier (pas de *powerpoint*, à l'époque !) leur plan : le marché de ces plateformes et navires de service peut être estimé entre 4 000 et 5 000 au plan mondial dans les 40 ans à venir. À 2 milliards de dollars l'unité en moyenne[15] au bas mot, si Singapour rafle ne serait-ce que le tiers du marché, cela fera plusieurs centaines de milliards de dollars de rentrées pour l'île-État…

Cette industrie va bientôt devenir la toute première d'Asie du Sud-Est. Singapour n'a encore jamais fait ça… Nous non plus : en vérité, ces machines sont une spécialité d'Alsthom et Jeumont. Or le premier traite l'Asie depuis la Suisse, responsable des « *key accounts* » singapouriens… Pour sa part, Jeumont ne dispose d'aucune implantation en dehors de la France. Une offre est émise depuis le siège, une équipe se déplace à Singapour, quelques entretiens ont lieu… Et c'est tout !

Keppel n'accroche pas avec General Electric, dont l'organisation lui semble complexe. L'Américain est pourtant présent à Singapour mais il envoie une armée mexicaine au moindre rendez-vous, sans responsable particulier. ABB fonctionne en matrice : le bazar. Siemens ne donne pas entière satisfaction : trop de *product managers*, aucun *lead* clairement identifié. Reste enfin le Norvégien Kongsberg, dont les machines correspondent également parfaitement aux spécifications singapouriennes.

Je décide de tenter l'aventure. Entre les moteurs à six pôles pour les radiateurs et les génératrices à moyenne et haute tension, il y en a pour plusieurs centaines de millions de dollars… En obtenant ce contrat, nous allons totalement changer de dimension.

Des moments décontractés autour d'apéros aux *mess* des officiers jusqu'aux réunions plus formelles, une atmosphère conviviale se développe entre Keppel et nous. Je suis bientôt ravi d'annoncer à mes usines la visite de Keppel à Angoulême, accompagnée de leur holding, Temasek, pour des rencontres plus officielles. Mais il y a un obstacle : les deux passeront

[15] Pour référence, Keppel vend le 22 09 2022 une plate-forme à PetroBras pour 2,8 milliards de dollars.

d'abord par l'Allemagne et la Scandinavie, où se situent nos concurrents les plus sérieux.

Service compris

Comment battre Siemens et Kongsberg ? Le service client est la principale force d'une entreprise industrielle. À cette époque, l'usage du téléphone portable n'est pas encore généralisé. Les demandes urgentes passent par la radiomessagerie[16], avec les pagers qui fonctionnent sur des fréquences basses. Après réception d'un message via le pager, la réponse se fait avec un téléphone classique.

La petite communauté des dirigeants français en Indopacifique comporte quarante camarades basés à Singapour. Sous ma présidence aux conseillers du Commerce extérieur de la France, des interrogations émergent : cet outil est-il pertinent ? Peut-on donner son numéro de pager à ses clients ? De mon point de vue de CEO et mandataire social, cela constitue la clé de tout succès.

A quelques semaines du choix de son fournisseur, Keppel se trouve confrontée à un dilemme persistant. Elle hésite entre une sizaine de constructeurs. Or, nous sommes le plus petit…

Les DG-Asie prêts à partager leur numéro de pager avec les clients se comptent sur les doigts d'une seule main. Tom, le CEO[17] de GE, est un ancien des Marines américains, avec des valeurs personnelles et un engagement indéniable, mais son organisation complexe est un handicap : vice-présidents, *managing directors*, *product-* et *country- managers*, un état-major à la mexicaine reportant à la fois à Atlanta (division « Power ») et à Boston, quartier général du groupe. Les ABB, Siemens, Kongsberg et autres souffrent de maux similaires. Dans ce contexte, Keppel se trouve submergée par des équipes d'Allemands, Américains, Suisso-suédois, Mexicains et Espagnols se succédant sans apparente coordination : un véritable bazar.

Face à ses mastodontes, notre entreprise. Trente-six fois plus petite qu'ABB, quarante fois plus petite que Siemens et soixante fois plus petite que GE… mais une agilité qui découle d'une organisation unique en son genre. Notre approche diffère ainsi considérablement de celle de nos concurrents. Lorsqu'un représentant de Keppel interroge Siemens sur l'emplacement du point de contact avec le client, la réponse se trouve généralement tout en bas de leur organigramme. Le *point man* travaille sous

---

[16] Malgré le boom de la téléphonie mobile, la radiomessagerie reste d'actualité dans des secteurs critiques (services de secours, maintenance) car elle offre une couverture plus étendue que celle de la téléphonie mobile.

[17] *Chief Executive Officer*. Le CEO renvoie plus couramment au poste de directeur général (DG), pas toujours membre du CA, contrairement au Managing Director (administrateur délégué), à la fois DG et membre du *board*.

la supervision de chefs de produit, directeurs géographiques, fonctionnels et ainsi de suite. Lorsque Keppel me demande de présenter notre structure, je renverse cette hiérarchie. Je place Keppel en haut puis identifie deux *point men* : Tony pour le service et Koy-Min pour les ventes, chapeautés par moi-même, membre du *board* et directeur général. Mes ressources, les usines, figurent en bas de la hiérarchie, en compagnie des fonctionnels d'Angoulême, au nombre d'une dizaine dont les cinq membres du directoire. Inutile de distribuer des postes honorifiques à tout le monde !

Lorsque Kay-Cee, le patron de Keppel, me demande : « Qui s'occupera de nos problèmes ailleurs dans le monde ? , je pointe encore du doigt mon commando resserré : Tony, Koy-Min, et moi-même.

Brésil, Dubaï et Inde ? Pareil. Texas ? Le même petit commando, depuis Singapour, avec l'aide de nos camarades américains sur place.

Kay-Cee échange un regard avec les membres de son équipe. À cet instant, il devient évident que nous avons marqué un premier point. Les concurrents ont répondu avec une liste interminable : « Le Mexique, c'est Fernando, mais aussi Dieter et Horst, et puis Lars et Arturo, mais il faut qu'ils en parlent à la Suisse... N'oublions pas Hans et Pablo, et comment s'appelle notre chef de zone déjà ? » Plus du tourisme de masse que du business.

Au moment clé, je sors mon pager et explique au *managing director* de Keppel : « Personne d'autre au monde ne dispose de ce numéro, à part ma fiancée. Si tu signes avec moi, il t'est réservé. » Kay-Cee me regarde intensément. Son regard se porte vers son équipe, puis il annonce enfin : *« Mr. Besanger, you're on. »*

Parcourez le monde et vous serez étonnés de découvrir que les plates-formes pétrolières et gazières offshore sont conçues et fabriquées à Singapour. Aujourd'hui, Singapour est devenue le premier fabricant mondial de plates-formes autoélévatrices : elle contrôle plus de deux tiers de ce marché international. De plus, elle détient une part prépondérante, également les deux tiers, du marché mondial de la conversion d'unités flottantes de production, de stockage et de déchargement. Tout ce qui est lié à la production ou à la conversion d'énergie est désormais équipé en solutions Leroy-Somer.

Au pays du Matin calme... et des mégacontrats

Un autre client d'envergure significative pointe à l'horizon : la Corée du Sud. La France bénéficie d'une réputation robuste en Asie. Elle est considérée comme un allié fiable au pays du Matin calme. Il est essentiel de tirer parti de cette relation prometteuse.

Avant de me rendre à Séoul, j'approfondis mes connaissances sur l'histoire de la guerre de Corée. Lorsque les Chinois envahissent le sud aux côtés de leurs alliés nord-coréens en juin 1950, les Français sont parmi les premiers à répondre ! Notre Bataillon de Corée laissera une empreinte mémorable en s'engageant dans la dernière charge à la baïonnette de l'Histoire, lors des affrontements de Wonju en décembre 1950. Le Colonel Magrin-Vernerey (« Monclar ») réalise cet exploit remarquable face à un millier de soldats chinois qui tentent de prendre d'assaut les positions de l'ONU. Il réitère cet acte héroïque lors de la bataille de Chipyong-ni, six semaines plus tard, en février 1951. Toujours à l'arme blanche, car ses armes à feu sont givrées. Une bravoure exceptionnelle est nécessaire pour lancer une charge avec une simple baïonnette, à la veille de ses soixante ans. La réputation des Français se résume en ces termes : « *I salamdeul-eun gong-eul gajin salamdeul* », qu'on peut traduire par « ceux qui en ont ».

En témoignage de l'importance donnée à la préservation de la mémoire de la guerre, nos deux nations concluent un accord de coopération mémorielle en 2003. La France devient ainsi le tout premier pays au monde à signer un traité de cette nature avec la Corée du Sud, devançant même les États-Unis. Il est essentiel de rendre hommage à ces héros, par la visite des monuments et en faisant une révérence respectueuse face aux statues commémoratives. Celle dédiée au médecin de combat Jean-Louis Jules qui a sauvé des centaines de vies coréennes et alliées est perpétuellement honorée par nos camarades de l'armée coréenne à travers des gestes symboliques tels que son fleurissement régulier.

On m'avait dit qu'il serait impossible de travailler avec ces gens : têtes de mule, paysans aguerris par trois années de service militaire avec huit cents morts par an, incroyablement durs en négo : « là-bas tu peux tout perdre ». Loin d'être découragé, je me rends sur place, pour me faire ma propre idée. Lors de mes présentations à Hyundai, Daewoo et autres *chaebols*[18], je partage mon expérience de médecine de combat acquise au cours de mes stages au SSA[19]. Le lien se tisse immédiatement. Cette introduction donne lieu à des conversations animées sur nos cultures respectives en matière de médecine de combat. Notre premier rendez-vous se conclut par ces mots : « Une amitié ne prend vie que si l'on est prêt à en payer le prix. » À cela, ils répondent avec enthousiasme : « *Baegpeosenteu dong-uihabnida* ! ». Comprenez : « 100 % d'accord ! ».

Hyundai a entendu parler de cet industriel français, quelque part en Charente, qui a remporté le contrat pour l'équipement électrique des bâtiments construits par Keppel à la surprise générale, malgré la concurrence de Siemens, Alsthom, ABB et General Electric. La négociation officielle va se dérouler au dernier étage de la tour Hyundai, au cœur de Séoul. La partie plus discrète se joue quant à elle dans la zone démilitarisée entre les deux Corées (DMZ) et dans les bars karaoké.

---

[18] *Chaebols :* ensembles d'entreprises de domaines variés qui entretiennent des participations croisées entre-elles.

[19] Service de santé des Armées. J'y effectue encore aujourd'hui au minimum 3 jours de stage de médecine de combat par an.

Un rite initiatique

Au début de l'année 1988, la Corée du Nord vient de commettre un odieux attentat : l'explosion d'un vol civil de Korean Airlines a causé la perte tragique de 115 vies. Neuf tunnels d'agression sont aussi secrètement creusés dans les montagnes de la zone démilitarisée entre les deux Corées (DMZ) par le Nord. Les activités militaires marquées par des tirs de missiles et d'artillerie se multiplient. Ils plongent la région dans une angoisse croissante. L'embrasement semble imminent.

Le dictateur nord-coréen, Kim Il-sung, cherche à semer la panique dans le Sud en prévision des Jeux olympiques de Séoul. Mon compagnon de voyage, Jong-Dae, l'un des *managing director* de Hyundai m'informe : il y a peu, un tireur d'élite nord-coréen a abattu un garde sud-coréen. Un Américain, descendu de sa jeep pour lui porter secours, a également été mortellement touché par une balle à la gorge. « Tu n'es pas contraint de t'engager là-dedans », insiste-t-il. Je relève cependant le défi. En guise de réponse, il me tend un révolver et un garrot. Au cas où. Le sergent et l'appelé qui nous guident exhibent à leur tour leurs garrots, témoignage palpable de la gravité de la situation.

Deux jeeps nous transportent en face des miradors nord-coréens d'où ont jailli les tirs qui ont coûté la vie aux soldats alliés. L'une d'elles est équipée d'une mitrailleuse montée sur trépied, surveillée par un Marine peu disert. Jong-Dae, vêtu civilement, porte néanmoins une arme. Il s'enquiert de mes compétences en matière de maniement des armes à feu. Je lui révèle avoir suivi un entraînement de tir à Séoul et d'autres à Manille au préalable. « Si tu te rends là-bas, m'avait conseillé un réserviste singapourien, montre-leur que tu sais te défendre pour gagner leur respect. En dessous d'un score de 96/100 au RP/RV (tir révolver précision / révolver vitesse), tu n'es pas crédible. » Cet avertissement ne tombe pas dans l'oreille d'un sourd, d'où les diverses tentatives pour améliorer mon score, notamment à Manille.

Nous indiquons nos groupes sanguins : O+ pour les Coréens, A+ pour moi. Les plaquettes pourront être échangées, mais pas le sang entier. Nous mettons pied à terre et entreprenons quelques pas avant de nous figer devant à l'ennemi. Le silence nous enveloppe. L'inquiétude est tangible. Il nous faut demeurer immobiles, scrutant sans relâche ceux qui nous font face durant un quart d'heure. L'expérience paraît interminable. Nul ne peut prédire son issue tant les actes de violence sur la DMZ sont imprévisibles. Je franchis ainsi cette première épreuve du « test Hyundai », autrement appelée test du *dalg*, ou « poulet » en coréen !

Changement de décor pour l'étape suivante : elle consiste en une beuverie au s*oju*, littéralement « liqueur brûlée ». La boisson porte bien son nom, car elle brûle les entrailles.

Les nuits de Séoul

La nuit tombée, les habitants de Séoul se transforment comme par magie. Les esprits engoncés dans les strictes contraintes du jour se libèrent. En tant qu'Occidental, je suis surpris par le contraste saisissant entre la sévérité diurne, quasiment militaire, et la décontraction nocturne. Les « soldats » de Hyundai, si rigoureux en journée, savent se lâcher une fois le soleil couché.

Le lendemain matin, malgré les gueules de bois, nous sommes attendus à une réunion de travail. À nouveau, le sérieux imperturbable de mes interlocuteurs m'étonne. Les Coréens attachent une grande importance à la camaraderie et à la libération de la peur. Ils tiennent également à la valeur de la parole donnée, « *Nae mal-eun naui yudae* », ainsi qu'à l'assomption des responsabilités collectives, le *jibdan-uisig*. Il est inconcevable de faire affaire avec des individus au comportement opposé. Le prix de la paix exige un effort soutenu de défense, tant de leur part que de celle de leurs alliés. C'est là un principe que nous autres, Français, pouvons tirer à notre avantage.

Après les Jeux olympiques, une crise frappe la Corée du Sud alors que ses *chaebol*, s'étendent aux quatre coins du globe. Une fois le choc surmonté, ces bouleversements ouvrent à certains Coréens une voie vers une vie professionnelle en dehors du cocon des *chaebol*. Pour nous, c'est l'occasion rêvée de recruter une équipe exceptionnelle, menée par Cho Kyu-Jin.

Contrats hors normes en Asie

En 1957, mes prédécesseurs mettent en place une usine sous licence en Inde. Des équipements aux missions d'ingénierie, l'investissement est colossal. Wolfgang Maierhofer, un Autrichien, fonde la filiale de Singapour en 1980, mais celle-ci connaît une cessation de paiements trois ans plus tard. Nos clients apprécient hautement cet officier de réserve qui partage des anecdotes de commando du conflit du Tyrol avec l'Italie à la fin des années 1960. Sa mission consiste à importer des machines depuis la Charente… Alors que notre usine indienne sous licence inonde la région de ses produits. Une mission presque impossible pour ce brave soldat, d'autant que les Indiens ont une équipe commerciale en Malaisie qui propose des machines Leroy 25 % moins chères à chacun des clients de Wolf, avec six mois de crédit !

L'Inde subit de considérables pertes financières et ne nous verse pas un centime de royalties. Singapour doit être recapitalisée tous les trois ans en moyenne. Nos pertes cumulées depuis 1957 atteignent le seuil alarmant de 100 millions de francs.

Lorsque Paul Barry entame la quête d'un nouveau patron pour l'Asie, il se trouve que je suis le seul candidat. Cela n'est pas fortuit : dans notre groupe, les mandataires sociaux sont remplacés dès qu'une filiale a consommé la moitié de ses fonds propres. Cette rigueur vise à assurer la solidité globale de l'ensemble. Tout le monde parie sur une nouvelle faillite de l'Asie à plus ou moins brève échéance. Barry me dit : « Vous emprunterez localement. Le siège ne fournira aucune garantie. Allez, bâtissez-nous ce réseau, pour l'entreprise, la France et la gloire. » En compensation des risques encourus, il m'octroie trois cents options d'actions sur la holding Moteurs Leroy-Somer. J'ai la certitude absolue de réussir ce pari.

Conscient des enjeux qui se profilent à l'horizon, je me plonge dans un travail acharné de documentation avant et pendant mes premières missions en Asie, courant 1986. L'un des principaux problèmes a trait aux impayés. Sur ce thème, l'ouvrage de Mickaël Backman est éclairant. Il dépeint les conglomérats asiatiques comme des « omelettes » qui mêlent astucieusement différentes structures afin de brouiller les pistes. Ces entrelacs de participations croisées et de pratiques douteuses en matière de trésorerie forment de véritables toiles d'araignée dans lesquelles les créanciers étrangers se trouvent pris au piège, sans aucun espoir de recouvrement. C'est ainsi que Leroy-Somer subit de lourdes pertes en 1985, après avoir facturé 7 millions de dollars à un conglomérat illisible dont les filiales sombrent en faillite à nos dépens. Aucune voie légale ne permet de recouvrer ces fonds égarés dans ce paysage labyrinthique.

Les complications de l'Indonésie nous sont expliquées avec condescendance par un cabinet d'avocats parisien, qui facture au passage 200 kF de l'heure ses conseils…

Dans ces turbulences, une certitude persiste : l'Asie va bientôt représenter les trois quarts des dépenses mondiales en équipement. Elle sera tôt ou tard le joyau où Leroy-Somer réalisera également les trois quarts de ses ventes, comme de ses bénéfices.

Une nouvelle stratégie pour l'Asie

Lorsque je m'installe définitivement en Asie fin 1987, l'une de mes premières décisions est la mise en place d'une *task force* dédiée au recouvrement des créances. Elle est conçue sur le modèle établi en Italie par Graziella Tagliaferro. J'ai eu le plaisir de travailler avec Graziella au recouvrement de plusieurs gros impayés : succès total. Le principe : rappeler les clients sur une base quotidienne, poliment, mais avec fermeté.

Trois collaboratrices déterminées entament bientôt un ballet téléphonique rituel auprès des clients asiatiques. Elles ne relâchent leurs efforts que lorsque les factures sont enfin acquittées. Au bout d'un an, notre DSO[20]-Asie

[20] Days Sales Outstanding (DSO) : délai moyen qui s'écoule entre l'émission d'une facture client et son encaissement. Il correspond au chiffre d'affaires facturé, mais pas encore encaissé.

est divisé par six et sa filiale, sauvée. Je veux ici rendre un hommage particulier à Thierry. Ce jeune VIE[21] issu d'une modeste école de commerce, passe six mois à Singapour et autant à Sydney pour édifier une architecture financière solide pour l'ensemble de la région. Il est juste de souligner l'importance de sa contribution à notre succès collectif. Son travail, remarquable à tous points de vue, nous revient à un coût dérisoire, bien en deçà de la barre des 0,5 % de frais administratifs et généraux.

Cette réalisation est le fruit d'une gestion rigoureuse et innovante, mais la reproduction de tels exploits devient un défi de taille dans le contexte actuel avec l'inflation des normes et des coûts informatiques au fil des années. Les investissements augmentent : nous devons adopter des technologies avancées et renforcer la cybersécurité afin de demeurer à la pointe de la modernité. Cela dit, nous restons déterminés à trouver des solutions efficientes pour maintenir une gestion saine. Notre engagement envers l'excellence opérationnelle reste inchangé. Nous sommes prêts à relever les défis actuels avec la ténacité et l'esprit d'innovation frugale qui ont permis notre réussite passée.

Temasek et GIC montent à bord

Le destin continue de jouer en notre faveur lorsque, en 1988, les fonds Temasek et GIC, cosponsors du Singapore 500, nous convient à monter sur scène pour expliquer l'*equity story*[22] du groupe Leroy-Somer, ce petit rebobineur charentais devenu coleader du CAC, aux côtés de LVMH (Bernard Arnault est aussi invité à cet événement). Devant une audience attentive, j'annonce l'envol spectaculaire de l'action LS, portée par de nouveaux et importants contrats signés en Asie. Les fonds prennent note et se rangent à nos côtés. La vente des machines, atout pour le compte d'exploitation, ne suffit pas. Il faut également renforcer le bilan et augmenter la valeur de marché de nos fonds propres !

Dès cette époque, notre principal investisseur asiatique est Ng Kok Song, *chief of global equities* chez GIC, l'un des deux fonds souverains de Singapour. Cette relation va revêtir une importance considérable pour nous. Pour faire simple : les fonds investis par Ng vont correspondre, grosso modo, aux besoins en fonds de roulement générés par l'envol des filiales asiatiques. Je prends grand soin de cultiver cette connexion et de répondre à son interrogation majeure : « M. Besanger, pouvez-vous nous assurer que votre entreprise ne sera pas nationalisée ? » Il est impératif de communiquer et de tranquilliser les investisseurs : nous devons dissiper toute préoccupation quant à la nature politique de la France et souligner qu'elle

[21] VIE : volontariat international en entreprise.

[22] *Equity story* : cet élément de la communication financière d'une entreprise à destination des investisseurs explique en termes simples ce que l'entreprise propose dans les années à venir.

n'est pas un pays communiste. Nous fournissons des informations détaillées sur le système économique et politique français qui mettent en évidence les principes de l'économie de marché et la stabilité du cadre juridique qui favorisent les investissements étrangers. Nos explications ont pour but de démontrer que le pays encourage l'initiative privée, ce qui n'est pas gagné d'avance…

En outre, nous soulignons les avantages spécifiques offerts par notre entreprise et les opportunités de croissance associées à nos activités, internationales à 98 %. La mise en lumière de cet aspect très mondial renforce la confiance des investisseurs asiatiques. Elle montre que notre société, malgré sa petite taille, est solidement ancrée dans un environnement favorable aux affaires.

Ng met donc du Leroy en portefeuille. Bel investissement : +575 % d'augmentation de la valeur de l'action en trois ans. Par la suite, Ng achète également des obligations françaises. Il devient le dirigeant de GIC et membre du conseil d'administration de l'Agence France Trésor de 2001 à 2014. En reconnaissance de son engagement exceptionnel aux côtés de notre pays, le Président Jacques Chirac le nomme chevalier de la Légion d'honneur. Nous sommes redevables à cet authentique francophile, fidèle actionnaire de Leroy-Somer, pour la stabilité et la responsabilité exemplaires démontrées durant cette période tumultueuse sur le plan boursier. En échange, il bénéficie des excellents résultats de notre entreprise au sein de son fonds *global equities*. Leroy-Somer affiche alors le meilleur retour sur investissement du CAC.

Notons que Singapour n'utilise pas exclusivement le retour sur investissement comme critère. Si l'île État possède et gère ses actifs en se conformant à des principes commerciaux, ses fonds orientent également leur portefeuille en fonction de valeurs sociétales. Sur le plan personnel, Ng prend cet engagement très au sérieux : officier de réserve, il est aussi impliqué dans le don du sang. Il me raconte comment cela se passe : tous les deux mois en moyenne, la Croix-Rouge l'appelle : « Monsieur Ng, nous avons besoin de votre sang. » Nous sommes selon lui « Singapour-compatibles ».

> La trajectoire de Ng, troisième investisseur mondial, est une épopée à nulle autre pareille. Issu de l'humble berceau d'une cabane de pêcheurs de Kangkar, au nord de Singapour, il occupe la onzième position dans une fratrie de douze enfants. Son père, sourd-muet, peine à joindre les deux bouts. Il pêche dans le Causeway, bras de mer séparant Singapour de la Malaisie, pour assurer la survie de sa famille. Ng étudie chez les bénédictins de Singapour avant de se métamorphoser en dirigeant du deuxième fonds souverain mondial. Pour Ng, « un grain de riz est un grain de riz. »

En juillet 2023, Ng est candidat au poste de président de la République. Il rivalise avec mon autre ami Tharman Shanmugaratnam, ancien dirigeant de la Banque centrale singapourienne. D'un point de vue singapourien, il est inconcevable de voter pour une personne qui n'affiche pas un parcours financier exemplaire : cela risque la ruine de la nation, qui n'a d'autre ressource que l'excellence de ses gestionnaires.

Ng me demande donc sur laquelle des deux actions-phares du CAC son fonds doit investir en priorité : Leroy-Somer ou LVMH ? Je lui confie tout le bien que je pense de Bernard Arnault, avant de lui expliquer le fonctionnement de l'industrie électrique. Ng me répond : « M. Arnault m'a dit tout le bien qu'il pensait de votre entreprise, avant de prendre la peine de m'expliquer le luxe. *Well, you Frenchmen are real gentlemen* ». Et il investit sur les deux.

Le plus français des Britanniques

Simon Murray, autre investisseur hors pair (Orange, Hutchison…) est aussi un maestro de l'humour *british* et des métaphores martiales empruntées au monde de la Légon. Lors du *CEO award* qu'il préside à Singapour en 1988, il m'entraîne dans une danse envoûtante de mots et de récits. Orphelin d'un aristocrate britannique et en mal d'aventures, il s'engage dans la Légion étrangère sur un coup de tête. En 1961, lors d'un combat désespéré dans le djebel, il sauve une vingtaine de ses camarades. Cette épopée lui vaut plusieurs médailles bien méritées. Elle inspire la réalisation du film *Legion of Honor*. Murray incarne les vertus du soldat français : leadership-serviteur, quête du dépassement de soi... Ces valeurs sont très appréciées en Asie et Murray est l'individu le plus recherché des chasseurs de tête de la région pour les conseils d'administration. Il est honoré de la croix de la Valeur militaire pour ses actes de bravoure. Son appétit insatiable pour les défis le conduit également à entreprendre de périlleuses expéditions sur les sommets majestueux de l'Everest et du Kilimandjaro, défiant sans cesse les limites de l'humain.

> Le 28 janvier 2004, à l'aube de ses 63 ans, l'audacieux légionnaire Simon Murray devient l'homme le plus âgé à conquérir le Pôle Sud. Sans la moindre assistance, il brave les éléments glacés avec une luge colossale de 165 kilos, résiste stoïquement à des températures plongeant jusqu'à moins soixante degrés et parcourt une distance remarquable de 1 200 km. La prouesse épate l'imaginaire collectif, particulièrement en Asie, très friande de hauts faits.

Alors que nous sirotons un apéro au Pan Pacific de Singapour, je m'enquiers de sa vision des affaires. Il évoque les embûches auxquelles il a été confronté, la perfidie, les couteaux dans le dos. Ces problèmes, rappelle-t-il avec sagesse, ne sont pas l'apanage du continent asiatique. Il poursuit avec un sourire malicieux : « Les valeurs les plus importantes, dans un collectif, sont la camaraderie et l'esprit de corps. Par conséquent, j'applique une règle d'or : la NBBR (*no backstabbing*[23] *bitch rule*). »

---

[23] *To backstab* : poignarder dans le dos, trahir.

J'ignore si cette citation mérite de figurer aux côtés de celles d'un Marc-Aurèle, mais elle a du sens. Pour durer, la coopération entre les membres d'un groupe doit impérativement résister à la tentation de la médisance. Trop de managers prennent plaisir à manipuler et déprécier les autres. Cela n'existe pas chez Leroy-Somer, car nous n'avons pas de *middle managers* : nous sommes soit sur le terrain, face au client, soit dans les usines. La tradition militaire de certains met en avant ce genre de vertu.

Rebâtie autour de commandos d'une soixantaine de *servicemen* aux valeurs sûres, triés sur le volet, l'équipe Asie nous est d'une loyauté absolue. Je recrute également deux expats français : Dominique Larrière (ancien de l'ESCE), puis Antoine Vitoux (ex Polytechnique-Lausanne). Antoine sera responsable de l'Afrique du Sud puis finira patron EMEAA[24], et Dominique, patron du Sud-Est asiatique puis chef des ventes basse tension. Entre-temps, Dominique signe en 2002 notre plus gros contrat de vente de moteurs de petite puissance au grand export, *made in* Gond-Pontouvre (la plus grosse usine Leroy-Somer d'Angoulême), pour un distributeur malaisien.

« Le meilleur parcours du CAC »

Les honneurs ne tardent pas à s'accumuler pour Leroy-Somer, « roi du CAC » et nous recevons bientôt le trophée KPMG-Asie sur la base d'une croissance annuelle des ventes supérieure à cent pour cent et d'un *cash-flow* de 27 % des ventes hors interco[25]. Les fonds asiatiques qui n'étaient pas encore à bord prennent note et l'action Leroy-Somer poursuit son envol. Nous recevons fin 1990 l'oscar des sociétés de bourse de Singapour, *Top Gainer Award* grâce à CK Goh qui annonce un RoI supérieur à 575 % sur l'action Leroy sur sa période de détention (1987-90). Multiplier le cours de l'action par près de six en trois ans : voilà ce que nous avons réalisé, principalement grâce à l'international.

Lorsque le CAC est lancé en Asie en septembre 1986, les investisseurs asiatiques sont très prudents à l'égard de cette nouvelle place financière qui ne leur est pas familière. Bien que la France soit perçue comme un pays « communiste », le CAC réalisera en fait un parcours remarquable. Il deviendra champion d'Europe en termes de rendement, avec Leroy-Somer et LVMH en position de tête. Il démolira l'idée préconçue selon laquelle seules les valeurs américaines méritent l'attention des investisseurs asiatiques. Le pionnier singapourien de l'action Leroy-Somer, aux côtés du précédemment mentionné GIC, sera le fonds CK Goh, également investi dans LVMH. Goh jouera un rôle clé en encourageant d'autres fonds à investir dans le duo

---

[24] Zone Europe-Moyen-Orient-Afrique-Asie.

[25] Transactions avec les autres entités du groupe Leroy-Somer.

« LVMH-Leroy », *team* des valeurs sûres du CAC, puis dans d'autres valeurs françaises, ainsi que sur des bons d'État.

L'importance stratégique de Singapour dans la finance mondiale découle de deux facteurs majeurs. Tout d'abord, le gouvernement singapourien définit une orientation claire dès la fin des années 1970. Elle consiste à maintenir un excédent structurel de 3,5 % du PIB. Les prélèvements obligatoires sont plafonnés à 18 %, tandis que les dépenses oscillent entre 14 et 15 % du PIB, ce qui assure l'excédent naturel de l'État. La balance commerciale de l'île État affiche également un excédent significatif, de 20 à 25 % du PIB selon les années. Ces excédents sont investis par Temasek, GIC, la Banque centrale et autres, dans l'acquisition d'actions et d'obligations étrangères. Les revenus de ces investissements contribuent au financement de l'État. Singapour génère des ressources financières considérables : pour eux, pas question de mettre la charrue avant les bœufs !

Notre principal concurrent et compagnon de route des *roadshows*, est Bernard Arnault, coleader du CAC à nos côtés. Son ambition est de faire de LVMH le leader incontesté du luxe à l'échelle mondiale. De notre côté, l'objectif est tout aussi clair : devenir le leader mondial des machines électriques et équipements associés.

La capitalisation boursière de LVMH connaît une croissance fulgurante. Elle passe de 2,8 milliards d'euros le 1er janvier 1988 à 9,5 milliards deux ans plus tard. Ng, patron de GIC Equities, m'interroge alors : « M. Besanger, Leroy-Somer est-elle en mesure de suivre le rythme imposé par Bernard Arnault ? » Je lui assure que la valorisation de Leroy-Somer sera au moins multipliée par quatre ou cinq au regard des commandes que j'ai en main. Elle sera en fait multipliée par sept. Si Leroy-Somer avait maintenu la tendance commune aux deux stars du CAC au lieu d'être revendue à un Américain, sa valeur boursière atteindrait aujourd'hui trois cents milliards, dépassant celle de Schneider qui ne faisait pas partie du CAC.

Danses du ventre chez les investisseurs

J'ai souligné l'importance cruciale, d'attirer des capitaux stables à cette époque, tant pour Angoulême en quête de fonds pour son expansion que pour nos filiales asiatiques en forte croissance. En 1988, Xavier Dupont, président de la Société des Bourses françaises, me questionne alors que nous faisons face à une nouvelle « danse du ventre » du CAC en Asie, confrontés aux fonds souverains Temasek et GIC : « Comment un petit industriel charentais comme vous peut-il être compétitif en Asie ? ». Le choix de Leroy comme porte-parole du CAC ne lui semble pas évident...

Ma réponse : nous misons sur des coûts logistiques et de commercialisation qui défient des trois quarts ceux de la concurrence, associés à une offre de service incomparable. « D'accord, répond Xavier, mais l'histoire du cashflow positif, je vous avoue avoir du mal à y croire... Avec des machines venant du fin fond de nos campagnes ! » Précisément, mon cher Xavier ! En ce qui concerne le Besoin en Fonds de Roulement (BFR), j'ai créé en Asie un pool bancaire regroupant Lyonnais-BCI-Amro pour financer un fonds de cautions de lettres de crédit en mode *back-to-back.* J'ai constitué une équipe dédiée, la *DSO task force*, pour accélérer le paiement des factures en dehors des lettres de crédit. J'ai également mobilisé les outils de la *trade finance* de la BNP. Le tout nous assure un cashflow positif.

Le doute continue cependant de hanter l'esprit de Xavier : « Je peux concevoir un Ebitda de 30 % sur des sacs Vuitton, mais sur des moteurs... ? » Or à cette époque, nous générons une Ebitda supérieure à 35 % sur plusieurs gammes de produits, incluant le courant continu, le maintien et la conversion d'énergie. Ces deux dernières activités comportent en outre l'avantage d'un BFR négatif : L/C comptant et paiement aux éventuels sous-traitants (volants d'inertie par exemple) en *back-to-back* à 90 jours. Chose que, à priori, Louis Vuitton ne peut pas faire sur ses sacs...

L'organisation de cette série de présentations contribue à hisser la réputation de notre groupe, qui se positionne dès lors comme *cash-flow positive*, solide et rentable. Par ailleurs, avec l'augmentation de la valeur des actions Leroy, le ratio dette sur fonds propres connaît une diminution significative. Le montant de la dette peut sembler stable, mais le ratio est divisé par sept au cours des années 1986-1991. Cette réduction est rendue possible grâce à l'appréciation de nos fonds propres, résultants notamment des succès de nos roadshows (Jean-Paul Montupet aux États-Unis, Alain Bertin en Europe et moi-même en Asie).

La place financière de Singapour nous honore bientôt en nous invitant à la cote asiatique, aux côtés de marques prestigieuses telles que Mercedes-Benz et d'autres entreprises européennes de renom. Nous déclinons cependant l'offre : notre actionnariat, préoccupé par l'Impôt de Solidarité sur la Fortune (ISF), souhaite en effet céder l'intégralité de ses parts à un unique actionnaire dans de brefs délais. Plus l'ISF augmente, plus il devient impératif de vendre rapidement, quitte à ce que ce soit au rabais... Les Bertin sont hélas vendeurs. Idem pour Suzette Hommet, petite-fille du fondateur et actionnaire majoritaire. De plus, une sérieuse crise de gouvernance secoue Leroy-Somer à cette période.

Georges Chavanes explique : « Au sein du directoire, l'harmonie n'est pas de mise... Leroy-Somer vit ses derniers moments d'indépendance. Inquiète face à ces dissensions, Suzette souhaite prendre du recul. »

« Suzette »

La regrettée Suzanne Hommet, née Castay, nous a quittés en mai 2023. Petite-fille de Marcellin Leroy, classée 12e fortune de France par le *Nouvel Obs* dans les années 1970, « Suzette » est une dirigeante appréciée. Elle a cependant la nécessité de vendre. Parmi les raisons : l'ISF, qui conduit à la grande braderie de l'industrie française aux investisseurs étrangers ; enfin cette « profonde mésentente » au sein du directoire, pointée par Georges Chavanes. J'apprends cela en mars 1989, neuf mois avant l'OPA officielle d'Emerson.

> La plupart des grands contrats sont désormais signés avec l'Asie et nos collaborateurs à Singapour détiennent des actions. Il est donc essentiel d'éviter toute pratique d'initié. Nos équipes asiatiques détiennent des informations confidentielles qui auraient un impact majeur sur le cours de l'action, une fois divulguées.

Pour prévenir toute violation des règles sur les délits d'initié, nous établissons des listes d'initiés : elles comprennent les responsables des ventes, les principaux fournisseurs et d'autres parties prenantes. Chaque personne figurant sur cette liste est consciente de ses obligations concernant l'utilisation des informations privilégiées et la prévention des délits. Grâce à cela, la vente à Emerson, officiellement échelonnée de juin 1989 à janvier 1990, s'effectue sans problème majeur.

Malgré les rumeurs de revente du groupe, nos équipes continuent à remporter d'importants succès tout au long de l'année 1989. Ils concrétisent d'impressionnants contrats avec des entreprises telles que FELDA (Malaisie), Sembawang (Singapour), Ayala (Philippines)…

Peu de temps avant d'être honoré par le trophée KPMG, et alors que je sais la revente aux Américains imminente, je reçois Raj Mohan, le *partner* KPMG pour l'Asie du Sud-Est. Il est stupéfait par nos performances qui semblent mathématiquement impossibles : « On ne peut pas augmenter les ventes à un tel rythme sans sacrifier le *cash-flow*. » Il est intrigué et me demande notre secret. Je lui expose deux affaires emblématiques. L'une dans le domaine de la conversion d'énergie aux Philippines et l'autre dans les datacenters en Malaisie : *cash-flow* positif dès la commande grâce aux techniques du *trade finance* et du *back-to-back*.

La maîtrise des outils d'ingénierie financière permet au « petit » charentais d'accumuler les contrats face à des adversaires maintes fois plus puissants : Siemens, ABB, GE… Nous détenons la précieuse notation « A » de D & B en Asie qui surpasse la notation des entités françaises… et égale celle de General Electric ! Ceci signifie que Leroy-Somer Singapour emprunte désormais à des taux inférieurs à ceux de sa holding charentaise. Cette reconnaissance nous permet également d'obtenir des délais de paiement avantageux de la part de nos fournisseurs asiatiques. D & B écrit à notre sujet : « Leroy-Somer est pionnière de l'indice boursier français, le

CAC, qu'elle a inauguré en juin 1986. » On pourrait remplacer une partie du financement français par de l'argent singapourien, plus stable et moins coûteux, ce qui nous permettrait de prendre encore davantage d'affaires face à la concurrence. Dans notre domaine, tout se joue à quelques dizaines de pourcent de marge près… Cependant, le *board* se prononce contre cette idée, étant donné la proximité de la revente à Emerson.

Magic Leroy

« Magic Leroy » : c'est ainsi que certains investisseurs nous appellent à cette époque. Rien de magique pourtant. Penchons-nous sur les bilans comparés de LS-Singapour et d'un concurrent *lambda*. Ces entités achètent du matériel à leur maison-mère ainsi qu'à des fournisseurs locaux. Taux de marge brute : 25 %. Les frais généraux se montent à 5 % pour LS et 20 % pour le compétiteur. La filiale LS verse 25 % de dividendes à sa maison-mère, contre 100 % pour son concurrent, qui n'a pas le droit de s'endetter. Le comparatif donne le tableau suivant :

	LS	Lambda.
Ventes	100	100
Taille du bilan	50	50
CMV[26]	75	75
SG&A	5	20
Ebitda	20	5
Résultat net	16	3
Dividendes	4	3
Endettement	16	0
Investissement	32	3
Croissance du bilan	64 %	6 %
	32/50	3/50

On l'aura compris : la meilleure recette pour se développer à l'international consiste à limer ses coûts et à autoriser ses filiales à s'endetter localement. Il est possible d'augmenter le bilan des deux tiers et les ventes de cent pour cent *chaque année* à condition de bien gérer son cashflow et de ne pas prélever l'intégralité des résultats. C'est ce que nous faisons en Asie.

L'autre recette a trait au service. Mon premier recrutement en Asie est celui de Tony Chan, futur ingénieur-service en chef. Avant lui, nous écoulions des machines, non pas au kilo, mais au kilowatt. Avec Tony, nous ne vendons plus un kilowatt, mais un *service* : la sécurité de votre génération, conversion ou maintien d'énergie, 24h/24.

---

[26] Coût des marchandises vendues

De plus, l'utilisation d'instruments financiers de type *back-to-back* génère un effet multiplicateur significatif. En partant d'un modeste fonds de garantie de 200 000 $, il est possible de lever jusqu'à 8 ou 10 millions de dollars de lettres de crédit. Avec une mise de 500 000 $, cette capacité de levier atteint les 25 millions de dollars, ce qui élimine le besoin de recourir au siège. Cette approche se traduit par des retours sur capitaux propres situés entre 40 et 80 % en fonction des pays et périodes.

Je tiens à exprimer ma gratitude envers Paul Barry, sa fille Nadia en tant que trésorière-groupe et Suzanne Hommet notre principale actionnaire. Ces trois individus exceptionnels ont permis cette belle aventure. D'autres auraient peut-être exigé 50, voire 75% de dividendes. Eux ne me demandaient en moyenne que 25%, ce qui permettait à l'international de constamment réinvestir dans la conquête de nouveaux clients.

La rançon du succès

Outre l'intérêt manifesté par Emerson à notre égard, mes équipes sont constamment bombardées par des offres d'emploi émanant de la concurrence. Les *sparkies*[27] (ingénieurs en électricité) sont rares en Asie où l'on trouve surtout des *nutties* (ingénieurs mécaniciens[28]). Je ne dispose à l'époque du rachat par Emerson que de dix *sparkies* pour l'ensemble de l'Asie, les autres sont des *nutties*. Le *sparky* peut être condescendant vis-à-vis du *nutty*. Qu'à cela ne tienne : avec l'aide de l'université NTU et de son partenaire INP Grenoble, nous formons ces derniers sur l'électricité, la vente, la stratégie, la finance, le recouvrement des créances. Ils deviennent vite très bons sur tous ces sujets !

Par leur diversité et leur capacité à travailler en commun, nos équipes sont parvenues à ériger un édifice solide où les talents s'harmonisent et se subliment. Des problèmes a priori insurmontables se transforment en autant d'opportunités de développement.

Pour autant, le marché de l'emploi reste tendu en Asie, quel que soit le secteur. Au début, j'accorde peu d'attention aux rumeurs colportées à propos de tel ou tel *sparky*, *nutty* voire *dealer* (école de commerce) contactés par de prestigieux chasseurs de têtes. Un beau jour cependant, Tee-Kay, *nutty* devenu *sparky* par la grâce des cours du soir de Grenoble INP (j'ai signé un partenariat pour l'Asie avec cette prestigieuse école d'ingés), pénètre dans mon bureau, pour me rassurer. Nous craignons à ce moment le départ de Koy-Min, notre éminent *sparky*. Tee-Kay m'apprend que le réputé *tangkee* (médium en mandarin) de Koy-Min, aurait vu ce dernier en possession d'un chèque généreux. Ce chèque, s'inquiète Tee-Kay, pourrait être un acompte

---

[27] De « spark » : étincelle.

[28] *Nutty* peut signifier « écrou » … ou « barjot »

de la concurrence, offert en guise de bienvenue lorsqu'un individu décide de changer d'employeur...

Le *tangkee* se tient au cœur même des communautés chinoises d'Asie du Sud-Est. Dressé sur un autel surélevé, entouré d'une trentaine de statues représentant divers dieux et déesses, parmi lesquels trône en majesté le dieu de l'Argent, Caishenye, également connu sous les noms de Zhao Gongming, Chao-ming Kung ou Bi Gan, le *tangkee* se prétend capable de « voir » le destin, la chance, l'argent et les problèmes d'amour.

Le *tangkee* n'est cependant qu'un intermédiaire. Pour que ses divinations se réalisent, il faut se tourner vers un *sifu* (maître). Or, si le *tangkee* de mon chef des ventes a « vu » un chèque conséquent, pour le concrétiser, le *sifu* lui a déconseillé de démissionner. L'affaire est donc réglée !

Keppel relance Alsthom-Unélec

Comme expliqué plus haut, j'ai décidé de suivre le premier industriel d'Asie du Sud-est, Keppel, participation-phare du fonds souverain Temasek, dans son incroyable pari de devenir le leader mondial des plates-formes offshore autoélévatrices. Il s'agit d'un marché estimé par eux à près de cent milliards de dollars. Nous avons battu Jeumont, Alsthom, ABB, GE, Siemens et Kongsberg en dernière ligne droite. Dans les mois qui suivent l'équipement de leur premier *rig*[29] par nos soins, ce matériel est rapidement acquis par le Koweït. Par la suite, Keppel lance quatre autres plates-formes, toutes équipées en Leroy-Somer. Elles trouvent preneurs au Brunei puis au Texas, au Brésil et enfin au Mexique.

D'autres réalisations suivent. Elles aboutissent à la construction de plates-formes par séries de huit à dix, côte à côte dans les eaux du Causeway[30] . Le travail s'effectue pratiquement à la chaîne, avec des blocs préfabriqués. Puis la gamme s'étend avec les semi-submersibles et les *drillships*[31], toujours construits en quelques semaines en blocs et en préfab. Grâce à eux, les Singapouriens conquièrent en quelques années plus des trois quarts du marché mondial : ils battent la concurrence à plates coutures en matière de prix comme de qualité et délai de livraison.

Dans son audace éclairée, Singapour encaisse non pas les cent milliards de dollars escomptés, mais plus de quatre cents, soit dix fois le PIB du Venezuela... La Chine concurrence aujourd'hui sérieusement ce secteur. Elle y voit une opportunité de croissance majeure et finance ses clients sur de longues périodes. Réactivité, organisation et discipline valent aux Singapouriens de conserver l'avantage. Ils livrent le jour prévu, sans retard

---

[29] *Rig* : plateforme.
[30] *Causeway* : bras de mer séparant Singapour de la Malaisie.
[31] *Drillship* : navire de forage

ni surcoût, avec une qualité irréprochable… Et bien entendu, avec du matériel Leroy !

Chaque 9 août, fête de l'indépendance singapourienne, une grande parade et des feux d'artifice sont organisés. Les Keppel s'habillent en rouge et blanc, les couleurs du drapeau national. Ils défilent en uniforme devant la nation réunie. Ce que Keppel a réalisé en quelques années à peine, aucune entreprise au monde ne l'a jamais fait. Aux côtés de GIC, Temasek figure désormais parmi les plus prestigieux fonds souverains de la planète. En juin 1991, un événement intitulé « Ensemble, nous l'avons réalisé » réunit Keppel, Temasek et Leroy-Somer pour célébrer l'ensemble des contrats signés au Moyen-Orient, en Inde, au Mexique, au Brésil, au Texas et ailleurs dans le monde.

La belle confiance que Singapour nous a accordée à partir de la fin des années 1980 nous permet de redonner vie à l'ex-Alsthom d'Orléans, rachetée en 1984, et de construire une nouvelle usine, à Saint-Jean-de-Braye, en 1989. Cela nous propulse également vers de nouveaux horizons dans le domaine de la haute tension, où nous atteignons aujourd'hui des puissances de génératrices dépassant les 35 000 kilovolts-ampères, bientôt 50 000.

Autrefois simple réparateur de moteurs électriques d'un demi-kilowatt établi dans un modeste atelier en brique de Charente, Leroy-Somer a connu une ascension fulgurante pour devenir le leader mondial des machines électriques jusqu'à trente-sept mégawatts. Cette réussite ouvre des opportunités pour exploiter l'énergie et les ressources de manière optimale, en favorisant le progrès pour tous.

Éthique et transparence

La négociation est un art complexe, surtout en Asie où elle requiert une préparation minutieuse et approfondie, assortie d'une généreuse dose d'intelligence économique. Investir dans un travail approfondi en intelligence économique plutôt que de recourir à la corruption est non seulement éthique, mais aussi stratégiquement avantageux à long terme. L'intelligence économique repose sur la collecte, l'analyse et l'utilisation légale d'informations pertinentes sur les marchés, les concurrents, et les partenaires commerciaux potentiels. En revanche, la corruption est une solution de facilité qui compromet l'intégrité et la réputation de l'entreprise. Les pots-de-vin et les dessous-de-table peuvent sembler offrir des avantages immédiats, mais ils engendrent des conséquences néfastes à long terme : cf. les Alsthom, Siemens & co. Non seulement ils peuvent entraîner des poursuites judiciaires et des amendes, mais ils ternissent également l'image de l'entreprise, sapant la confiance des investisseurs, des clients et des partenaires commerciaux.

En revanche, en investissant dans l'intelligence économique, une entreprise comme la nôtre peut renforcer son positionnement sur le marché en identifiant de nouvelles opportunités de croissance, en améliorant sa compétitivité et en développant des relations commerciales solides et durables. En fin de compte, choisir le chemin de l'intelligence économique plutôt que celui de la corruption est un investissement dans la pérennité et le succès à long terme. Shaül Eisenberg, ancien président du Mossad, offre à mes équipes aux Philippines entre 1987 et 1993 une solide formation en la matière.

Siemens contre-attaque…

En 1990, Siemens et GE refusent de reconnaître leur défaite face au « petit » Charentais dans le cadre de contrats emblématiques en Asie, tels que Keppel (Singapour) et NaPoCor (Philippines). Ces contrats et nos machines font l'objet de nombreuses communications. Ils sont mis en avant en pleine page du *Straits Times* et du *Manila Times,* aux côtés des centrales construites par NaPoCor et Keppel. Cette situation inacceptable pour Siemens conduit au renouvellement complet du staff dirigeant asiatique au cours de la période 1990-1991. Horst K. le nouveau patron est explicitement chargé de nous évincer du marché. Rapidement, Horst se retrouve sous les feux des projecteurs des magazines mondains. Il clame haut et fort qu'il va reconquérir tous les contrats liés à la production, la conversion et la gestion de l'énergie. Leroy-Somer est cinquante fois plus petite que Siemens. Lorsque notre entreprise est mentionnée, il rétorque : « Leroy-quoi ? » De fait, nous sommes souvent confondus avec d'autres marques françaises telles que Sommer-Allibert ou Leroy Merlin, y compris par les Français eux-mêmes : « Au fait, votre patron, c'est toujours M. Mulliez ? » Non, c'est Suzette ! Hommet, et pas Mulliez.

L'honorable Siemens pense nous surpasser : elle se met à casser les prix et propose ses machines à des prix inférieurs aux coûts de production… Je refuse cependant de la suivre dans cette voie. Convaincus que le service est la clé de tout, nous sommes inégalables de ce point de vue. Cependant, l'Allemand tente aussi de séduire les clients par le biais de commissions secrètes. Une telle démarche est totalement inconcevable !

… Et trébuche

Autre erreur, Siemens cherche à cette époque à remporter *das Vertragsensemble*, le tout de A à Z, tandis que nous privilégions les partenariats. Nous nous concentrons sur les seules machines électriques, notre cœur de métier. Notre capacité à établir des alliances est essentielle à notre modèle d'affaires. Nous collaborons avec les diésélistes, ensembliers, fabricants d'équipements de contrôle et de mise en parallèle, tableaux de distribution, transformateurs et autres acteurs de l'écosystème énergétique. Notre gamme d'alternateurs qui porte le nom de *partner* représente la moitié du CA du groupe. Aussi comptons-nous de nombreux alliés, que j'entends mobiliser à nos côtés.

Fin juin 1991, je participe à la réunion annuelle de l'Institution of Engineers (IE) à l'Orchard Hotel de Singapour. Plusieurs acteurs de l'industrie électrique locale se retrouvent dans une situation délicate lors de cet événement. Tel tableautier voit son contrat avec le Public Utilities Board ou la NaPoCor annulé ; tel autre est contraint de collaborer avec GE ou ABB. Notre ensemblier MechPower est quant à lui forcé à travailler avec Siemens, *volens nolens*. Woodward Controls perd le marché de la haute tension à cause de la domination de l'entreprise allemande qui va du simple bouton-poussoir au turboalternateur. Estimer le nombre exact d'acteurs de la filière à Singapour est difficile, mais il en existe une bonne centaine et j'ai établi des partenariats avec près de la moitié d'entre eux.

Au cours de la réunion, Tom de Woodward s'exclame : « Messieurs, avez-vous des suggestions ? » Des idées fusent, dont celle de « dégommer Siemens ».

Un sous-traitant du Public Utilities Board ne tarde pas à nous apprendre que Siemens a offert une somme de 45 millions de dollars au numéro deux du PUB, H.T. Choy, afin d'obtenir le monopole des contrats de production, conversion et maintien d'énergie. Le plan d'attaque s'élabore : un escadron est chargé de détruire le réacteur principal de Siemens en témoignant contre Choy. Les répercutions en chaîne sont dévastatrices : Siemens en Asie s'effondre, tout comme le conseil d'administration de Siemens en Allemagne. Par la suite, H.T. Choy est condamné à 14 ans de prison et sommé de restituer l'intégralité des sommes perçues, auxquelles s'ajoutent de multiples amendes. Singapour en fait une question d'État et porte plainte contre Siemens Power, son *Aufsichtsrat* ainsi que son allié Pirelli Cavi, fournisseur des câbles à haute tension. Ces deux entreprises sont bannies de l'île État pendant dix ans. Singapour n'y va pas de main morte !

L'affaire tourne au scandale en Allemagne, en Italie et dans le monde. Branle-bas de combat à Munich : l'*Aufsichtsrat* convoque bientôt l'intégralité du comité exécutif pour leur annoncer qu'ils vont être assignés en justice, du DG au chef des ventes en passant par le *legal counsel* et le DAF. Même chose chez Pirelli, à Lodi. Dans la foulée, Munich poursuit en justice la direction de Siemens en Asie, conjointement avec l'État singapourien qui lui inflige des peines de prison allant jusqu'à 14 ans. Siemens devient ce canard affolé qui court un certain temps avant de s'effondrer.

Il est temps pour nous de lancer une charge de cavalerie de ligne pour nettoyer le terrain. Aile droite sur l'Indonésie, aile gauche sur les Philippines et le centre de l'offensive sur la Malaisie. Vient ensuite la charge de cavalerie légère sur les arrières de Siemens : les centres de service.

Enfin, notre usine d'Orléans démarre dans la haute tension. Le taux d'utilisation, limité à 20 % sous Alsthom, connaît bientôt un taux de charge de 118 %. Nous allons doubler de taille. Des centaines de nouveaux emplois seront ainsi créés à Orléans, essentiellement grâce aux contrats asiatiques.

Contre-offensive française en Asie

Lors des réunions des conseillers du commerce extérieur de la France que je préside pour l'Asie entre 1994 et 2001, je signale cette contre-offensive à mon collègue des Câbles de Lyon (son concurrent Pirelli Cavi va être assigné en justice avec Siemens) ainsi qu'aux fabricants d'armoires électriques. Entre 1995 et 2001, je préside aussi le Comité central national des conseillers du commerce extérieur de la France (CCE) qui se consacre au thème essentiel de la lutte contre la corruption. Nous enrôlons tous les fabricants français susceptibles d'équiper à nos côtés la NaPoCor philippine, l'EGAT thaïlandaise, l'IPTN indonésienne ou encore la base aérienne de Seletar ainsi que les ports de Tuas et Tanjong Pagar à Singapour : équipements électriques, transformateurs et câbles… de Lyon (en effet Pirelli est devenue *persona non grata* dans la région).

La déroute du consortium Siemens Power-Pirelli ouvre le champ à l'équipe de France des ETI de câbles, armoires de contrôle, régulation et autres équipements : une centaine de PME-ETI signent sabre au clair plusieurs centaines de millions de dollars de contrats en Indopacifique.

Fin 2001, nous en sommes à un peu plus de 10 milliards d'euros de contrats cumulés en dix ans pour la team CCE France-Asie sous ma présidence.

Depuis, les honorables Allemands ont su rebondir sur leurs erreurs passées. Siemens est devenu un modèle en matière de gouvernance, grâce aux actions courageuses menées par le *board* renouvelé de Munich. Jadis à couteaux tirés, nous collaborons dorénavant dans des domaines stratégiques, dont celui des génératrices. L'Allemand rebaptisé Siemens Energy est désormais un client important de Leroy-Somer !

Pirelli Cavi, en revanche, finit percluse de dettes liées à ses procès pour corruption en Asie. Rachetée par Goldman Sachs pour une somme symbolique, elle devient Prysmian. Le conseil d'administration de cette dernière se compose aujourd'hui aux deux tiers d'indépendants, lesquels détiennent un solide palmarès concernant la lutte contre la fraude. Leurs filiales sont désormais dotées de véritables *boards* et Prysmian est devenue un leader reconnu en matière de gouvernance d'entreprise. L'affaire n'était pas gagnée d'avance.

Alstom s'embourbe en Indonésie

Dans les années 2001-2002, Alsthom, devenue en 1999 Alstom, se focalise sur la livraison de centrales complètes. Notre approche se concentre davantage sur les metteurs en groupe et ensembliers, sauf exception : notre campagne de récupération d'impayés de 1987 nous amène à fournir plusieurs centrales complètes, suite à la saisie de plusieurs groupes électrogènes sur un client en faillite, MPG.

Alstom vend des centrales avec une puissance allant de 15 à 200 MW, tandis que notre gamme se situe plutôt entre 1 et 35 MW (jusqu'à 140 MW en utilisant quatre machines en parallèle) et utilise des équipements modulaires.

Dans l'affaire de la centrale électrique de 200 MW de Tarahan, pour laquelle Alstom est en compétition avec GE (taille trop importante pour nos équipements), la justice indonésienne affirme qu'en 2002 et 2003, Alstom a engagé deux soi-disant « consultants » pour des services de conseil. Le but principal de ces embauches est le versement des pots-de-vin à des fonctionnaires indonésiens.

La suite est connue : Alstom est condamnée par le Département de la Justice américaine, puis démantelée. Le délai suspect entre le plaider-coupable d'Alstom fin 2014 et le paiement de l'amende de 770 millions de dollars un an plus tard suscite des interrogations sur l'indépendance stratégique de la France et l'extraterritorialité du droit américain.

Au-delà de cette question, le cœur du problème réside dans la corruption et, plus précisément, l'incapacité du conseil d'administration d'Alstom à faire respecter des règles claires à cet égard. Ce problème est désormais résolu grâce à la volonté du nouveau DG d'Alstom, Henri Poupart-Lafarge.

Contre la corruption

Frédéric Pierucci est un cadre marketing d'Alstom, dont le niveau de responsabilité se situe plusieurs échelons en dessous du PDG. Il n'est pas mandataire social et ignore tout à fait que le ministère américain de la Justice a ordonné son arrestation. Celle-ci a lieu en avril 2013. À ce moment, Pierucci apprend qu'une offre de contrat de son employeur en Indonésie onze années plus tôt est à l'origine de son arrestation. Alstom avait certes mis en place des systèmes au sein de l'entreprise pour éviter la corruption. Conséquence : au lieu de verser directement des pots-de-vin, la société embauche des pseudo consultants… qui organisent la fraude.

La mise en œuvre de règles internes ou pénales ne suffit pas à combattre la corruption. Chaque entreprise doit agir à son niveau, pour éviter et détecter les manquements à la probité. La prévention ne peut se limiter à un simple affichage de bonnes intentions. Elle nécessite l'implication des mandataires sociaux et dirigeants de l'ensemble de l'organisation, filiales comprises.

Leroy-Somer défend un modèle d'éthique et de transparence en adoptant un code de conduite novateur, dès les années 1970. Lors de l'inauguration du CAC en juin 1986, Paul Barry en personne réécrit et actualise ce code. Lors de nos *roadshows* en Asie, de 1987 à 1989, je présente avec fierté notre code anti-corruption. Les Singapouriens, notamment, sont intransigeants sur ce point. Administrateurs, dirigeants et employés à tous les niveaux du groupe se conforment encore aujourd'hui à une stricte politique anticorruption. La démarche repose d'abord sur le refus catégorique d'offrir ou d'accepter des cadeaux de la part de fonctionnaires, clients ou fournisseurs. Les dons (argent ou avantage direct ou indirect), les divertissements sont minutieusement évalués selon des normes internes rigoureuses afin de vérifier s'ils correspondent à des pratiques commerciales appropriées.

Leroy-Somer s'engage également à ne jamais tolérer la moindre pratique commerciale déloyale (imposition de désavantages injustifiés aux partenaires de la chaîne d'approvisionnement, collusion avec des concurrents ou toute autre conduite qui peut entraver une concurrence ouverte et libre). Cette initiative, première du genre en France, souligne l'engagement précoce de l'entreprise envers une conduite irréprochable.

Les résultats de ces engagements sont indéniables : avec ses 98,3 % de matériel exporté, LS peut se vanter d'un bilan exemplaire en 75 ans à l'international.

Pour garantir cette intégrité, chacune des filiales fait l'objet d'un audit annuel approfondi qui met l'accent sur la prévention de la corruption. Il examine minutieusement les pratiques d'approvisionnement, évalue le risque de malversation à chaque étape et s'assure de l'absence de caisses noires ou autre agissement condamnable.

L'expérience montre que les actes répréhensibles ont tendance à se produire dans les domaines non contrôlés. C'est pourquoi Leroy-Somer étend ses efforts de prévention aux fournisseurs, aux agents et aux consultants. Le code de conduite de l'entreprise détaille les comportements attendus dans les situations à risque et prévoit des sanctions précises en cas de violation. Cette approche claire permet à toutes les parties prenantes de distinguer les actions autorisées de celles interdites.

Leroy-Somer partage cette vision avec l'Institut français des Administrateurs (IFA), dont je co-dirige le certificat ou encore le Cercle de l'Institut des Hautes Études de l'Entreprise (IHEE) présidé par Pierre-André de Chalendar de Saint-Gobain.

L'attitude transparente de Leroy-Somer contraste avec certaines pratiques, telles les factures floues de « marketing » ou de « relations publiques » qui dissimulent des opérations douteuses. L'entreprise détaille méticuleusement toutes les activités de communication. Elle ne laisse place à aucune ambiguïté.

Un exemple probant est le fameux contrat NaPoCor aux Philippines : j'ai personnellement veillé au suivi minutieux des dépenses jusqu'au dernier *piso pilipino* et conservé tous les reçus pendant vingt ans. Nous avons ainsi pu obtenir ce contrat pendant vingt années de suite, au nez et à la barbe de groupes internationaux maintes fois plus gros que nous.

PARTIE III

Les partenariats au cœur de la stratégie

Keppel sous haute tension

J'ai dit plus haut à quel point le groupe Keppel est devenu un partenaire privilégié pour nous au plan mondial. Cette entreprise doit son nom au capitaine de la Royal Navy Henry Keppel, qui découvre en 1848 le port naturel en eau profonde de Singapour. En 1968, le fonds souverain Temasek crée Keppel Shipyard. Il devient bientôt sa première participation en termes de taille de bilan. Temasek inaugure ainsi sa première incursion majeure au sein de l'économie maritime. En 1975, elle franchit une nouvelle étape avec la fondation de Keppel Philippines, en JV avec les familles Ty (Ty Power Generation) et Pangilinan (Manila Electric).

En 1986, Keppel investit des sommes colossales de dans le secteur naval, à contre-courant d'une économie mondiale en berne. Elle construit quatre plateformes pétrolières, pour la somme de trois milliards de dollars au total, sans le moindre contrat de vente. Je suis alors le responsable d'*Energia*, business unit de Milan. André Dulac, de l'usine de Sillac, m'apprend que Kongsberg a obtenu l'affaire, sans que notre entreprise eût soumissionné. En effet Jim Leong, notre chef des ventes-Asie, a entre temps démissionné… Il me faudra bientôt sécuriser cet important contrat pour notre groupe.

Pour financer la construction et la vente de groupes de conversion et de maintien d'énergie, je constitue un pool bancaire local. Il rassemble le Lyonnais, la BCI italienne et l'ABN-Amro hollandaise. Cependant, les banquiers exigent une démonstration convaincante qui nécessite une équipe expérimentée dans la présentation de projets dans la moyenne et haute tension. Ce n'est pas vraiment notre cas !

Pour remédier à cela, je suis des cours du soir intitulés « *The Floor is Yours* » (la parole est à vous). Ma coach australienne, Karen, décrète que je suis prêt à affronter la situation au bout de dix jours. C'est optimiste. Je décide malgré tout d'aller au feu. Lors d'une rencontre avec le pool bancaire que j'ai constitué pour l'Asie, un directeur du Lyonnais suggère de demander l'opinion de son supérieur venu à Singapour pour examiner l'affaire. Ils se retirent de la salle de réunion, puis reviennent quelques instants plus tard avec une nouvelle glaçante : la cellule risques a émis un avis négatif. La menace d'un revers plane sur mes quatre mois d'efforts avec Keppel à qui j'ai assuré que tout était en ordre !

La directrice des risques du Lyonnais, Hwee-Bin, que j'ai entre temps convaincue de financer le contrat de la National Power Corporation philippine (je vous en parlerai bientôt), se trouve face à un dilemme. Elle reconnaît que nous honorons nos échéances avec rigueur, mais évoque un blocage lié à un algorithme de risque. Nos ratios de capitaux propres ne sont pas du tout à la hauteur ! Je propose la mise en place de crédits « dos-à-dos », comme parade pour contenir les risques. Les regards se tournent vers le directeur général du Lyonnais, chef de file du pool bancaire. Il scelle finalement l'accord après quelques hésitations.

À ce moment-là, je ne saisis pas encore pleinement la complexité de l'affaire, qui mobilisera sept usines et une trentaine de sous-traitants pendant plusieurs années. Leroy-Somer se lance dans le domaine exigeant de la haute tension où aucune erreur n'est tolérée. Thierry de Margerie est à la tête de cette nouvelle activité. Ce diplômé de Sciences Po sans idées préconçues croit en la faisabilité du projet. Ses équipes préconisent de partir d'un modèle simple, similaire aux petites machines de basse tension, pour les faire évoluer. Cependant, tous les ingés ne partagent pas cet avis. Des décisions difficiles doivent être prises. La réponse viendra des idées et du savoir-faire de nos employés.

Sergio, l'astucieux chaudronnier

Leroy Somer incarne les principes d'innovation, d'adaptabilité et de passion. Si l'on mesure la contribution relative de chacune de ces qualités à la création de valeur, on obtient chez nous ceci :

Passion	33,3 %
Initiative	33,3 %
Process	33,3 %
	100 %

Si on laisse le process diriger, cela ne marche pas. Par définition, tout process est inédit à partir du moment où on se lance sur un marché innovant. Nous encourageons par conséquent nos collaborateurs à apporter leurs idées et à participer activement au processus d'innovation. À une époque où le désengagement des employés commence à se répandre, Leroy Somer se démarque par cet engagement hors normes.

« Sergio », de son vrai nom Serge Bisaro, est entré chez LS à 15 ans. Ce jeune apprenti sans aucune qualification obtient un CAP de chaudronnier

« maison » et ne tarde pas à révéler ses talents pratiques : l'ouvrier spécialisé est à l'origine de quantité d'innovations tout au long de sa carrière.

Or, de Jeumont à Alsthom en passant par Siemens, ABB et GE, tout le monde produit les grosses génératrices en bloc de fonte. C'est « du solide », et selon les ingés de la concurrence, « y'a que ça qui fonctionne. » Quand Sergio émet l'idée de les construire en mécanosoudure d'acier, on lui assène : « La mécanosoudure au-delà de 500 kW, ça ne fonctionnera jamais. » Ce à quoi Sergio répond : « On réussit à fabriquer des petites carcasses en mécanosoudure, alors pourquoi pas des grandes ? »

On teste. On laisse Sergio bidouiller ses machines. Au début, ça chauffe. Sergio redimensionne la ventilation et ça finit par marcher. Le temps de production de nos machines est divisé par trois. Les coûts baissent de 2,3 %. Dans notre domaine, c'est considérable. On bascule désormais tous nos modèles de la fonte vers l'acier. L'opération-commando est réalisée en quelques semaines à peine. La concurrence va en prendre plein les gencives. Elle répand au départ des rumeurs selon lesquelles notre matériel surchauffe. De fait, grâce aux innovations sur la ventilation, il chauffe moins que le leur ! Constatant que cela fonctionne, les autres nous emboîteront le pas, trop tard.

Leroy-Somer est une méritocratie : ce qui compte n'est pas d'avoir fait telle ou telle grande école, mais d'avoir contribué au succès collectif. Sergio est « celui qui a inventé la mécanosoudure des grosses machines en acier ». Cela mérite une statue, ou presque.

Reste à convaincre nos acheteurs asiatiques, qui réclament des modèles en fonte, du sûr, « comme les Allemands ». De fait, tous les appels d'offres stipulent *cast iron*, voire carrément *made in Germany.* J'invite donc Keppel et Temasek, ainsi que leurs partenaires philippins, les Ty et Pangilinan. Nous visitons les usines de Sillac et Orléans au moment où elles lancent les productions d'*Islands Grid*, un contrat historique sur lequel je reviendrai bientôt. On teste les premières machines en acier d'Orléans... Et ça marche. Le soir même, nous fêtons ce succès à deux pas des rives de la Loire, dans l'unique karaoké d'Orléans, en compagnie de nos premiers clients pour ces équipements.

Kongsberg est le premier de nos concurrents à jeter l'éponge : il finit par acheter nos machines au lieu de les fabriquer lui-même. GE et Siemens feront de même quelques années plus tard.

En 2019, Kongsberg m'invite à rejoindre un de leurs *boards* en tant qu'*international strategy advisor*. Leurs questions portent sur l'international, Singapour et les relations avec Temasek, la gouvernance et la lutte contre la corruption, ainsi que l'agilité. Leroy-Somer fait figure de référence en matière de lutte contre la corruption : trois quarts de siècle à l'international, zéro cas de fraude. On m'interroge aussi sur l'innovation de rupture, autre force de Leroy-Somer. Enfin, le *leadership* : « comment faites-vous pour basculer toute une usine d'un modèle à l'autre en quelques semaines ? »

Singapour nous ouvre les portes de l'Amérique latine

Dès la fin des années 1980, tout devient possible pour nous, y compris le Brésil. Un marché compliqué soumis à toutes sortes de normes et réglementations, jusqu'à l'obligation d'importer des produits locaux pour des sommes équivalentes à ce que l'on y vend : une pratique appelée l'*offset*[32].

Nous avons essayé de nous implanter au Brésil à plusieurs reprises dans les années 1960. Une usine, un atelier, une filiale de vente : tous s'avèrent des échecs. Néanmoins, nous conservons une petite filiale à Sao Paulo. Cette entité perd de l'argent, il faut la recapitaliser tous les trois à quatre ans.

Fin juin 1988, le CEO de Temasek, Tee-Cee, Teng Chye, m'informe que depuis des années Petrobras tente de réparer ses propres plateformes, sans jamais y parvenir de façon satisfaisante : dépassements de délais, corruption, piètre qualité… tout y est ! Ses concurrents LeTourneau, Bethlehem, Marathon et autres se sont cassé les dents sur les contrats brésiliens. Ils ont perdu des centaines de millions de dollars, lessivés par des intermédiaires véreux. Faut-il continuer de travailler avec le Brésil ?

Je connais bien ce pays, où j'ai effectué plusieurs missions de consultant en organisation avant de rejoindre LS. Les risques principaux sont la corruption et le syndrome mexicain : beaucoup de gens portant des titres ronflants et qui ne travaillent pas forcément de la façon la plus efficace. De mon point de vue, une équipe formée sur les méthodes de Singapour peut parfaitement y arriver : une *task force* restreinte d'hommes et de femmes parfaitement intègres. Cela existe, y compris bien entendu au Brésil où nous connaissons de telles gens.

Lors de la grand-messe précédente, j'avais rencontré le nouveau responsable de notre filiale brésilienne à Angoulême. Ce jeune Curutibien[33] m'avait fait une excellente impression. Ex-Kongsberg, Fabio est pompier volontaire et donneur de sang à ses heures libres. Chez nous, ce genre de CV prime sur les diplômes. *Mad skill*[34] commune : il organise des *Blood camps*[35]. Est-il partant pour épauler nos amis singapouriens et faire la liaison avec Petrobras ? Un coup de fil à Sao Paulo achève de me convaincre.

Si nous ratons le Brésil, l'ensemble des contrats singapouriens au niveau mondial : Koweït, Abu Dhabi, Arabie saoudite, Mexique, Malaisie, Indonésie, le Texas et la Norvège passent à la trappe… Et quatre milliards de dollars de commandes consolidées avec ! Sans compter la relation avec Temasek-GIC, rois des *zinzins*[36], qui fait la pluie et le beau temps sur les

[32] Offset : cette forme de compensation industrielle dans laquelle un importateur conditionne son achat à un engagement contractuel de la part du fournisseur se traduit par des opérations de coproduction, de sous-traitance et de transferts de technologie.

[33] Curitiba, capitale de l'État du Paraná dans la région méridionale du Brésil.

[34] *Mad skill* : compétence « folle » ou hors norme.

[35] Blood (donation) camps : camps de don bénévole du sang.

[36] Les investisseurs institutionnels sont communément surnommés les « zinzins ».

marchés financiers. GIC a désormais largement investi sur notre action. Le poids du Singapourien est tel que celle-ci prend 7 % en quelques séances. Le total des participations françaises des fonds singapouriens dépasse aujourd'hui les 2,8 milliards d'euros : ManoMano, l'assureur Alan, les résidences Citadines, Pasqal (ordinateurs quantiques) ou encore InnovaFeed. Temasek possède par ailleurs une part significative de Dell, Visa, Paypal, Alibaba et autres. GIC est plus discret. Il contrôle rarement plus de 5 à 6 % du capital. Ses principaux investissements français sont à cette époque Leroy-Somer et LVMH, les deux champions du CAC.

Consciente des risques encourus pour ses finances comme pour sa réputation, Keppel envoie une équipe d'ex-commandos de marine au Brésil. Elle est menée par le Major Lee. Lee enrôle une coach brésilienne à Singapour, qui lui apprend les us et coutumes ainsi que la langue du pays. Deux mois plus tard, il plante sa tente, pour ainsi dire, en plein cœur du chantier naval d'Angra dos Reis, au beau milieu des plates-formes. Il surveille chaque entrée et sortie, chaque *real* dépensé.

Fabio en qui j'ai la plus grande confiance le rejoint, bientôt assisté de mon fidèle responsable des activités de service, Tony Chan qui y effectue plusieurs missions. Keppel réalise l'impossible : réparer l'intégralité de la flotte de Petrobras avec une qualité irréprochable, dans les temps impartis et sans verser le moindre *centavo* de dessous-de-table. Puis ce sont améliorations et conversions : nous vendons moteurs, génératrices et systèmes de maintien et de conversion d'énergie, plusieurs dizaines de millions de dollars par chantier.

En 2000, Keppel rachète le chantier à Petrobras et le renomme BrasFELS. Chaque plate-forme coûte aujourd'hui entre 1,9 et 2,8 milliards de dollars. Il leur en faut une quarantaine, toutes équipées de matériel Leroy-Somer. C'est *in fine* Singapour qui nous a ouvert le Brésil.

Le scandale du *lava-jato*

Pourtant, Keppel plaide coupable devant un tribunal fédéral US en 2017. Elle admet que ses filiales ont versé 55 millions de dollars pour remporter certains contrats brésiliens. Les Singapouriens sont extrêmement stricts sur la question, le choc est immense. Que s'est-il passé ?

Selon l'enquête américaine, Keppel a commencé à payer des pots-de-vin vers 2003-2004, afin d'être rémunérée et pour renouveler certains contrats. Les Singapouriens sont victimes d'un chantage : « Versez tant, sinon nous ne réglerons pas vos factures, et les nouveaux contrats iront aux Chinois, qui eux... » Ce racket est connu sous le nom de *lava-jato* (lave-auto), en raison de l'endroit de Brasilia où sont perçus les fonds exigés. L'enquête vise une trentaine d'entreprises multinationales ayant des opérations au Brésil.

Les États-Unis sont impliqués pour deux raisons. D'abord, une bonne partie des sommes déboursées provient de Keppel O & M USA Inc, filiale américaine de Keppel. D'autre part, cet argent est transféré en dollars via des comptes bancaires américains ainsi que des sociétés enregistrées aux États-Unis. Le *Department of Justice* (DoJ) s'empare donc de l'affaire pour violation de la loi américaine connue sous le nom de *Foreign Corrupt Practices Act* (FCPA).

Dès lors, Keppel a deux options. Soit elle se déclare innocente, soit elle coopère avec le DoJ. Les Singapouriens choisissent cette seconde option, avec la diligence et la conviction qui les caractérisent. Ils attaquent en justice dix-sept dirigeants de leur propre groupe à Singapour même. Par ailleurs, Temasek, très présente au *board*, exige et obtient la démission de l'ensemble du conseil d'administration de Keppel, pour « défaut de vigilance, collectivement et solidairement ». Ce « nettoyage » s'accompagne d'une amende collective de cent millions de dollars. Bref, Singapour agit à l'opposé d'Alstom. Pour mémoire : bien qu'innocent, Frédéric Pierucci, est licencié pour « abandon de poste » et désigné coupable de tous les maux de l'entreprise. Les Singapouriens se font collectivement hara-kiri ou presque : eux, au moins, prennent la gouvernance très au sérieux.

Keppel choisit donc de coopérer *fully and in good faith* avec les justices américaine, brésilienne et singapourienne. Elle verse trois amendes qui totalisent 400 millions de dollars, débarque l'intégralité de ses conseils d'administration et exécutif et les poursuit en justice. Parallèlement, Keppel met en place une vingtaine de lignes téléphoniques : elles répondent en vingt langues et 24 h/24 à tout signalement de comportement non éthique, quelle que soit sa nature et son origine. L'ensemble des employés du groupe est formé à l'utilisation de ces *hotlines* présentes partout dans le monde avec des tests de compréhension tous les trois mois.

Pari gagné : le 28 septembre 2022, Keppel annonce la signature de deux nouveaux contrats d'une valeur totale de 5,6 milliards de dollars de la part de Petrobras. Toujours avec nos équipements.

Leaders des Émirats au Texas

L'implantation de la filiale de Keppel dans le port d'Angra dos Reis nous ouvre la voie à une expansion significative au Brésil dès le début des années 1990. En parallèle, je suis convié par Temasek à discuter de leur prochaine installation aux États-Unis en collaboration avec les dirigeants de Keppel. Leur objectif : devenir « américains » en adoptant une gouvernance locale.

« *Mr Besanger, how do we become leaders in the US ?* » Jean-Paul Montupet a brillamment réussi ce défi chez nous. C'est en vérité à lui que je devrais donner la parole. J'ai cependant pu visiter ses filiales à plusieurs reprises. Sa stratégie repose sur un engagement exceptionnel des parties prenantes. Au lieu de se séparer de *Ray le cogneur,* patron de King Bearing et ancien combattant multidécoré pour fait de bravoure, Jean-Paul exploite ses points forts dans le domaine commercial et du réseautage. Il a aussi pris en charge ses faiblesses, en particulier dans les domaines financiers et organisationnels. J'ai personnellement vu Jean-Paul s'installer dans un simple *open office* et laisser le bureau de la présidence à Ray : du grand art en matière de management, alors que le véritable patron était Jean-Paul. Il a par ailleurs recruté des membres de la Garde nationale hautement impliqués dans leurs communautés respectives. Cette démarche a fini par porter ses fruits.

L'intégration sociétale d'un groupe aux États-Unis peut être abordée selon diverses méthodes, dont la collaboration avec la *National Guard.* J'ai moi-même eu l'opportunité d'effectuer différents *drills*[37] et formations, notamment en médecine de combat (notre SSA collabore avec l'USMSC, le *Medical Service Corps* de l'US Army). Les initiatives des entreprises les plus engagées dans leurs communautés respectives peuvent aller au-delà du *combat readiness* (entraînement militaire) : soutien à la transition des membres actifs vers la vie civile, programmes de parrainage, rénovation de logements, appui logistique lors de missions de secours. L'accent est chez nous mis sur le soutien aux familles, avec l'instauration de congés supplémentaires en cas de déploiement, des projets pour la garde d'enfants et des réseaux d'entraide pour les conjoints et les enfants de réservistes.

L'objectif de Keppel est d'atteindre le sommet de l'industrie navale dans le golfe du Mexique, un marché évalué à plusieurs centaines de milliards de dollars par an. Le capital initial n'est pas réellement un obstacle, notamment grâce à Temasek et GIC, premiers fonds souverains de la planète. Cependant, il est crucial de ne pas agir de manière imprudente !

Les Singapouriens recruteront particulièrement auprès de la Texas National Guard et s'engageront à livrer leurs navires et plates-formes dans les temps. Ils placeront ainsi leur filiale de Brownsville[38] sur la scène mondiale en tant que solution navale de premier ordre.

Quelques anecdotes liées à la faune locale singapourienne, à présent. Parfois, avec mes collègues de Keppel et de Temasek, des anciens de la Navy, nous pratiquons la nage d'endurance. Nous nous jetons à l'eau devant le Changi Sailing Club à la pointe de l'Île et nageons autour de Pulau Tekong Kecil, jusqu'à une plage malaisienne à 7 ou 8 km de distance. À l'arrivée, la dégustation de l'*ikan Goreng* un plat local à base de poisson, récompense nos efforts. Notons cependant que ces eaux abritent des crocodiles et des requins. Une de ces créatures s'en prend un jour à la jambe de l'un de mes camarades. Chisiang regagne la rive avec sang-froid avec ce

---

[37] Exercices d'entraînement militaire.

[38] Brownsville est située sur la rive nord du Rio Grande qui marque la frontière avec le Mexique, à l'extrême pointe sud du Texas.

« petit bobo » (de son point de vue) qui lui coûte quand même quelques points de suture.

Lors d'une sympathique sortie entre *Navy men* de Leroy-Somer et de Keppel au large de Singapour, le vent tourne au typhon. L'embarcation chavire et tout le monde se retrouve à l'eau. À quelques brasses de nous, nous apercevons la queue d'un crocodile ! Je ne suis guère rassuré pour ma part… Mes camarades, eux, nagent vers le rivage comme si de rien n'était, tandis que notre petit voilier sombre…

Pour prendre la tête du commando Brownsville, Keppel sélectionne Pee-Kay, ancien membre de la Garde nationale US, pour s'impliquer activement auprès de la ville et de ses habitants. Ses fonctions incluent la promotion du développement communautaire, de l'éducation et du bien-être ainsi que le financement de cursus à l'Université du Texas pour améliorer les compétences et l'employabilité de la population locale. Pee-Kay continue de plus à participer à des entraînements de la Texas National Guard, à raison de quatre *drills* d'affilée tous les quinze jours.

À mon tour, j'envoie bientôt à Brownsville notre propre responsable des activités de service et de maintenance en Asie, Tony Chan. Parallèlement, une équipe de Keppel recrutée sur place est en partie formée par nos soins pour gérer les équipements électriques. Le rôle central joué par Keppel dans l'industrie de la construction navale au Texas et son implication dans la société locale sont tels qu'en 2005 le Sénat du Texas proclame le 25 mars[39] « Keppel Day », la journée nationale texane en l'honneur de la fondation de Keppel-USA. Pari gagné pour Keppel comme pour nous.

Un appel de Hyundai

Dans les semaines qui suivent l'installation des premières plates-formes de Keppel en matériel électrique par nos équipes, nous recevons plusieurs appels à Singapour de la part de Samsung, Hyundai et Daewoo. Les Coréens ont appris que nous équipions Singapour et agissent de manière coordonnée. L'île-État est considérée par les Coréens comme la référence en raison de sa réputation de rigueur et de discipline. Les Singapouriens ont réalisé un exploit en investissant à contre-courant et en surpassant les Américains dans toutes les catégories de plates-formes autoélévatrices.

Les Coréens expriment leur intérêt pour un transfert de technologie ou une coentreprise (JV). Ils refusent instinctivement tout contrat d'achat standard et prolongent les négociations pendant des jours, des semaines, des mois. Ils ne cèdent sur aucun détail. Pour ma part, j'ai reçu cette instruction simple d'Angoulême : faites tout ce que vous voulez, hormis une JV. Nous n'avons rien contre la formule, au contraire : nous sommes co-investisseurs

[39] Date de l'incorporation Keppel au registre de commerce de Brownsville.

dans une vingtaine d'entreprises. Mais à une condition : partager une même culture, de mêmes objectifs (Stellantis par exemple). Les Coréens bloquent. Puis, au bout de quatre mois de négos, la voie se libère soudainement. Point de bascule : une soirée au Talk Cock Sing Song, célèbre bar karaoké de Singapour. J'ai pour l'occasion importé des bouteilles de Cognac aux élégantes étiquettes gravées de lettres d'or à trois mille dollars la bouteille. Après des mois de négociations, le contrat est validé... sans transfert de technologie ni coentreprise.

Dans les semaines qui suivent l'arrivée des Coréens à Singapour, c'est au tour de Dalian Shipbuilding, plus gros chantier naval de l'empire du Milieu. Dalian a signé un accord de licence avec le leader mondial de la construction navale, Hitachi Shipbuilding. Ce dernier leur transfère la technologie de construction en blocs qui permet à la Chine de fabriquer tout type de navire civil et militaire quasiment à la chaîne et à des coûts très bas : frégates et cargos se partagent les mêmes coques. Ce faisant, Hitachi signe son arrêt de mort : leurs bateaux sont désormais copiés, de la quille au mât. Hitachi qui crée elle-même ce concurrent, envoie à Dalian des ingénieurs compétents. Elle se vide au fur et à mesure, qu'elle creuse sa propre tombe. L'immense marché chinois peut faire rêver au point d'oublier le risque de perte de souveraineté, comme la valeur des technologies sensibles transmises... À la toute fin des années 1980, je croise un expatrié nippon, qui résume : « Au départ, c'était censé être un partenariat, mais ils nous ont bouffés. »

Une stratégie pour la Chine

Il y a deux façons de faire des affaires en Chine. La première consiste à s'y rendre, accompagné d'un ministre français avec une forte visibilité. Beaucoup optent pour cette approche avec tapis rouge, champagne et dîner impérial. Viennent ensuite le moment des négociations et renégociations, celui des blocages de composants importés, des procès entre partenaires puis la fermeture de la JV, laquelle a entre-temps transféré tout son savoir-faire en Chine.

Seconde méthode : le mode sous-marin. J'ai visité deux ou trois sous-marins de la Royale et ça m'a beaucoup plu.

À partir de 1989, nos moteurs asynchrones sont commercialisés à Canton et Shenzhen par notre partenaire de Hong Kong, New Way. Génératrices et machines à courant continu sont diffusées par le colonel Siu de Taïwan. Le maintien d'énergie arrive depuis Singapour et la conversion d'énergie est vendue en direct aux autorités portuaires et aéroportuaires. Aucun de ces segments ne représente plus de 15 millions de dollars de ventes annuelles. Nos contrats « sous le radar » ne gênent personne et nous garantissent un volant d'affaires rentable et régulier.

Le problème avec cette méthode est qu'on ne dispose d'aucun appui en cas de pépin. En juin 1989, j'effectue le voyage Singapour, Canton, Pékin, Séoul. L'emploi du temps est serré, les avions domestiques sont en retard et le visa n'est que de trois jours. Lorsque je m'apprête à embarquer sur le vol Pékin-Séoul. Patatras ! Le départ est annulé. Tiananmen ? Typhon sur Séoul ? Grève ? Aucune explication n'est fournie. On nous parque comme des moutons dans une salle fumeurs où il fait quarante degrés. Arrivent une vingtaine de gardes-frontières qui interrogent les passagers : « *Ni you, mei you guanxi* ? » (Disposez-vous de relations ou non[40] ?). Il faut sortir des cartes d'appartenance au PC, à l'armée et autre document... Deux groupes se forment : les *guanxi* à gauche et les *pas guanxi* à droite. Tandis que l'on vérifie et revérifie les attestations des *you guanxi*, on intime à ceux qui ne connaissent personne en haut lieu de rester cois. Je passe deux heures dans cette salle sans fenêtres où la chaleur est insupportable, en compagnie d'un hippie et d'un étudiant chinois livide qui se ronge les ongles. Un passager pique soudain une crise. Les gardes viennent l'embarquer. Une dame s'évanouit. Nous lui portons secours. Au bout d'un moment, l'étudiant lance : « On va s'échapper. » Le hippie et moi le suivons dans les dédales de l'aéroport de Pékin qu'il semble connaître comme sa poche. Je me retrouve à l'étage des départs où j'achète comptant un aller simple pour Singapour (coup de chance, il restait une place !). Une fois à bord de l'Airbus de Singapore Airlines, une annonce retentit : « Mr. Besanger Serge Pierre, please present yourself ! » Je fais semblant de dormir. Une dizaine de gardes-frontières chinois passe en revue les vingt premiers rangs de passagers. Je suis assis au 36F, planqué sous une couverture que je viens de déballer…

Un nouvel appel émane cette fois-ci du commandant de bord : « *Lift-off in ten seconds* ». Le Singapourien réitère sa menace en mandarin. Les Chinois quittent l'avion qui décolle presque aussitôt. Quelques minutes plus tard, je sors de sous ma couverture et m'adresse à l'hôtesse : « Mes remerciements au commandant de bord ! » Réponse : « On a l'habitude ! »

La Chine, c'est sympa, mais…

Les tribulations d'un Français en Chine

Une nouvelle réunion est organisée à Singapour où Dalian shipyards dispose d'une filiale de financement. Lors de cette rencontre où Tee-Kay et Tony m'accompagnent, les Chinois énumèrent la liste de nos concurrents. Quatre, parmi eux, sont sur le point de conclure des coentreprises, dont un Allemand. Ce style de négociation typique des Chinois s'appuie sur les stratagèmes classiques qui visent à semer la confusion. Certains proverbes

[40] Une interrogation classique en cas de problème en Chine.

illustrent cette approche : « Troubler l'eau pour prendre les poissons » (autrement dit, créer une situation de panique et de chaos, pour troubler l'adversaire) ou encore « Jeter une brique pour gagner un morceau de jade » (On joue sur l'ignorance de la partie adverse en lui offrant quelque chose de peu de valeur).

Lorsque je reviens à l'aéroport de Dalian quelques semaines plus tard, on me plonge dans une salle obscure, sans m'expliquer pourquoi. Une secrétaire de direction du DG du chantier de Dalian vient me sauver *in extremis*... On pourrait ici me demander pourquoi je m'entête à me rendre en Chine sans soutien ministériel ou du PC ? Mais telle n'est pas ma stratégie. Je viens pour vendre des machines, pas pour investir à fonds perdu dans une JV qui ne me rapportera qu'impayés, vols de propriété intellectuelle et procès. Il serait dangereux de le lui expliquer.

Les négociations traînent. Le doute s'insinue, mais je tiens ferme : ni JV, ni transfert de technologie, mais une vente au comptant, avec 30 % d'acompte à la commande, sinon *zàijiàn !* (*Goodbye !*) J'écoute poliment les refrains convenus sur l'amitié France-Chine et me soumets de bonne grâce aux dîners à douze plats et aux séances d'alcool de riz. Je reste de marbre lorsqu'un dirigeant claque la porte de manière théâtrale. Je démonte patiemment les arguments, point par point. Les réunions se succèdent ainsi pendant trois mois à Dalian puis à Singapour. Puis les Chinois lâchent d'un coup sur toute la ligne : prix, délais de paiement... Tout ! Je leur demande quel est leur objectif de part de marché. Ils me répondent : « 55 %. » La moitié du marché chinois, ce n'est pas rien. « Non, précisent-ils : 55 % du marché mondial ! »

Alors que tout semble calé, tout s'effondre quelques semaines plus tard ! Dalian m'appelle et m'annonce qu'ils ont trouvé moins cher en *Australia* (mes interlocuteurs confondent en fait Australie et Autriche où Elin est en effet un sérieux concurrent). Je reprends l'avion. Ils me demandent encore pourquoi je refuse tout accord de licence. La commande est cassée. Pékin a ordonné à son secteur de la construction navale d'arrêter toute importation : les étrangers sont sommés de produire sur place, ce qu'Elin l' « Australien » s'apprête à faire selon eux. Je décide de tenir bon : *« sorry, but no JV. We never do JVs ».* Ce qui n'est pas exact... J'apprends bientôt que « l'Australien ne livre plus ».

Les Chinois sont de retour à Singapour le mois suivant. Nous entamons un autre cycle de négociations compliquées : ma devise, le franc français, a entre-temps pris 11 % et le cuivre 18 %... Je dois mathématiquement augmenter mes tarifs de 14,7%. À l'issue de deux nouveaux mois d'échanges, Dalian accepte de nouvelles conditions : des prix en forte hausse, avec un acompte de 40 % et le solde par lettre de crédit au comptant, irrévocable et confirmée. Concernant la conversion d'énergie en revanche, ils bloquent sur tout pendant six semaines, avant d'entériner la commande de cinq gros convertisseurs, via une lettre de crédit à vue, irrévocable et confirmée, toujours au prix fort.

Est-ce pour autant réglé ? Oui et non. Nous sommes en Chine : la L/C en question fait trente-sept pages et nous devons y joindre près d'une centaine de documents. Depuis la malheureuse affaire irakienne de Guinard (que j'évoquerai plus loin), nous savons que ce genre d'exigences constitue un piège potentiel : les dizaines de points de divergence qui peuvent s'y nicher sont autant de sujets qui peuvent permettre au client de tout renégocier. Voire de ne rien payer du tout... Mal géré, un dossier comme celui-ci peut nous coûter une fortune !

À Singapour, July, Koy-Min, Tee-Kay et votre serviteur vérifient et contre-vérifient méticuleusement les éléments de la L/C. Les Chinois et leur banquier rétorquent bientôt : « documents pas en règle ». D'où des renégociations : ils exigent une remise de 30 %. Des jours, des semaines passent et nous ne lâchons sur rien. Ils nous harcèlent pourtant quotidiennement en nous réclamant la date de livraison. Ils finissent par accepter l'ensemble des documents présentés : les points de divergence ont disparu comme par magie. Nous redevenons les meilleurs amis du monde, avec nuits au karaoké. *Ganbeï !* (Santé !) à l'amitié éternelle France-Chine ! Et expédition des machines en temps et heure. Donc, à priori, règlement... Sauf que...

Je reviens le trimestre suivant à Dalian. Nos machines ont subi diverses tracasseries administratives et surtaxes suite au blocage chinois des importations. Or les conditions de la commande étaient *ex-works* Singapour. Le règlement du problème incombe donc à l'acheteur : « *No discount* ! » Finalement, ils me règlent.

En quelques mois, le chantier devient une ruche qui s'étire sur 4 millions de m^2 et s'étend encore d'un demi-million de m^2 à chacune de mes visites. Des dizaines de milliers d'ouvriers s'activent, peut-être même cent mille. Je n'ai jamais vu une chose pareille. Je leur demande où sont passés les ingénieurs nippons, si nombreux auparavant. « *Tāmen bùzàile* », répondent-ils : ils ne sont plus là, comme s'il était tout naturel qu'une honorable entreprise comme Hitachi leur transfère toute la technologie avant de disparaître. *Allez zou !* Ou plutôt *Măshàng zŏu !* comme disent les Chinois.

Post-Tiananmen, nous adressons le sud de la Chine depuis notre succursale de Hong Kong et le centre et le Nord depuis la filiale de Singapour d'où nous facturons l'ensemble de la zone. Il est plus facile de faire ainsi. En effet l'avion de Singapore Airlines quitte l'île-État à minuit et arrive à Pékin à 7 h du matin : je suis frais pour la journée à venir. Un bureau de représentation à Pékin ou Dalian ne me permettrait pas de facturer des clients chinois. Il faudrait injecter de l'argent via un transfert interbancaire international assujetti à de multiples taxes : un non-sens.

Pendant les années 90, nous vendons ainsi jusqu'à mille machines par an depuis Singapour, avec paiement par L/C et sans transfert de technologie.

Nous devenons le premier exportateur de machines électriques en Chine. À nous seuls, nous représentons plus de la moitié des machines importées. Loin devant Siemens et ABB qui ont conclu des accords de joint-venture les défavorisant. Ils vont perdre jusqu'à leurs usines, leur terrain étant requalifié en « zone d'habitations ». Mais la concurrence ne va pas tarder à se réveiller. À partir de 2001, elle signe des JV à tour de bras, puis fabrique sur place. Nous finissons par faire de même en 2007.

Contrat historique avec le Japon

Fin 1991, mon chef des ventes Tee-Kay m'annonce une nouvelle incroyable : « *Boss*, Katayama va construire des groupes électrogènes à Singapour ! » Aucun lien avec le champion des 24 h du Mans, Ukyo Katayama. Pour tout dire, Katayama n'est pas le véritable nom de cette entreprise ancrée sur le territoire éponyme[41], mais un nom de code interne. Ce groupe japonais coté à la bourse de Tokyo produit véhicules militaires blindés, bulldozers et autres engins de construction et de travaux publics. Il fait travailler un *keiretsu*[42]. Cette galaxie d'un millier de sociétés dans lesquelles il possède des parts variables, au travers de participations croisées, inclut trois fabricants d'alternateurs.

« Katayama » est donc l'une des plus belles entreprises japonaises à l'export à l'époque. Elle compte parmi des *sept Samouraïs*. Dans l'œuvre d'Akira Kurosawa (1954), les guerriers samouraïs qui protègent le village des bandits se nomment : Kambei Shimada, Gorobei Katayama, Shichiroji, Katsushiro Okamoto, Heihachi Hayashida, et Kyūzō Kikuchiyo. Dans le monde des affaires, les *sept guerriers de l'export* sont : Sony, Panasonic, Toyota, Honda et trois autres, dont « notre » Katayama.

Tee-Kay est quelqu'un de très visuel, adepte des organigrammes façon Mossad (je l'ai formé chez Eisenberg). Sur le tableau de liège panoramique de notre *war room*, il joue avec des bouts de ficelle de toutes les couleurs afin de cerner la structure nébuleuse du Japonais. Pour faire simple : le *keiretsu* « Katayama » est un groupe informel, une alliance typique de la communauté des affaires au Japon. Chaque société qui le compose détient de petites portions des autres et l'ensemble est centré sur une banque principale. Ce système protège les entreprises des fluctuations boursières et des tentatives de rachat. Il leur permet ainsi une planification des projets à long terme. Avec « Katayama », nous faisons face à un *seisan keiretsu* (生産系列), autrement dit, un réseau de fabrication vertical. Ce type d'organisation relie fournisseurs, fabricants et distributeurs d'une industrie donnée. Des filiales,

---

[41] Katayama, située dans la préfecture de Gifu, est surnommée la « petite Kyoto des Alpes Japonaises »

[42] Keiretsu : ensemble d'entreprises de domaines variés, entretenant entre elles des participations croisées.

classées par niveaux d'importance, sont créées au profit de la société mère. Les principaux fournisseurs forment le deuxième niveau sous celle-ci et les petites entreprises manufacturières constituent les troisième et quatrième niveaux. Cette organisation protège la holding des fluctuations du marché.

Leroy-Somer n'est pas si différent avec ses petites filiales de filiales dans la Haute-Loire ou en Ardèche. Un analyste en bourse nous a d'ailleurs décrits comme le *keiretsu français* !

Le *keiretsu* est naturellement souple, plastique, réactif. Mais pas suffisamment pour l'Asie du Sud-Est qui connaît de profonds chamboulements dans les années 1990 : ouverture du Viêtnam, concurrence de la Chine, décollage à la verticale des marchés indonésien et philippin.

Précisons ici que si les Japonais se savent appréciés en Europe ainsi qu'aux États-Unis, ils pensent être mal-aimés de leurs voisins. Le Japon a malgré tout largement fait amende honorable de son comportement passé alors que la Chine tend de son côté à surjouer le rôle de victime (elle occulte au passage les morts du régime de Mao, sept fois plus nombreuses que celles perpétrées par l'armée impériale). Le Japon sous-estime beaucoup son concours au développement de la région, comme l'image positive qu'il incarne le plus souvent en Indonésie, en Malaisie, à Singapour, en Thaïlande ou même aux Philippines. D'où une certaine timidité de la part de ce peuple sur les marchés asiatiques, pourtant proches.

Faisons un saut dans l'histoire. Dès 1853, le Japon entreprend un effort de modernisation. Le gouvernement Tokugawa décide de créer un chantier naval et un arsenal en collaboration avec le gouvernement français. L'ingénieur Léonce Verny (1837-1908) est chargé de cette mission. Après la restauration Meiji (1868), il continue à travailler pendant douze ans. Quarante-cinq familles viennent de Brest, Toulon et Cherbourg pour contribuer à la construction de l'arsenal. Ces quelque 200 Français constituent la première colonie française au Japon. Aujourd'hui, Yokosuka, situé à l'entrée de la baie de Tokyo, est jumelée à Brest et nos forces armées participent à des opérations d'entraînement interarmées avec la marine et les soldats au sol dans l'archipel nippon. Nous sommes l'allié indéfectible dont le Japon a besoin. Je possède des médailles commémoratives franco-japonaises qui peuvent s'avérer utiles et il se trouve que le responsable de « Katayama » pour l'Asie du Sud-Est est un ancien de la force d'autodéfense maritime japonaise. Cela tombe vraiment à pic.

Autre découverte intéressante : la présence de *zonbi* (zombies) au sein du *keiretsu* de Katayama. Un *zonbi* est une entreprise peu compétitive qui n'a plus de fonds propres, mais subsiste grâce à la protection de ses créanciers, généralement actionnaires de l'entreprise. En France, la mise en faillite d'une filiale assure une certaine discipline… Ce genre de management est impensable au pays du soleil levant : les Japonais peinent à rompre les liens parfois ancestraux qui les attachent à leurs filiales et participations.

Parmi ces structures incapables de fournir les machines demandées par les marchés d'Asie du Sud-Est en temps et heure, deux fabricants d'alternateurs en n-3 du *keiretsu.* Ces zombies que Katayama ne peut « planter » illustrent le *giri* (義理), valeur japonaise complexe correspondant au devoir, associé à la loyauté, la gratitude et la dette morale.

Tee-Kay et moi, accompagnés de Tony mon responsable après-vente et Ling-Ling ma DAF consacrons plusieurs rencontres à cerner le problème et nous familiariser avec l'organigramme du *keïretsu* Katayama. Nous passerons aussi plusieurs soirées au Talk Cock Sing Song, l'incontournable karaoké de Singapour où, *after hours*, on raconte et chante n'importe quoi.

Les Japonais sont généralement très bien préparés aux réunions formelles comme au karaoké. Dans ce cas précis, ils ont étudié notre histoire et notre culture. Les Japonais sont conscients de leur tendance ethnocentrique, ce qui les pousse à engager de louables efforts vers la compréhension d'autrui.

De notre côté, notre approche nous a fait découvrir le parcours de Katayama : sa fondation en 1917, la construction ex nihilo d'une ville modèle éponyme autour de l'usine principale. Cette cité prospère, moderne et arborée (« verte » dès sa conception) est maintenant peuplée de quelque cent vingt mille habitants.

Quelques jours avant notre meeting à Singapour, j'effectue un périple de 48 h au Japon afin de mieux connaître cette cité-entreprise. L'effort est apprécié. Nos discussions vont suivre un cadre précis : quatre séances dédiées à la compréhension du marché et de ses acteurs ; quatre autres sur les volets techniques et process pour vérifier leur compatibilité. Le chapitre financier fera enfin l'objet de trois rendez-vous (voire plus si affinités).

Négocier avec des Japonais peut être une expérience difficile lorsqu'on n'est pas familier avec les nuances culturelles et les styles de communication de ce pays. Les Katayama se montrent polis, mais indirects : ils semblent éviter de nous donner une réponse claire. Pas de coup de théâtre ni de porte qui claque comme avec les Chinois. Au départ, nous avons un peu de mal, à évaluer leur niveau d'intérêt pour nos produits ou même leur volonté de conclure un accord. Je pense pourtant m'être habitué au fameux *komakaï* des Japonais, ce souci extrême du moindre détail, garant d'une alliance fiable sur la durée.

Un autre défi réside dans la différence des tactiques. Au Japon, les négociations sont davantage considérées comme des étapes dans le processus de construction d'une relation que comme un échange transactionnel. Katayama semble effectivement plus concentré sur l'établissement d'un lien avec nous que sur la conclusion d'un réel accord.

Malgré toutes ces difficultés, nous entamons une négociation, longue sans être désagréable et surtout de bonne foi. Premier volet : Katayama nous sort des statistiques très précises sur nos ventes et celles de la concurrence. Leurs études indiquent que nous sommes le leader incontesté en Asie du Sud-Est dans leurs gammes de puissance : quatre fois le Britannique Stamford et l'Américain Marathon *réunis*. Ceci est pour eux l'occasion d'un test. Lorsqu'ils nous indiquent que nous possédons l'essentiel du marché à nous seuls, peut-être s'attendent-ils à ce qu'on leur dise : « *Sure, we're the best.* » Je réponds : « *Watashitachi no chīmu wa, kuraianto ni sābisu o teikyō suru tame ni mottomo kenkyode seijitsuna doryoku o shite imasu* » (nos équipes s'efforcent humblement de faire de leur mieux afin de satisfaire les besoins de nos clients). Sur ce, j'incline légèrement la tête et Tee-Kay donne le signal à Tony et aux autres de s'incliner plus encore. Il semble que nous marquons là, un premier point.

Ensuite, nos interlocuteurs expliquent leur volonté de multiplier leur part de marché en Asie du Sud-Est par dix, soit de 3 % à 30 %. Les Japonais ne sont ni les plus rapides ni les plus réactifs. En revanche, ils sont méthodiques. Lorsqu'ils annoncent une chose, ils le font. Leur problème est qu'ils se sont rendu compte un peu tard de l'explosion des marchés asiatiques, car ils se sont jusqu'alors concentrés sur les États-Unis et l'Europe. Ils vont y arriver, lentement mais sûrement.

Le nouveau patron de Katayama pour l'Asie du Sud-Est est Tanaka Haruto. Ce descendant de samouraïs est champion de kendo et de jiu-jitsu, disciplines que je pratique également. Il collectionne les armes anciennes et est par ailleurs très impliqué dans la réserve japonaise. Officiellement, le Japon ne dispose que d'une simple force d'autodéfense, la *Jieitai* (自衛隊). Le concept de « réserve » d'une armée qui n'existe pas peut sembler étrange ; or la réserve joue là-bas un rôle primordial. J'aurai l'occasion de m'entraîner avec un groupe d'officiers de réserve japonais. Leur niveau est excellent : j'ai constaté des RV/RP[43] de 98,5 et au-delà. Pour un État en théorie sans armée, chapeau bas !

La société japonaise bénéficie de cette réserve de talents prêts à être mobilisés en cas de besoin, sans perturber excessivement la vie civile quotidienne. Grâce à leur engagement, les forces de réserve japonaises incarnent l'esprit de dévouement et de responsabilité envers leur nation, défendant leur pays avec honneur et fierté : voilà ce que je déclare en toute honnêteté à Tanaka en lui offrant un livre illustré sur les armes françaises du XVIIIe siècle. En retour, il me donne un *coffee table book* sur les samouraïs, stricte équivalence des cadeaux.

Nous apprenons à nous connaître, chantons et dînons ensemble, échangeons ouvrages et objets liés à l'histoire de nos entreprises réciproques.

On attaque par la stratégie et le marché. Katayama reconnaît ses erreurs passées (un focus quasi exclusif sur les USA et les groupes électrogènes complets). Elle pense toutefois qu'elle ne deviendra jamais Caterpillar et a défini une nouvelle tactique, « à la Cummins ». Cette dernière vend tant aux intégrateurs qu'aux clients finaux. Katayama va désormais faire de même au lieu de réserver ses productions à son seul *keiretsu*. Tanaka souhaite notre

---

[43] Scores d'épreuves de tir révolver précision/révolver vitesse.

« sincère et entière collaboration » sur ces points. J'acquiesce. Elle lui est acquise.

À la question « Combien y a-t-il de metteurs en groupe en Asie du Sud-Est ? », Tanaka avance le chiffre 18. D'après nos calculs, il y en a plus de 500 ! Pourquoi une telle divergence ? Le Japonais n'a retenu que la partie émergée de l'iceberg : les metteurs en groupe qui disposent d'une fabrique. Or la plupart n'ont *pas* d'usine. Ils s'en remettent à des garagistes ou autres pour effectuer l'accouplement entre le moteur et la génératrice. Tanaka-san encaisse le coup sans rien laisser transparaître, avant d'exiger de ses troupes une nouvelle étude.

L'aveu de Tanaka

Un beau jour, nous entrons dans le vif du sujet. Tanaka « vraiment désolé » m'avoue, son problème : le contrat doit impérativement être signé en marque blanche. Le « très honorable » sigle Leroy-Somer doit disparaître. Par ailleurs, Katayama désire une boîte à bornes de connexion adaptée. Demander de telles choses s'avère « *very difficult* » pour lui, car « Leroy-Somer est une « très honorable entreprise ». S'attend-il à un désaccord de ma part ? J'ai auparavant conclu en marque blanche avec quatre diésélistes[44] italiens, ainsi que le leader italien du groupe électrogène, la Genset de Pavie. J'ai également signé un concurrent direct, Saccardo, avec des machines Leroy légèrement modifiées et siglées Saccardo... Aussi honorable que soit notre propre marque. Mes collègues ont fait de même en Suède et en Allemagne. Avec du recul, on peut affirmer que cette démarche nous a permis d'atteindre le leadership mondial, puisqu'aucun de nos concurrents n'a osé nous suivre sur ce terrain. Bref, plaquer mes machines « Katayama » ne pose en vérité aucun problème. Je ne laisse évidemment rien transparaître, c'est le jeu !

Nous abordons le sujet le plus sérieusement possible, autour d'une bière, puis au karaoké avec quelques chansons de Frank Sinatra et autant de verres de saké. Je leur confirme : « Cette demande est assez compliquée... Je me suis longuement entretenu avec notre siège qui pourrait éventuellement accepter, en échange d'un contrat conséquent ». En fait, rien de compliqué, car je l'ai déjà fait dans le passé, et je ne me suis entretenu avec personne hormis TeeKay; mais avec les Japonais, il faut toujours donner l'impression d'une réflexion de groupe sur le long terme. Tanaka encaisse. Au cinquième verre de saké, il annonce « 300 machines ». Le double de ce que j'espérais ! Bien sûr, je reste de marbre. Tel est le jeu.

L'ethnocentrisme des Japonais, évoqué plus haut, les pousse à poser beaucoup de questions. Certaines très directes. J'ai bientôt droit à celle-ci :

[44] VM, Ruggerini, Lombardini et Fiat-Aifo.

« Nous ne vendons presque rien en Asie du Sud-Est. À quoi est-ce dû, d'après vous ? » Tanaka prend à témoin son état-major. Même dans le cadre décontracté du Talk Cock Sing Song, une réponse trop directe risque de choquer leur équipe. Puisque nous sommes tous deux issus de milieux militaires, je m'autorise cette analogie : « Nous sommes sur un champ de bataille, il y a beaucoup de blessés autour de nous et nous sommes sous le feu de l'ennemi. La route est balayée par des tirs de mitrailleuses. Pouvons-nous rapatrier les blessés vers l'arrière ? Non. Il faut les traiter sur place. » Tanaka répond alors : « J'ai constaté ceci : en Asie, les délais de réponses aux appels d'offres sont courts. Notre siège est-il capable de réagir dans les temps voulus ? Je ne le pense pas. Je pense que le facteur clé de succès, c'est d'être présent sur le terrain, avec un back-office local, capable d'émettre des offres dans la demi-journée. Est-ce là votre sentiment ? »

Absolument, Tanaka-san.

Au combat avec les Japonais

Nous commençons à nous comprendre et à nous apprécier avec ce « Katayama ». Nous sommes heureux d'être ensemble au combat, de nous signaler mutuellement tel ou tel appel d'offres. Je sens que la sauce est en train de prendre.

Nous sommes épuisés par les réunions commerciales, techniques et financières… et les karaokés nocturnes. Mais nous admirons les Japonais : leur constance, leur sens de l'honneur et leur courage au travail. *Last but not least* : nos factures sont réglées rubis sur l'ongle à quinze jours de leur date d'émission. Ce n'est pas systématiquement le cas en Asie.

À ce sujet, voici une autre petite anecdote. Une fois tombés d'accord sur les grandes lignes de notre partenariat, il nous faut aborder le volet finances. Mon équipe financière était composée de trois jeunes femmes d'origine chinoise. Tee-Kay m'explique que cela trouble nos interlocuteurs japonais : peu de femmes occupent ce type de poste au Japon et les Chinois sont toujours un peu craints. Néanmoins, leur politesse les empêche d'évoquer ouvertement ces réticences. D'ailleurs, il n'est évidemment pas question de recruter un nouveau DAF juste pour ce partenariat. Tee-Kay a dix ans de Japon derrière lui, il s'exprime dans un excellent japonais, avec toutes les nuances nécessaires. Il va former Ling-Ling à dire bonjour en japonais. D'après lui, il ne faut pas aller plus loin. Idem au niveau des références japonaises de notre DAF : elle indiquera avoir visité le Japon une fois et apprécier le pays, sans plus.

Je fais passer le message que Ling-Ling siège à notre Comex-Asie, et qu'elle dispose de mon entière confiance. Tanaka commente : « Votre *empowerment* des femmes vous fait honneur et devrait nous inspirer, nous

Japonais. » Sur ce, son équipe s'incline comme un seul homme. Je crois que nous avons marqué là un nouveau point.

Autre petite histoire : au bout d'un mois, Tanaka m'avoue, « vraiment désolé », un « problème » supplémentaire. Ses *nutties* (ingénieurs mécanos) se sont trompés dans leurs spécifications des accouplements-moteurs, il faut changer les flasques (pièces mécaniques plates). *Toutes* les flasques. Il y en a deux cent cinquante et chacune pèse dans les trente kilos.

Tanaka prend un air contrit. Moi, peut-être pas assez, car Tee-Kay me lance un regard signifiant : « *poker face* ! » J'adopte alors une attitude totalement inexpressive. Puis, des plus sérieusement : « Nous allons étudier ce problème »... qui, entre nous, n'en est pas un ! Ricky, Tee-Kay, Tony et moi-même allons consacrer un week-end à démonter et remonter les flasques à la main. Un travail de Romain. Impensable pour moi de ne pas être au milieu de mes troupes lors d'un tel moment. Que ne ferait-on pas pour ce « Katayama » ! Je fais installer des douches dans l'atelier pour l'occasion. Nous nous y relayons toutes les dix minutes, en nage... À la guerre, comme à la guerre !

Ensuite ce sera la couleur, un ton de gris trop clair. Nous repeignons les machines nous-mêmes, à Lok Yang Way, lors d'un week-end. Je suis évidemment encore cette fois au combat, avec mes troupes. Nous revérifions tout, jusqu'aux mini-cloques de peinture. Je fais décaper puis repeindre une dizaine de machines. Nous devons être ir-ré-pro-cha-bles !

Malgré plusieurs autres changements de specs de dernière minute, tout se déroule finalement pour le mieux avec les Japonais. Il nous faut cependant faire attention aux moindres détails, comme l'emballage. Katayama nous renvoie une caisse ajourée : le contrat spécifie « caisses fermées », c'est pourtant clair !

Les Japonais sont très rigoureux. Cette caractéristique s'applique également aux paiements. Quel bonheur d'avoir un acheteur qui règle le jour indiqué ! Nous sentons bien que, de leur côté, ils apprécient notre souplesse, notre créativité et notre réactivité.

Si tous les clients étaient comme Katayama !

Lorsque vient la question du service après-vente, Tanaka nous demande notre avis : faudrait-il plutôt dix-huit mois ou vingt-quatre pour créer un réseau ex nihilo d'une centaine de centres de réparation en Asie ? Il désire en effet mettre en place son propre réseau plutôt que de s'appuyer sur le nôtre, ce qui est naturel. Je lui réponds : « entre cinq et six mois ». J'estime en réalité que trente jours suffiraient, mais Tee-Kay me dissuade de tout révéler : « *Boss*, nous ne serions pas crédibles aux yeux des Japonais. » Il est extraordinaire de découvrir nos différences, en même temps que nos complémentarités.

L'opération est admirablement exécutée par nos équipes de Singapour, celles d'Angoulême qui nous envoie les éléments de boîte à bornes spéciales demandés en temps voulu et l'Inde, de nouveaux disques d'accouplement. Elle démontre que l'on peut signer des partenariats importants avec des Japonais en dehors de leur pays. Ce contrat débouche bientôt sur une autre commande-programme portant sur 500 machines, que je présenterai au 3C[45] lors d'un de mes déplacements à Angoulême, épuisé, mais profondément heureux !

Les Japonais, pris individuellement, peuvent sembler empruntés et rigides. Les Français semblent a priori plus adaptables. Les apparences sont parfois trompeuses. *« Nous ne savons pas »,* avouent les Japonais avec une candeur désarmante qui nous amène à leur tendre la perche. Nous leur communiquons les contacts des assembleurs de groupes électrogènes, ceux des fabricants de radiateurs, découpeurs de disques, etc. Ils nous donnent en retour l'exclusivité de leur marché et se montrent d'une loyauté exemplaire. Et ce, pendant plus de vingt ans.

> En groupe, une fois les renseignements nécessaires obtenus, les Japonais font preuve d'une souplesse et d'une mobilité mentale que l'on ne soupçonne pas. Sommes-nous sûrs qu'au plan collectif, les Français soient aussi flexibles que les Japonais pour basculer d'une stratégie à une autre ?

---

[45] 3C : Comité de consultation et de concertation, évoqué précédemment.

PARTIE IV

Déboires et redressement

Un mariage annulé

Il faut que je vous raconte un échec assez cinglant : notre tentative de rachat du leader allemand du motoréducteur, SEW. Cette entreprise exceptionnelle affiche maintenant un chiffre d'affaires de 4 milliards d'euros. Nous sommes passés à côté d'une union prometteuse.

La fin des années 1960 est l'époque de la France compétitive de Georges Pompidou. Les excédents commerciaux abondent, y compris avec l'Allemagne. Les dépenses publiques françaises sont alors inférieures de 1,2 point de pourcentage par rapport à celles d'outre-Rhin. Cet écart en apparence minime a des répercussions considérables, car c'est ce qui permet aux entreprises d'investir 3,6 % du PIB en R & D, soit le double d'aujourd'hui. Nos machines sont très innovantes et nous sommes hyper compétitifs, tandis que les charges sociales et fiscales accablent les Allemands. Des géants comme Mercedes et BMW frôlent la cessation de paiement et voient leurs marchés respectifs envahis par Peugeot, Renault et Citroën. La famille Quandt acquiert BMW pour quelques marks sous les yeux de Peugeot qui domine en Europe et exporte mondialement.

Pompidou, ancien banquier d'affaires, défend farouchement une gestion financière rigoureuse. Il est persuadé que les excédents fiscaux sont essentiels pour fortifier l'économie nationale et garantir sa stabilité financière. La France engrange des excédents budgétaires substantiels, l'inflation est maintenue sous contrôle et les investissements privés dépassent ceux de l'Allemagne. Ce pragmatisme pompidolien renforce la position de leadership industriel de la France en Europe et dans le monde. L'absence de dette accroît la confiance envers notre pays. Elle favorise des emprunts à taux avantageux pour les entreprises et stimule ainsi la croissance.

Tandis que SEW emprunte à un taux de 14 % et ploie sous les charges, Leroy-Somer bénéficie de taux deux fois inférieurs qui lui octroient un avantage compétitif notable… Un mariage ferait sens.

À cette période, Leroy-Somer inaugure en moyenne une nouvelle usine tous les quatorze mois. Elle recrute mille employés par an pour répondre à une demande croissante. Notre marché majeur d'exportation est alors l'outre-Rhin où nous sommes leaders dans divers domaines, en particulier les moteurs d'ascenseurs et le courant continu, grâce à notre filiale à Dortmund et ses sept succursales.

La filiale allemande se compose d'un *Geschäftsführer* (directeur). Il chapeaute six *Geschäftsbereichsleiter* (responsables d'unités commerciales) axés sur la vente qui couvrent le courant continu, le courant alternatif, les générateurs, les réductions de vitesse, l'électronique et les machines pour datacenters. Des vendeurs juniors, apprentis et collaborateurs les accompagnent ; une unité centrale de support technique ; une filiale de services, et quatre succursales dotées d'une trentaine d'ingénieurs commerciaux. Un DAF gère les finances. C'est tout, et cela nous coûte moins d'un pourcent en G&A, les fameux frais administratifs et généraux, outre quelques pourcent pour la force de vente. Le tout rapporte à Angoulême plusieurs centaines de milliers de Deutsche Mark de dividendes par an.

Le système d'apprentissage de l'Allemagne constitue l'un des atouts majeurs de notre filiale. Étudiant au lycée Albert-Schweitzer de Strasbourg, je les voyais arriver depuis Kehl avec leurs puissantes motos Yamaha 750... Ces apprentis entrent dès l'âge de seize ans en entreprise. Ils touchent un salaire et assument de vraies responsabilités. Ils combinent travail et études, avec un ratio de 70/30 en faveur du travail. Les jeunes Allemands montrent peu d'intérêt pour les formations supérieures débouchant sur des impasses.

Notre filiale allemande emploie quinze apprentis. Son principal concurrent, Süddeutsche Elektro-motorenwerke, a été fondé à Bruchsal en 1928. SEW possède une usine à Haguenau en Alsace et est implanté en Italie et en Scandinavie. SEW est une entreprise familiale à l'image de Leroy-Somer à l'époque. Elle est détenue par Kunigunde Pähr, sa fille Edeltraut et son gendre Wilhelm Blickle.

En 1968, SEW se trouve en difficulté financière et frôle la faillite. Notre *Geschäftsführer* entame des négociations en tandem avec Georges Chavanes. Les structures de gouvernance allemandes se distinguent par des particularités, notamment les *Betriebsräte* (conseils d'entreprise) et les *Aufsichtsräte* (conseils de surveillance). Les *Betriebsräte* impliquent les employés dans les décisions et la négociation collective, tandis que les *Aufsichtsräte* supervisent les décisions de la direction et préservent les intérêts à long terme de l'entreprise. La gouvernance allemande accorde plus d'importance à la représentation des salariés que la gouvernance française.

Nous nous inspirons alors du modèle allemand en instaurant le Comité de consultation et de concertation (3C). Nous exposons cet équivalent des *Betriebsräte* aux Allemands pour montrer notre compatibilité.

Nous invitons par ailleurs cinq employés à siéger au conseil de surveillance, dont deux syndicalistes, à l'instar de SEW. Les termes de l'accord prévoient que les familles Blickle et Pähr obtiendront quinze pour cent du capital de Leroy-Somer-SEW et deux sièges au conseil de surveillance. Les descendants de Marcellin Leroy, Louis Castay et Suzanne Hommet, conserveront la majorité des actions. *Schöne Hochzeit in der Perspektive !* (Beau mariage en perspective !)

Las ! au dernier moment, les Allemands exigent l'arrêt de la production des motoréducteurs à train droit. Ces modèles dits « planétaires » sont une spécialité de notre usine de Saint-Étienne, or Georges Chavanes est profondément attaché à ce site. *« Tout s'est joué à une phrase*, raconte ce dernier. *Si nous avions lâché les planétaires, c'était dans la poche. »* Les négociations sont alors rompues. Ernst Blickle orchestre ensuite un renflouement auprès des *Landesbanken* (banques régionales). Aujourd'hui, SEW appartient à ses deux fils, Rainer et Jürgen, des gestionnaires accomplis.

Fiançailles rompues avec Télémécanique

Leroy-Somer est étroitement associée à Télémécanique depuis la fin des années 1960. Nos structures de gouvernance se ressemblent, avec un conseil de surveillance élargi qui inclut des représentants des employés. Télémécanique dispose de 350 implantations dans le monde, légèrement moins que nos 420. Nous partageons des actionnaires communs. Parmi eux, la famille Bertin, dont le patriotisme territorial et l'engagement envers l'industrie méritent d'être salués. En outre, nos cultures organisationnelles sont proches, axées sur l'excellence des produits, le service à la clientèle et l'autonomisation des collaborateurs. Le patron de Leroy-Somer, Georges Chavanes, siège alors au conseil d'administration de Télémécanique, dont il préside le comité stratégique. Albert-Jean Bertin et son fils Alain, qui détiennent donc une part significative d'actions dans les deux entreprises, y assistent régulièrement. Nos gammes et nos réseaux sont très complémentaires. Nous collaborons sur plusieurs sujets, dont le marché didactique, au travers d'une filiale commune située à Angoulême. Cette filiale élabore des produits qui facilitent des partenariats académiques et industriels entre nos réseaux respectifs. Elle augmente ainsi la visibilité de nos produits et contribue au recrutement d'ingénieurs. Au milieu des années 1982, Leroy-Somer a une position privilégiée pour influencer l'avenir de cette entreprise prometteuse. Avec près de 15 000 employés répartis dans 32 pays, Télémécanique génère un chiffre d'affaires légèrement inférieur au nôtre : environ onze milliards de francs.

Leur principal défi est l'impôt de solidarité sur la fortune (ISF). Instauré en 1945 avec la création de l'impôt de solidarité nationale (ISN), cet impôt basé sur le capital prend un tournant *bourdieusien* en 1982 avec la mise en place de l'impôt sur la grande fortune (IGF). Les actionnaires sont imposés sur la valeur - pourtant fluctuante - de leurs actions. Dans de nombreux cas, ils sont contraints de vendre leurs titres pour payer des impôts sur un actif qui ne leur rapporte rien. En somme, l'ISF encourage le transfert des usines vers les fonds financiers, étrangers en particulier.

D'autres impôts et cotisations sociales posent problème, notamment les régimes de retraite Agirc-Arrco qui connaissent une augmentation de 7 points sous les gouvernements Juppé (1995-1997) puis Jospin (1997-2002) pour les classes moyennes : de 2 à 4 fois le SMIC, alors que ces taux diminuent en Allemagne. L'effet néfaste de ces politiques sur l'industrie se concrétise à partir du milieu des années 1980 : baisse de la production, des exportations, chômage massif, dérapage de la balance des paiements et augmentation des taux d'emprunt.

En mars 1986, Georges Chavanes est nommé ministre de l'Économie, chargé de l'industrie. Chirac a pressenti les conséquences de l'ISF, qui pousse alors beaucoup d'actionnaires français à vendre leurs titres aux Américains, le dollar étant au plus haut. Tout ce qui en lui défend l'industrie s'est opposé à cette perspective, mais il a à ses côtés Alain Juppé, favorable à l'ISF... C'est ainsi que 1,5 % de la valeur des entreprises (soit l'équivalent des investissements en recherche et développement) est sacrifié pour financer les déficits sociaux. Cette démarche oriente en parallèle la propriété des entreprises vers des fonds étrangers, lesquels prélèvent des dizaines de milliards par an en royalties et autres *double Dutch.* Une pure folie !

À cette époque, nous, cadres dirigeants, sommes encouragés à contacter nos députés et sénateurs pour leur expliquer l'absurdité de l'ISF. J'ai pour ma part des attaches à Metz et Strasbourg du côté maternel et à Brive-la-Gaillarde du côté paternel. Leroy-Somer emploie alors environ un millier de personnes dans le Nord et en Alsace-Lorraine, ainsi que près de trois cents à Brive dans le domaine de la sous-traitance. Malheureusement, Georges Chavanes est rapidement remplacé à l'industrie par un politicien dénué d'expérience dans ce domaine. La nouvelle augmentation de l'ISF a de surcroît les conséquences catastrophiques sur l'emploi que l'on connaît.

Pour couronner le tout, la taxe professionnelle croît. L'effet cumulatif de toutes ces politiques anti-industrielles s'avère multiplicateur. Voyant poindre la tempête qui menace notre tissu industriel, les dirigeants de Télémécanique demandent à notre président, Paul Barry, si Leroy-Somer peut acquérir leurs actions. La réponse est négative : nous sommes en train de digérer King Bearing, Alsthom-Unélec, la Sodeer et une vingtaine d'autres acquisitions. Des acquéreurs se manifestent alors. D'abord Jeumont, par le biais de sa holding Framatome. Elle souhaite faire concurrence à Leroy-Somer qui commence sérieusement à rivaliser dans le secteur de la haute et moyenne tension. Un second acheteur apparaît ensuite. Il s'agit de Didier Pineau-Valencienne, le patron emblématique de Schneider. Nous avons de l'estime pour DPV : enfin un grand dirigeant capable de lire un bilan ! À l'époque, c'est une qualité rare, car nombre de PDG d'entreprises importantes sont parachutés depuis les ministères. Au moins, si DPV gagne, nous nous battrons à armes égales et non à coups de subventions. Les deux parties se préparent, anticipant une bataille boursière épique.

DPV perçoit le danger et il déclenche les hostilités en lançant une offre publique d'achat sur Télémécanique le 4 février 1988. Framatome riposte : le 11 février, elle acquiert 93,7 % du capital de la holding Cofitel. Ce faisant, Framatome dépasse la barre des 15 % du capital de la cible. DPV dépose une plainte auprès du tribunal de commerce, exigeant la mise sous séquestre des actions de Cofitel. La Commission des Opérations de Bourse (COB) soutient DPV. Framatome contre-attaque : en se procurant davantage d'actions, elle propulse Télémécanique vers de nouveaux sommets.

DPV s'engage à préserver les acquis du personnel. Au cours des années 1990, elle orchestre une fusion progressive des deux entreprises. Une démarche réussie qui donne naissance au groupe Schneider, actuellement leader mondial de son secteur.

L'odyssée interrompue du solaire

On sait que l'énergie solaire est l'avenir dès les années 1970. Des études scientifiques montrent que la combustion du charbon, du pétrole et du gaz naturel libère des milliers de tonnes de dioxyde de carbone dans l'atmosphère terrestre. Aussi le président américain Jimmy Carter fait-il installer des panneaux Solarforce (coentreprise Leroy) sur des bâtiments emblématiques, dont la Maison-Blanche. En France, les efforts pour économiser l'énergie se renforcent lorsque Raymond Barre devient Premier ministre (1976-1981). Solaire et pompes à chaleur sont au cœur de ce plan qui donne naissance au marché des énergies renouvelables. À l'époque, le groupe Leroy-Somer domine le marché des panneaux solaires. Ses filiales Cemix et Solarex ont notamment inventé et industrialisé les premières cellules en polycristal de silicium. Les panneaux solaires Solarforce et Photowatt qui intègrent ces cellules sont distribués à l'échelle mondiale. France-Photon fabrique des ensembles complets et Genesol se spécialise dans les traqueurs solaires. Fruit de la collaboration entre Solarex et Leroy-Somer, France-Photon permet une production économique de panneaux solaires.

Vers la fin des années 1980, la Chine commence cependant à copier ces technologies. Elle investit des sommes considérables dans ce secteur, jusqu'à 50 milliards de dollars par décennie. Son objectif : un monopole mondial. Actuellement, Pékin contrôle 90 % de la chaîne d'approvisionnement mondiale de l'énergie solaire photovoltaïque. La part de l'Europe est réduite à 0,7 % et celle de la France à 0,09 %. Les ambitions chinoises pour les années à venir sont clairement affichées : concentrer 95 % de la production de silicium polycristallin et de wafers, les éléments de base des panneaux solaires, d'ici 2025.

En 2012, suite à une pétition unifiée de l'industrie solaire européenne, Bruxelles lance une enquête antidumping sur les cellules photovoltaïques chinoises.

À cette époque, je préside le centre européen de recyclage des équipements solaires (CERES), l'un des principaux acteurs du recyclage de panneaux photovoltaïques en Europe qui fusionne bientôt avec PV Cycle. Nous démantelons les panneaux solaires et vendons leurs composants en Chine… quasiment au prix des panneaux neufs, qui bénéficient de subventions d'État allant jusqu'à 80%. Nous informons Bruxelles de cette situation.

L'année suivante, l'UE instaure des droits de douane sur les panneaux solaires chinois vendus à des prix très bas. En retour, Pékin impose des droits prohibitifs sur les vins français pour faire plier l'UE, prétextant des raisons « sanitaires ». À ce moment-là, la France fait le choix de préserver l'univers viticole plutôt que l'industrie solaire. Pourtant, nos exportations de vin vers la Chine ne représentent alors qu'un milliard d'euros par an. Nos ventes mondiales de panneaux solaires pourraient atteindre 40 milliards aujourd'hui, sur la base de pratiques équitables.

Rien n'est perdu. L'industrie solaire connaît un renouveau depuis quelques années. En tant qu'administrateur de participations au sein de l'EIT[46], j'annonce un investissement de 700 millions d'euros pour la construction d'une mégafabrique à Hamnach, en Moselle. Ce projet prometteur est porté par Holosolis, une entreprise cofondée par l'accélérateur européen de l'innovation dans l'énergie durable KIC[47] où je suis *board member* délégué.

L'aventure des pompes à chaleur

La fabrication de pompes à chaleur est une autre spécialité fort prometteuse de Leroy-Somer dès les années 1980. Ce matériel est utilisé pour extraire des calories d'un environnement froid (le plus souvent l'extérieur) afin de réchauffer un espace (typiquement une maison). Il se

---

[46] EIT : Institut européen d'innovation et de technologie. Les EIT sont des initiatives de l'Union européenne qui visent à stimuler l'innovation, depuis l'enseignement jusqu'au marché. L'EIT InnoEnergy soutient les innovations en matière d'énergie durable qui fournissent à l'industrie des technologies pionnières et sans risque (réduction des coûts énergétiques, augmentation de la performance des systèmes, diminution des gaz à effet de serre) et qui créent des emplois.

[47] KIC (Knowledge and Innovation Communities) : communautés de la connaissance et de l'innovation.

compose d'un moteur, d'un compresseur, d'un évaporateur et d'un condenseur. L'efficacité globale de ce processus dépend en grande partie de la performance du moteur. Leader mondial dans la fabrication des modèles à haut rendement, Leroy-Somer joue un rôle prépondérant dans la conception et l'équipement de la majorité des pompes à chaleur installées en Europe dans les années 1980.

Cependant, l'équipement complet demeure onéreux. Philippe Sabouraud, membre du directoire de Leroy-Somer, propose alors une approche disruptive. Cette dernière comporte trois volets. Sur le plan industriel, Sabouraud décide d'investir : des presses réduisent le temps de découpe des tôles de manière significative tandis que d'autres machines effectuent un pliage ultrarapide des enveloppes métalliques. Au niveau technologique, l'entreprise développe un moteur conçu pour offrir un rendement exceptionnellement élevé. L'objectif est d'atteindre un coefficient de performance de 2,6. C'est largement au-dessus des scores de nos concurrents qui se limitent à 1,7. Ce système fournit plus de deux fois et demie d'énergie que ce qu'il consomme. Il établit un record mondial à l'époque.

Philippe Sabouraud recrute Baglione, un commercial hors pair, expert en plomberie-chauffage. Il lui confie la responsabilité de l'activité basée à Marennes, en Vendée et dans le Pays basque. Grâce à ses négociations habiles avec les installateurs, les tarifs sont très compétitifs. Leroy-Somer commercialise directement ses pompes à chaleur robustes, fiables et hautement performantes à des prix imbattables. Il conquiert vite 90 % du marché français.

En 1983, le gouvernement français supprime subitement toutes les incitations aux énergies renouvelables. Ce choix entraîne la disparition totale du marché. Confrontés à cette situation, nous sommes contraints de réorienter complètement l'utilisation des usines construites pour cette activité. Nous n'avons pas réintégré la filière depuis.

Alliance avortée avec Legrand

Leader mondial dans la conception et la fabrication de produits et systèmes destinés aux installations électriques, Legrand jouit d'une influence internationale indiscutable dans les années 1980. L'entreprise limousine plus que centenaire présente des parallèles notables avec Leroy-Somer. En dépit de sa taille trois fois moindre et de sa rentabilité inférieure, il est inévitable que, tôt ou tard, Legrand rejoigne les rangs du CAC. Établies respectivement à Limoges et Angoulême, les deux sociétés partagent de nombreux actionnaires, ce qui nous amène à assister à leurs assemblées générales mutuelles. Cette coopération s'étend considérablement et favorise un échange incessant de meilleures pratiques.

Outre cette étroite collaboration, Legrand est fortement engagée dans le développement durable et les d'économies d'énergie. Elle se démarque par son offre de protection pour installations photovoltaïques ainsi que ses solutions de contrôle énergétique. Parmi ces solutions figurent les dispositifs de protection tels que les relais, que nous nous procurons auprès d'eux.

Atelier de porcelaine fondée en 1860, Legrand évolue vers la fabrication d'interrupteurs. Cette progression la conduit à développer des produits complémentaires, en particulier dans le domaine des alimentations stabilisées pour l'informatique. Son entrée en bourse à Paris remonte à 1970, précédant la nôtre de trois ans. Envisagée comme candidate pour rejoindre le CAC en notre compagnie, elle est finalement exclue de la sélection initiale en 1986 : l'acquisition coûteuse de Pass & Seymour aux États-Unis impacte beaucoup sa situation financière. La transaction conclue à un prix excessif engendre une dette accrue et détériore ses ratios financiers.

À partir de ce moment se pose la question d'une éventuelle acquisition de Legrand par Leroy-Somer, une entreprise mieux valorisée. L'idée d'une collaboration dans les solutions visant à réduire les coûts énergétiques, améliorer la résilience des réseaux électriques et faciliter l'accès à l'électricité émerge également. Toutefois, des offres publiques d'achat modifient la donne. Il y a d'abord celle, amicale, d'Emerson sur Leroy-Somer en 1989, puis celle de Schneider sur Legrand en 2001. Cinq années plus tard, Legrand retrouve le chemin de la bourse. Aujourd'hui leader dans ses domaines, Legrand affiche un CA annuel de sept milliards d'euros. Cette trajectoire remarquable en tous points souligne l'essor de cet acteur industriel, l'une des deux dernières entreprises de taille intermédiaire (ETI) françaises en province, aux côtés de Socomec basée à Benfeld.

Sortie de virage sur le CAC

Vingt usines, 2,3 milliards de francs de CA, 2 200 employés et 430 points de vente : Guinard, filiale de Leroy-Somer à 100%, est en soi une belle multinationale. Le groupe détient une centaine de filiales et de participations, parmi lesquelles Rotos, leader italien des pompes industrielles, lui-même disposant de plusieurs filiales. Guinard se classe en tant que leader européen dans son secteur et fait partie des trois principaux fabricants mondiaux de pompes industrielles, aux côtés du Japonais Ebara et de l'Américain Worthington. Chavanes explique son rachat par Leroy-Somer comme suit : « Un dimanche, je me suis rendu chez Paul Guinard... J'avais en ma possession le plus gros chèque de ma vie... J'étais légèrement mal à l'aise vis-à-vis du directeur de Framatome, un ancien camarade... Boulin m'a appelé pour me féliciter : « Pour nous, il faut trois réunions du conseil d'administration avant de prendre une décision. »

Les motopompes étant composées d'un moteur et d'une pompe, cette acquisition fragilise notre concurrent de l'époque, la Compagnie Electro-Mécanique de Lyon qui fournit Guinard en moteurs. Dans ce dossier, la rapidité d'exécution a primé.

Au milieu des années 1980, une des particularités de Guinard est qu'elle conçoit ses implantations à l'étranger un peu comme des ambassades, c'est-à-dire sans fonds propres. Leur principale succursale est Bagdad. Leur représentant sur place, Philippe S., se consacre essentiellement à la vente et la promotion des produits. Nous assumons, à tort, qu'il est responsable de son *business*, dont la croissance exponentielle atteint jusqu'à 200 millions de francs en 1985. Il s'agit du premier débouché de Guinard à l'export.

Cependant, à partir des années 1980, Guinard commence à facturer le Moyen-Orient depuis Rotos en Italie, puis Bombas Guinard en Espagne. Deux commandes en provenance d'Irak, la première adressée à Rotos et la seconde à Bombas Guinard, se transforment en impayés à neuf chiffres...

La Bourse sanctionne l'action Leroy, ce qui double le ratio dettes sur fonds propres du groupe et fait exploser nos taux d'emprunt. Les pertes dues à Rotos puis à Guinard même vont s'élever pour nous à près d'un milliard de francs en additionnant les pertes opérationnelles et financières. Il devient alors impératif de nous séparer du pôle « pompes ».

Le post-mortem révèle ceci : Philippe n'a pas examiné l'instrument de crédit. Simple délégué, et non mandataire social, il considère que ce n'est pas de sa responsabilité. De son côté, le directeur de Bombas Guinard se considère comme un directeur d'établissement : les ventes, ce n'est pas son truc. Tous deux renvoient la balle à leur siège pour vérifier le contenu de la L/C. Malheureusement, les Parisiens ne sont pas non plus particulièrement intéressés par la chose. D'ailleurs, la moitié d'entre eux est en vacances...

Retour(s) de bâton(s)

Chez Leroy-Somer, la répercussion est sévère. Elle entraîne une gestion pointilleuse qui entrave toute nouvelle initiative. À l'été 1986, une multitude de demandes submergent les responsables d'implantations à l'étranger. Il est désormais impératif de notifier le siège de toutes les affaires en cours et d'obtenir une validation, quelle que soit la taille de la commande. Cette approbation doit d'abord passer par la division internationale, puis le directoire, éventuellement le 3C et dans certains cas par le conseil de surveillance. L'arrivée des télécopieurs dans les bureaux engendre une surabondance de comptes-rendus. Le résultat est catastrophique. Les ventes chutent dramatiquement (moins 50 % au grand export en quelques mois) et les pertes sont significatives. Notre responsable des ventes pour l'Asie, Jim Leong, quitte l'entreprise pour rejoindre un concurrent italien, plus agile et moins gourmand en paperasse. Jim, qui a été un vendeur performant pour nous en 1984-1985, n'a plus enregistré la moindre commande en 1986, *disempowerment* oblige. L'année suivante, il signe des contrats d'une valeur de 40 millions de dollars pour le concurrent italien, qui lui a offert 30% de sa filiale singapourienne. C'est pour nous un véritable choc. Une réorganisation profonde s'impose.

L'idée est d'adopter une gestion prudente en Europe (plus d'acquisitions), de saisir les opportunités aux États-Unis et de générer à la fois du *cash-flow* et de la croissance en Asie.

En septembre 1986, Paul Barry me demande si je peux prendre en charge la région Asie. Elle est alors en mauvais point : les ventes sont tombées à 1 million de dollars et les pertes cumulées atteignent 45 millions de dollars. Il souhaite reproduire la performance d'Energia en Italie, que je dois en vérité à l'Ing. Banfi, à ma collaboratrice Paola Cardani et à ma DAF, Graziella, ainsi qu'à mes responsables de succursales : Bertoloni, entre autres. En effet toutes les entreprises italiennes vendent à crédit. En France, seulement un tiers le font. La clé du succès sur ce marché n'est pas tant l'excellence du produit que la relation avec le client. Trop de méfiance ne mène à aucune vente, trop de gentillesse empêche de recouvrer l'argent dû. Paola gère mon DSO (délai de paiement) sous le regard vigilant de Graziella. Je leur dois en grande partie ce *freecashflow* de 11,3% des ventes qui font d'Energia le champion du groupe Leroy-Somer. J'ai eu le privilège de mener cette très belle *squadra Energia* pendant un peu plus de trois ans. Mais l'Asie m'appelle.

Je réponds positivement à Barry, à condition que l'on redonne du pouvoir sur le terrain, avec une approche plus souple et adaptable. Je demande aussi carte blanche sur l'ensemble de la zone, y compris l'Inde d'où provient à mon sens l'essentiel de nos problèmes. Pour superviser l'Asie, Singapour s'impose. De là, nous pourrons en particulier gérer le tonneau des Danaïdes que représente Mumbai. Je suis convaincu qu'en allant en Inde chaque mois si nécessaire, j'aurai plus de résultats qu'en m'entourant des conseils d'un cabinet parisien à six mille francs l'appel. Mon plan est simple : je vais faire bloquer les exportations indiennes de génératrices en arguant du vol de propriété intellectuelle et acheter des pièces mécaniques à l'Inde, notamment des volants d'inertie et disques d'accouplement. Elles nous permettront de réduire l'impayé global.

Enfin, la question du catalogue. Depuis le rachat de King Bearing, l'international a pour consigne de proposer le catalogue américain. Problème : celui-ci compte plus de 180 000 références. Elles s'additionnent à nos 250 000. Mon mantra est : « pas de dispersion ». Ainsi, je propose d'éliminer 98% des produits du catalogue et d'ignorer l'offre US. « Banco, » me répond Barry.

Lorsque je prends le contrôle de la filiale, celle-ci dispose de neuf mois de stocks dans ses entrepôts, bien plus que toute société du secteur. Comme les produits frais, certaines machines électriques ont une courte durée de vie en rayon, de sorte que cela constitue un manque à gagner de plusieurs millions de dollars. Je vais réduire les stocks des quatre cinquièmes.

Paul Barry souhaite un leader qui a l'expérience de la gestion d'équipes, capable de mobiliser le réseau et d'assurer le recouvrement de créances dont la plus ancienne remonte à dix ans. Je suis ainsi recruté en tant que mandataire social pour l'ensemble de la région Asie. Précisons que Leroy-Somer a l'habitude de liquider ses filiales en cas de pertes excessives... et l'administrateur délégué peut être licencié *ad nutum*. Singapour a précédemment connu deux licenciements brutaux. Ceci explique sans doute pourquoi, je suis le seul candidat ! Merveilleuse aventure en perspective pour moi qui ai alors 23 ans.

Au pays des poètes

La restructuration de l'international se met en place fin 1986. Les responsables font tous preuve d'un grand sens civique lors de cette réorganisation. Ils saisissent parfaitement la nécessité de mettre fin aux missions dispersées et de se concentrer sur le terrain. Il n'y aura désormais plus de déplacement d'ingénieurs en Inde, par souci d'économie. La personnalité de Paul Barry joue un rôle déterminant à cet égard. Suite à l'affaire Guinard et aux centaines de millions perdus, le patron de LS a décrété l'embargo sur les vols en avion. Tout voyage à l'international de la part des éventuels intéressés étant désormais bloqué, cela me facilite considérablement la tâche. Je serai le seul à pouvoir voyager dans la région.

Une anecdote à ce sujet : un de nos gars, Hervé R., prend un jour un billet d'avion sans autorisation. Hervé est rattaché à Angoulême, alors sous strict embargo. Le couperet tombe : licenciement immédiat.

Comme je ne dispose d'aucune expérience au grand export, je contacte Luis Lara, un jeune ingénieur chilien très en vue chez nous. Le *director gerente* de notre filiale de Santiago est alors capable d'établir une activité rentable en quelques mois seulement. Je passe huit jours chez lui à Santiago pendant la période de Noël, une expérience magnifique.

Luis a été embauché au début des années 1980 avec des instructions claires : « Voici 100 000 dollars. Avec cette somme tu recruteras deux ou trois personnes et tiendras le temps d'encaisser les factures des clients que tu auras signés. Il faut que ce soit rentable. Sinon, *adìos*. » C'est ainsi que Luis fonde la Leroy-Somer Chilena Servicios Electromecanicos Ltd. à Santiago. Il s'installe ensuite à Collahuasi dans le nord du pays, à la frontière bolivienne pour créer un atelier de réparation de générateurs concurrents.

Il part plus tard à Valparaiso pour établir un réseau de partenaires pour LS parmi les *shipchandlers* (marchands qui approvisionnent les navires). Par la suite, il séjourne aux États-Unis afin d'apprendre la construction de groupes de maintien et de conversion d'énergie chez Leroy-Somer USA. Peu après son retour au Chili, il équipe IBM-Santiago. Enfin, il se rapproche de la Marine en implantant un atelier de réparation près de la base navale de Valparaiso. En trois ans seulement, il quadruple les capitaux propres de l'entreprise et propulse la jeune LS Chilena en tête des filiales les plus rentables du groupe.

Angoulême lui rappelle à ce moment-là : « nous sommes *Moteurs* Leroy-Somer, et non pas Leroy-Somer Data Centers ou Naval Power ou peu importe le nom ». Luis est donc encouragé à vendre également des moteurs. Pour constituer un stock, il faut des liquidités qu'Angoulême refuse de fournir en raison des contraintes de capitaux. La gestion du besoin en fonds de roulement des moteurs est complexe et les marges, faibles. Luis est toutefois autorisé à s'écarter temporairement de la stratégie globale du groupe. L'ingénieur a par ailleurs réussi à vendre une centrale électrique complète dans le nord du pays, ce qui lui permet de récupérer une créance assez ancienne et de doubler les fonds propres de la filiale dès la première année. Chapeau bas !

Une affaire d'hommes et de femmes

Notre gouvernance décentralisée favorise la création de nouvelles filiales dans certains cas très éloignées, avec des coûts faibles.

> Les filiales sont autofinancées… ou fermées s'il n'y a aucune commande à l'horizon. « Le lion court plus vite quand il a faim », dit le proverbe africain.

Dans les années 1980, notre DAF Alain Bertin, fils d'Albert-Jean qui possède près de 15 % de Leroy-Somer avec sa famille veille à la discipline.

> Tout retard de paiement entraîne des mesures sévères, qui peuvent aller jusqu'à la liquidation de la filiale. Cela se produit à Singapour en 1981 et 1984 ; à Granby au Canada en 1986 puis à Sydney en 1989. Le conseil d'administration de la filiale est alors remplacé dans son intégralité et la holding ne réembauche jamais les responsables.

La possibilité de condamner une filiale en cas de défaillance permet à la maison-mère de limiter ses risques financiers, juridiques et fiscaux, car tout est parfaitement compartimenté. Les transactions entre les filiales et le siège se font de manière indépendante et équitable, conformément aux normes de l'OCDE. Je traite avec mes usines comme avec n'importe quel autre fournisseur, et avec les autres filiales comme s'il s'agissait d'entreprises distinctes.

Inconvénient de ce système : le temps que l'on doit investir pour négocier les conditions de prix avec le siège. Avantage : les échanges de correspondance (télex et fax, à cette époque) attestent de la nature indépendante des négociations entre filiales et usines et limitent les risques juridiques et fiscaux. On ne nous accusera jamais de dumping ni d'optimisation fiscale !

Les plus rentables de nos filiales sont les États-Unis, l'Italie et l'Allemagne, puis Singapour qui dame le pion aux autres à partir de 1988. Avant Luis Lara, nous n'avions aucune activité au Chili. Grâce à lui, Santiago s'impose comme notre championne du monde du retour sur fonds propres. La filiale est pourtant liquidée un an après son départ. Son remplaçant n'est pas à la hauteur. Voilà une nouvelle preuve que tout repose sur les hommes.

Guinard ne fonctionne malheureusement pas sur ce modèle. Trop centralisée, l'entreprise est organisée en « pot commun » sans filiales, hormis les usines italiennes et espagnoles. L'annonce des pertes de Guinard en mai 1986 marque le premier avertissement sur résultats de l'histoire du CAC et entraîne une chute d'un tiers de la valeur de l'action Leroy en seulement quelques séances. Faut-il rester en Bourse ?

L'amputation

La seule alternative possible à notre sortie de la Bourse est donc l'amputation du groupe Guinard. Une première cession, celle du groupe Rotos, sous-filiale de Guinard, a lieu en 1982. Celle de Guinard est confirmée en mai 1986.

Nous sommes alors à quelques semaines de l'inauguration du CAC qui fonctionne en version bêta. Nos échecs subis dans le domaine des pompes suscitent un certain nombre de commentaires : le choix de Leroy-Somer en tant qu'action phare de l'indice n'est pas unanime. À cette époque, la cotation boursière ne dépend plus des échanges en face à face entre les courtiers. Elle est confiée à une machine importée du Canada, une version du *Computer Assisted Trading System* de Toronto (CATS). Ce premier système de négociation entièrement automatisé place et exécute les ordres d'achat et de vente de titres selon un algorithme d'enchères. Le concept d'ordres cachés, adopté par le CAC, n'est pas exempt de problèmes. En effet, il est possible de prendre position dans le carnet d'ordres en ne dévoilant qu'une partie de la quantité totale de titres à échanger. D'où le chahutage de l'action Leroy, bientôt soumise aux ventes à découvert.

Faut-il rester au CAC dans ces circonstances ? On nous propose le SBF-120, moins chaotique, mais cela signifie la perte d'actionnaires stables tels que Calpers (États-Unis) ou GIC (Singapour). Nous choisissons de rester au CAC et revendons Guinard à un concurrent allemand deux fois plus petit : Klein, Schanzlin und Becker. Avec cette acquisition KSB devient leader incontesté du secteur en Europe et second acteur mondial. Selon l'accord conclu avec l'Allemand, les sites de production comme les effectifs de Guinard en France, en Espagne et en Italie demeurent en théorie inchangés.

Notre introduction officielle au CAC, prévue pour le 23 juin 1986, est maintenue moyennant ces conditions. La période est marquée par plusieurs commandes historiques, dont celles qui émanent de mes clients italiens, CET, Laser et Italtel. Ces bonnes nouvelles ont pour vertu de booster un peu notre *equity story* : « Leroy-Somer équipe les relais de télécommunication italiens en génératrices » est particulièrement bien accueillie. La presse s'en empare avec le titre : « Leroy-Somer électrise le CAC ». C'est incroyable pour nous !

Paul Barry est invité à célébrer l'événement à Paris aux côtés de Jacques Séguéla et d'autres grands acteurs du CAC... mais la modestie de notre patron l'incite à rester discret, loin des feux de la rampe. Nous fêtons finalement cette étape en petit comité et en toute simplicité à Angoulême, sur le toit de l'usine de Sillac.

> Profil bas, sobre, accessible, Barry est un homme dépourvu de toute arrogance, loin de tout égocentrisme. Nous apprécions énormément ce gentleman-farmer aux pulls en V. Nous sommes toutefois conscients que cet homme bienveillant aux convictions de chrétien engagé est capable de mettre un embargo sur une filiale, lancer une procédure de liquidation à son encontre et virer tout le monde sans la moindre dramatisation. Il entretient un ordre strict, compartimente le groupe en entités indépendantes afin de maintenir le navire amiral à flot, parfaitement étanche et... rentable !

Rotos (ex-sous-filiale de Guinard) devient bientôt une société sœur de notre principal concurrent italien, Marelli. Elle n'achète plus de moteurs chez nous. Guinard se fournit désormais dans les pays de l'Est. Nos usines charentaises de Gond-Pontouvre et Mansle sont rudement touchées.

À l'automne 1986, nous sommes contactés à plusieurs reprises par des banques d'affaires pour quitter le CAC, qui, selon eux, ne nous comprend plus. Il faut « avoir le courage » d'en sortir, loin de la médiatisation boursière. On nous propose une structure de gouvernance améliorée, avec des investisseurs interagissant avec des cadres plus motivés et des discussions plus ouvertes au sein du conseil d'administration. Ce dernier deviendrait un véritable conseil avec plusieurs comités spécialisés, et non plus un conseil de surveillance sans responsabilité. Les fonds fourniraient conseils, analyses et capitaux supplémentaires.

Notre présidente, Suzanne Hommet, voue une admiration infinie pour son grand-père, Marcellin Leroy. Notre second actionnaire, Albert-Jean, issu d'une importante famille d'industriels lyonnais, les Bertin, nourrit une passion irrépressible pour les usines, la recherche et la technologie. Malgré leur âge, ils souhaitent ardemment poursuivre l'aventure. Dans ces conditions, « Il est hors de question d'accueillir les fonds. » Le problème est fondamental : pour quitter le CAC, il faut offrir un prix 60 à 65 % supérieur au cours de l'action en raison de sa volatilité. Cette opération imposerait des intérêts si élevés à la nouvelle entité qu'il n'y aurait plus eu de fonds disponibles, ni pour la R & D ni pour le développement commercial. De plus, les fonds exigent un taux de rentabilité interne de 22 à 25 %, incompatible avec un investissement à long terme.

France's first public company

Les visites des fonds se savent. Elles engendrent DD[48] sur DD qui sont déstabilisantes. Par ailleurs, je mets en avant le fait que nous sommes la toute première entreprise du CAC. Une fois sous l'égide d'un fonds, comment présenterons-nous la boutique ? Propriété d'un fonds ? Et comment sortir de ce système ? On nous explique que la solution est de devenir une entreprise cotée en bourse. Il faudrait ainsi, nous retirer du CAC pour ensuite le réintégrer... Cherchez la logique !

Cette compétition entre fonds est intense. En tant qu'ancien de l'ESSEC, je suis constamment sollicité par des camarades de promotion devenus associés principaux. Ils me font part de leur conviction que Leroy-Somer est une véritable pépite qui nécessite uniquement un changement de gouvernance. Notre structure ne comporte pas de conseil d'administration, c'est un fait, excepté au niveau des filiales, mais plutôt un conseil de surveillance : une forme de gouvernance considérée comme « bas de gamme » selon les normes boursières. Les administrateurs des filiales peuvent être tenus responsables envers la société ainsi qu'envers des tiers en cas de faute de gestion, tandis que ceux du conseil de surveillance ne le sont pas.

Selon les fonds, notre prétendue liquidité boursière est illusoire. Elle transforme l'évaluation financière en un processus intrinsèquement instable et devient inaccessible pendant les périodes tendues où nous sommes contraints d'émettre de la dette. Cela a un impact néfaste sur les taux d'intérêt. Nous sommes en effet soumis à des taux d'intérêt quasi usuriers, suite à l'affaire Guinard. Ils peuvent aller jusqu'à 17 %, voire plus... Avec une dette atteignant trois fois nos fonds propres, un record au sein du CAC, il est impératif de surveiller de près la trésorerie, comme on tient à l'œil du lait sur le feu.

Pour subsister dans un environnement caractérisé par des taux d'intérêt élevés, il n'y a qu'une méthode : la *cash culture*. Notre trésorière-groupe, Nadia Barry, a mis en place un suivi hebdomadaire de la situation de trésorerie des filiales. Chaque semaine, Nadia demande un rapport sur les délais de recouvrement, le besoin en fonds de roulement, les flux de trésorerie disponible et d'autres indicateurs clés pour l'ensemble des filiales. La gestion centrée sur la trésorerie devient l'un des piliers de Leroy-Somer. Plus la performance est mesurée, plus elle s'améliore. Ce pragmatisme me

---

[48] *Due diligence* (DD) : une étude approfondie de la situation d'une entreprise, en vue de son éventuel rachat.

conduit à créer la *cash commando academy.* Cette série de séminaires proposée au sein du réseau international puis en France (au 3C notamment) sensibilise tout le monde à l'importance cruciale d'une culture axée sur le cash, à commencer par les vendeurs.

Cash commando

Je dirige à cette époque Energia en Italie, qui affiche le taux de retard de paiement et d'impayés le plus bas d'Europe (merci à Paola et Graziella !) lorsque je soumets au conseil de surveillance le concept de *cash commando.* Celui-ci applique le principe de subsidiarité, cher aux forces spéciales, au monde des entreprises : les décisions doivent être prises où l'expertise est la plus pointue. En d'autres termes, il s'agit de décentraliser, de déléguer. Les opérationnels, proches des problèmes et des enjeux, adoptent les choix les plus prompts et les plus pertinents.

Le principe de subsidiarité favorise la création d'équipes plus agiles et responsables. Les membres de ces équipes sont incités à prendre des initiatives et à trouver des solutions de manière autonome afin d'améliorer l'efficacité générale. Ils fournissent des outils financiers tangibles à nos commerciaux, nous les aidons à maîtriser les bases financières. Cela leur permet de prendre des décisions éclairées tout au long du cycle de vente. Le principal outil est une fiche mémo qui modélise le BFR et le RoCE à partir de quelques données telles que le niveau de stock, le délai moyen de recouvrement et le délai moyen de paiement fournisseur. Par la suite, nous élaborons un ensemble des macros Excel qui vont s'avérer utiles.

Nos vendeurs, au fait de ces mécanismes financiers, planifient désormais plus efficacement les ressources de l'entreprise. De plus, ils saisissent comment leurs décisions contribuent à accroître la valeur de l'action Leroy-Somer en Bourse, puisque tous sont actionnaires. En dotant les vendeurs d'outils concrets d'apprentissage financier, nous les aidons à acquérir cette compétence précieuse et à exploiter pleinement leur potentiel de création de valeur pour l'entreprise.

L'impératif boursier

Lorsque l'action Leroy atteint son niveau le plus bas, en 1986, la quasi-faillite du bloc soviétique entraîne une importante vague d'exportations de biens industriels de leur part. La dévaluation brutale et massive du franc français comme la forte augmentation de nos taux d'emprunt rendent cette année-là difficile pour nous.

L'entrée en fanfare au CAC nous permet de mobiliser des fonds pour notre expansion, mais elle provoque également un profond changement managérial qui impacte la performance. Certes, la cotation en continu de notre action facilite le réalignement des intérêts des gestionnaires sur ceux des actionnaires en optimisant la performance et l'efficacité de l'entreprise. Mais il nous faut trouver un nouveau relais de croissance, une nouvelle *equity story* à un moment où les déboires s'accumulent pour Leroy-Somer : pertes sur l'activité grand public, pénétration des moteurs en provenance de l'Est, baisse de l'Ebitda et mise en liquidation de plusieurs filiales, dont nos participations au Canada, usine de Granby comprise. La Bourse interprète cette dernière nouvelle comme un aveu d'échec sur le continent américain, alors que les profits engrangés par Jean-Paul Montupet sur l'acquisition de King Bearing dépassent largement nos pertes canadiennes. Il faut répondre à cela.

Nouveaux succès en Italie

Courant 1986, la question d'une nouvelle augmentation du capital se pose pour renforcer le bilan du groupe qui est déséquilibré en raison d'un fort endettement par rapport aux fonds propres. Mais tant que l'action du groupe reste inférieure à 300 francs, cela semble impossible. Et comme dit le Lyonnais, « Il faudra la vendre aux investisseurs, votre augmentation de capital et ce n'est pas gagné ! ».

Nous tentons de mettre en avant notre croissance en Europe aux marchés financiers. Le réseau européen est animé par Henri Stouff. L'Italie figure en tête des classements avec l'Allemagne et la Grande-Bretagne (dirigée par Xavier Trenchant). Notre plus grosse division transalpine, Energia, que je dirige alors, se situe dans le duo de tête avec LS-UK en termes d'Ebitda comme de *cash-flow* à partir de la mi-85.

Une belle série de commandes émanant de ces trois filiales stratégiques annonce bientôt le redressement du cours de notre action en bourse. Entre autres : celles de la Laser, de CET et d'Italtel pour plusieurs centaines de génératrices de stations de bases de télécommunication.

Quelques jours avant que la Laser fasse son choix entre nous et quatre autres constructeurs, je suis convoqué à leur siège de Pederobba, dans la province de Trévise, pour défaut de qualité. La séance se passe mal : en face de moi, Masiero, le directeur des achats ne m'épargne rien. Il traverse le hall de l'usine, s'empare d'un régulateur de tension de la concurrence en panne et lance : « ça, bien sûr, vous ne savez pas faire, non plus ! » Théâtralement, il fait mine de le jeter dans une poubelle, mais il se ressaisit. La pièce américaine est hors garantie et le service est inexistant en Italie. Si je refuse de la réparer, le client devra patienter huit à dix jours qu'un régulateur neuf lui soit expédié depuis le Wisconsin... Je lui rétorque que je peux le prendre dans ma R9 pour le faire réparer à Orléans le lendemain puis faire le chemin inverse pour le lui ramener le jour d'après. Distance : 1 200 km. « *Allora, cosa sta aspettando*? » (qu'est-ce que vous attendez ?), me lance mon interlocuteur.

Ma R9 affiche plus de 200 000 km au compteur. Chez LS, nous usons les voitures jusqu'aux essieux, ou presque. Le patron de la filiale, Philippe Brillaud, questionne d'ailleurs mon style de conduite : second carbu HS ! Je prends le risque. J'avale les 2 400 km aller-retour d'une traite, avec une pause de deux heures à Orléans. Jean-Pierre Fauvet, le patron de la Sodeer[49], m'attend. Ma collaboratrice Paola l'a averti de l'imminence de mon passage et André Dulac, ingénieur dans l'usine de Sillac n'a pas manqué de le sensibiliser sur l'enjeu de ce marché de trois mille machines !

À mon arrivée, l'atelier de Fauvet répare le régulateur en moins de deux. Demi-tour et cap vers l'Italie, sans la moindre panne, à l'exception d'un pneu crevé, quelque part dans les Alpes. Je suis de retour avec la pièce le lendemain soir. Je n'ai pas dormi une seconde, j'ai des traces de gomme de pneu sur le visage… Vu l'état dans lequel je me trouve, Masiero m'invite chez lui pour prendre une douche et déguster un plat de pâtes *all'arrabbiata* préparé par son épouse. Je n'ai pas eu le temps d'acheter des fleurs et m'en excuse auprès de celle-ci. Constatant mon état *pitosissimo*, elle se tourne vers son mari et l'engueule carrément ! Le lendemain, j'obtiens la première tranche pour trois cents machines. J'en décrocherai bientôt trois mille au total et nous raflerons l'essentiel du marché italien des *base telecom stations*, devant un concurrent italien *arrabiatissimo* : il menacera d'ailleurs de déposer une plainte en justice, contre Leroy-Somer et moi-même !

Une ambition pour l'Asie

Entre-temps notre aventure américaine a fini par « tourner au vinaigre » selon une note d'analyste injuste que Paul Barry n'a guère appréciée. Notre filiale canadienne est certes en liquidation, mais ce n'est pas le cas des US qui représentent toujours près de la moitié de nos profits au plan mondial. Nous avons en effet structuré l'international comme un navire de guerre, avec des dispositifs qui visent à prévenir le naufrage. En cas de voie d'eau localisée (comme au Canada), écoutilles et portes peuvent être fermées. Isoler les zones endommagées empêche l'eau de se propager rapidement à d'autres parties du navire Leroy-Somer (USA, etc.). En guise de ballast : réserves de cash et appréciation des actifs à leur juste valeur. En cas de besoin, le cash est pompé d'un côté à l'autre du navire pour compenser un déséquilibre de poids et prévenir le chavirement. Notre holding est équipée de pompes à cash qui peuvent être inversées pour maintenir certaines filiales à flot. Enfin, nos navires sont équipés de capteurs de BFR, *cash-flow*, Ebitda,

---

49 Société orléanaise d'études et de recherches, filiale de Leroy-Somer à 46 % à cette époque, conceptrice de la génératrice à bobinage auxiliaire et fabricant de nos régulateurs de tension et fréquence.

systèmes de détection d'impayés, alarmes et autres pratiques de surveillance en continu. Ces dispositifs détectent rapidement les problèmes potentiels et alertent l'équipage qui prend si nécessaire des mesures appropriées. Bref, le groupe Leroy est insubmersible.

Comme je l'ai déjà précisé, dans les années 1980, le marché américain est déterminant pour nous, puisque c'est là que nous générons l'essentiel de la marge du groupe. Personnellement j'apprécie les USA où l'on ne vous demande pas, d'où vous venez, ni quels sont vos diplômes en premier lieu… Mais on vous interroge plutôt, sur vos *mad skills* (compétences folles). Dans mon cas : l'organisation de raids navals et aériens ainsi que de *blood camps*[50].

En 1986, Jean-Paul Montupet m'invite à visiter ses implantations outre-Atlantique. En septembre, peu de temps après mon retour, un séminaire stratégique est organisé à Sillac. Paul Barry nous explique qu'il faut impérativement définir une nouvelle *equity story* afin de rassurer la bourse. Nous empruntons désormais à 17,4 % et la charge d'emprunts consomme la totalité du résultat d'exploitation, voire au-delà. Les États-Unis c'est bien, mais il faut trouver rapidement un autre débouché.

André Dulac[51] mentionne l'Asie. Un débat commence : la région n'est-elle pas le terrain de jeu des constructeurs japonais, taïwanais, sud-coréens et chinois ? Autre réticence : notre partenaire indien, Crompton, ne respecte aucun de ses engagements. Il continue par exemple à vendre ses machines siglées « M. Leroy » (notre ancienne marque jusqu'à la fusion à la fin des années 1960) partout dans le monde. Les filiales singapourienne et australienne subissent d'importantes pertes : il est question de les fermer (N.B. L'entreprise australienne sera liquidée en 1989, *board* et *comex* licenciés, puis structure rebâtie à neuf). Quelqu'un recommande : « La crise est imminente, concentrons nos efforts sur l'Europe et abandonnons le reste au lieu de nous aventurer trop loin. »

Malheureusement, notre *success-story* européenne n'est pas très bien comprise. L'Allemagne est soi-disant « l'homme malade de l'Europe » et l'Italie, « un repaire de maffieux. » Pourtant, ces deux marchés comptent en vérité parmi nos plus rentables !

Paul Barry est persuadé que l'expansion à l'international représente une occasion unique. En se lançant résolument au-delà des frontières européennes, notre groupe diversifierait ses sources de revenus, il équilibrerait ses flux financiers. L'impact positif sur sa cote boursière nous permettrait d'optimiser nos coûts opérationnels et de réaliser des économies d'échelle. Atout supplémentaire : cela jouerait un rôle clé dans le recrutement et la motivation des talents.

---

[50] Blood camps : camps de don bénévole du sang.

[51] André Dulac est le père de l'alternateur moderne. Une technique toujours d'actualité en 2024, soixante ans après sa création.

Nous pouvons et *devons* tirer les enseignements des échecs passés. Prenons en compte les différences culturelles (notamment en Inde), brisons le fonctionnement en silo (à Singapour, ventes, comptabilité et stock sont situés à une demi-heure les unes des autres) et allégeons les process ubuesques mis en place suite à l'affaire Guinard. Il nous faut nous réorganiser, devenir plus *lean* et identifier de nouvelles sources de création de valeur.

Le choc de l'Asie

Quatre mois plus tard, j'ai trouvé mon remplaçant pour l'Italie, l'*Ingeniere* Dellù (lequel va d'ailleurs concrétiser plus tard un très gros contrat de génératrices pour les éoliennes). Fin 1986, je me porte volontaire pour un premier audit du réseau asiatique. Je rentre à Angoulême le mois d'après avec les conclusions suivantes : il y a là-bas énormément d'opportunités. Il ne faut *surtout pas* fermer l'Asie !

Un Autrichien, un expat français se sont succédé à la tête de notre filiale asiatique à Singapour à partir du début des années 1980. Tous les deux sont qualifiés sur le plan technique. Il n'en va pas de même pour l'aspect commercial ou financier, d'où d'importantes pertes, absorbées par la holding, qui s'impatiente...

Je visite l'Asie, pour la première fois de ma vie en 1986. De Tokyo à Singapour, en passant par Bangkok et Séoul... Je suis frappé par l'incroyable niveau de service. Accueil chaleureux, attention méticuleuse aux détails, volonté de répondre aux moindres besoins des clients, engagement envers l'excellence, recherche constante de la perfection... offrent une expérience exceptionnelle à chaque interaction.

Chez nous, la Service Italiana Srl, fait référence en matière de service. Cette filiale de Leroy-Somer Italiana SpA installée à Rho près de Milan est alors placée sous la direction éclairée d'Éric Tourtay (il fait ensuite carrière chez Thalès en tant que responsable de l'Italie). Comme toutes nos filiales de service, cette entité est financièrement distincte, afin de minimiser les risques. Détenue à 95 % par Leroy-Somer Italiana SpA, l'entreprise propose une large gamme de services liés à la motorisation et à l'énergie. Elle génère la quasi-totalité de nos bénéfices en Italie. Pourquoi ne pourrions-nous pas reproduire cela en Asie ?

Du point de vue de nos vendeurs asiatiques de l'époque, « le service est un cadeau offert au client. » Pour ma part, j'ai l'ambition d'en faire un instrument de création de valeur. Est-ce immoral de facturer un service de qualité ? L'expérience d'Éric en Italie prouve le contraire.

Le comité de consultation et de concertation filtre les projets stratégiques en amont du conseil de surveillance. Dans l'assemblée du 3C, composée de trois membres du directoire et de quatorze membres du personnel, une voix s'élève : « Ça fait dix ans qu'on paie les pots cassés là-bas ! » Le directeur de l'usine de Sillac, André Vigne, semble également mécontent : la holding lui attribue la majeure partie des pertes du réseau international, auquel il se sent étranger. Je lui annonce que son usine cessera bientôt de financer nos implantations en Asie. « Quand ? », interroge-t-il. Je lui annonce trois mois.

La compréhension culturelle : un impératif

Nos perspectives de réussite internationale suscitent encore de gros doutes dans les années 1980. On souligne les problèmes de communication avec nos partenaires asiatiques. Les ingénieurs critiquent ces commerciaux qui n'ont ni plan ni calendrier établi et fonctionnent hors du cadre habituel : ils semblent œuvrer en coulisse en entretenant des conversations simultanées avec plusieurs interlocuteurs et sollicitent les sédentaires angoumoisins de manière insistante, toutes les heures, jusqu'à l'obtention d'une réponse.

J'explique la perspective asiatique : « Nos collègues là-bas affirment qu'ils ne bénéficient d'aucun soutien. Nous sommes perçus comme lents, peu dynamiques : des « touilleurs » de café… » Quelqu'un rétorque : « Personnellement, je ne travaille pas sous pression. Alors tes Chinois, soit tu les apaises, soit tu les licencies. » Les propos sont directs !

Diverses approches ont été explorées au fil des ans. Parmi elles, la centralisation des appels des collaborateurs asiatiques au sein d'une équipe de sédentaires anglophones a provoqué un tollé. Cette équipe de la Division internationale (DI) met 48 heures pour traduire et distribuer les demandes. Les réponses n'arrivant jamais à temps condamnent les opportunités commerciales les unes après les autres. La DI étant jugée inutile, les usines préfèrent maintenir le contact direct avec le terrain.

La divergence entre les cultures de travail est au cœur du problème. Les sociologues désignent le Français comme étant *monochrone*[52]. Il se concentre sur la tâche en cours et respecte rigoureusement le plan ou le programme établi. L'Asiatique est en revanche considéré comme *polychrone* : il est capable de communiquer avec plusieurs personnes en même temps et de gérer plusieurs tâches simultanément. À ces modes de fonctionnement distincts, s'ajoutent les contrastes du paysage concurrentiel. Le Français fait face à quelques compétiteurs, tandis que l'Asiatique en affronte trente ou quarante… ce qui multiplie les appels d'offres à traiter.

Ce débat permet à notre président Paul Barry d'intervenir : « Je pense que tout cela découle d'un problème de compréhension culturelle. Donnons une chance à M. Besanger et à l'Asie. »

---

[52] Les cultures monochroniques correspondent plutôt aux pays occidentaux. Leur conception du temps linéaire et compartimenté. Dans les cultures polychroniques (Asie, Afrique…), elle est plus flexible : les choses sont plus importantes que le moment pour les faire et on peut faire plusieurs choses en même temps.

Barry me « commande » une *equity story* capable de rassurer les marchés quant à notre aptitude à aborder l'Asie. Je passe toute une soirée, à l'hôtel, à écrire et réécrire une ou deux phrases-clés. Face au comité des 3C, nous convenons de la formulation suivante : « Leroy-Somer s'engage à une croissance disciplinée en Asie-Pacifique. » Cette notion plaît à Barry. Il explique partout qu'étant donné la nécessité de discipline et l'urgence du redressement de nos filiales là-bas, un individu qui possède quatre qualifications militaires, dont une « capacata » (capacité de médecine de catastrophe), serait sans doute adéquat.

Cette communication est validée par le Conseil puis relayée auprès des analystes et de la presse. Martine Léonard du CIC : « Leroy-Somer vise à doubler ses ventes à l'international grâce à l'Asie. » Autre titre, émanant d'une autre analyste : « Leroy-Somer court-circuite les obstacles à l'export. »

Fin 1987, le *board* entérine ainsi ma nomination comme mandataire social, directeur général et administrateur délégué—*Managing Director and CEO*—pour l'ensemble de la zone Indopacifique.

L'action Leroy-Somer est alors descendue si bas que le groupe, qui génère près de deux milliards de dollars de CA consolidé au plan mondial, n'est évalué que 78 millions de dollars par le Calpers[53], notre principal investisseur institutionnel de l'époque. Il faut un changement radical, de nouveaux marchés, une forte croissance des ventes et de l'Ebitda, un *cash-flow* positif au plus vite. Nous allons bientôt livrer cela avec l'aide de nos équipes asiatiques renouvelées. De leur côté, Britanniques, Allemands et Italiens font aussi une superbe performance, tout comme Jean-Paul Montupet aux États-Unis, notre star incontestée du RoE.

[53] California Public Employee Retirement System, cf. supra.

PARTIE V

Leaders des marchés asiatiques

Retour à Mumbai

Avant d'être nommé mandataire social pour l'Asie, je ne connais rien de cette région du globe. J'ignore tout des peuples, des ethnies et des nations : je ne saurais expliquer les différences entre un Indien, un Chinois et un Coréen, un Malaisien, un Indonésien et un Philippin. Les langues de l'Asie me sont de même parfaitement inconnues. J'allais beaucoup apprendre.

Dans les années 1950, la famille Thapar, est propriétaire de la multinationale Crompton Greaves dont le siège était à Mumbai. Elle se rend à plusieurs reprises à Angoulême. Marcellin Leroy signe avec elle un premier accord de licence pour les moteurs, puis d'autres qui porteront sur les génératrices. Il s'agit des premiers contrats signés par Leroy-Somer à la grande exportation.

Crompton Parkinson Works a été fondée par le Colonel Crompton en 1878 à Mumbai et Greaves est son licencié indien dès les années 1880.

Après l'indépendance en 1947, Thapar reprend la filiale indienne qui l'introduit en bourse en 1960. Crompton devient rapidement leader du marché indien et une des fiertés de Leroy-Somer comme en atteste l'article paru dans la revue Norois[54] en 1963.

L'année suivante, son usine-modèle se voit confier la fabrication de l'Arpi d'André Dulac, une génératrice révolutionnaire qui va asseoir le leadership de Leroy-Somer en Europe et en Inde. Pour la petite histoire, André est le fondateur d'une jeune pousse appelée Électronique du Sud-Ouest au début des années 1960 (ESO) à Toulouse. Georges Chavanes décide de prendre une participation majoritaire dans l'ESO assez rapidement. La machine révolutionnaire d'André Dulac, quelque peu jalousée, est affublée du sobriquet « le basset » en raison de sa forme

[54] Op. cit.

allongée et de ses courtes pattes. Georges Chavanes s'en amuse : « Dans la vie, il n'y a que ceux qui ne font rien qui ne se trompent pas[55]. »

Las ! Notre licencié ne tarde pas à ouvrir une seconde usine à « bassets » dans le sous-continent, puis une troisième en Malaisie. Angoulême n'y voit que du feu. Cette concurrence déloyale devient un problème majeur vers la fin des années 1970. Parallèlement, les ingénieurs Leroy-Somer continuent d'expédier tôles, isolants, diodes et régulateurs à la demande tout au long des années 1950 à 1980... Sans se soucier des règlements. Les impayés montent, montent !

Il y a urgence. Mon premier déplacement en Asie est pour Mumbai.

Un vol de propriété intellectuelle

La sensibilité, l'approche des Indiens diffèrent des nôtres. Nos expatriés sont bien reçus, mais les ingénieurs envoyés directement par les usines ont été perçus comme anxieux, énervés, manquant de maîtrise de soi... et n'ont pas été jugés dignes de respect.

Mon principal interlocuteur, chez Thapar, est un colonel de réserve de confession sikhe, comme souvent parmi les cadres supérieurs indiens. Amardeep (lumière éternelle) Singh et moi avons un certain nombre de points communs. Il est issu d'une dynastie de chefs militaires, lesquels ont lutté à nos côtés en 1914-1918. Nous sommes tous deux brevetés *ès* médecine de combat. Il est aussi francophone, grâce aux cours de l'Alliance française. Enfin, il aime bien skier dans les Alpes.

Le colonel Singh est dépeint comme une personne difficile. Il vient nous rendre visite à plusieurs reprises à Angoulême dans les années 1970 et 1980. On repère facilement cet homme d'un mètre quatre-vingt-quinze, portant la barbe et un turban. Outre ces deux attributs, les adeptes de la religion sikhe sont attachés à la vérité (*sat*), la probité, la justice, l'équité et la droiture. Traiter ces gens de malhonnêtes ou de menteurs - ce qu'avait osé faire un de nos expats ! - s'avère des plus maladroit.

Approcher la *vérité* ne consiste pas simplement à être honnête avec les autres. Il s'agit également de comprendre la vraie nature du monde, l'unité de tous les êtres et de vivre en pleine harmonie avec la *vérité profonde*. Le sikh se rapproche du Tout en pratiquant la vérité. Par ailleurs, cette religion souligne que « nul ne peut être conquis par des pratiques rituelles », ce qui signifie que seuls les actes de vie sincères et bienveillants, respectueux de tous, peuvent nous rapprocher du Tout.

Lors de ma première expédition en Ukraine en guerre, en mars 2022, les premiers secouristes que j'ai rencontrés près de Kharkiv, étaient des sikhs, *combat medics* de réserve dans l'Armée indienne. On dit que l'Inde joue un

---

[55] Georges Chavanes, à la Grand-messe de janvier 1985

double jeu diplomatiquement parlant, mais j'ai vu leurs gars à l'épreuve sur le terrain. Lorsqu'un missile russe est tombé à quelques centaines de mètres de nous, les sikhs n'ont pas bronché.

La plupart des employés habitent dans les *slams*[56] (bidonvilles) de Mumbai. Malgré l'incroyable âpreté de leur vie, ils semblent heureux. Je les trouve curieux de la géographie des endroits où ils exportent : Jakarta, Kuala Lumpur, Dar es-Salaam, Zanzibar… Certains se lèvent à trois heures du matin pour arriver à l'heure, d'autres ont des épouses qui leur apportent de quoi se restaurer. J'en ai vu un glisser une carte de visite dans une boîte à bornes : un candidat à l'expatriation ?

Établir une vraie communication entre Angoulême et Mumbai est impératif : il est nécessaire que l'on s'écoute et que l'on se comprenne. Depuis vingt ans Leroy-Somer et son licencié correspondent à travers des lettres d'avocat. Il faut être réaliste : Singh ne va pas nous régler 150 millions de francs comme ça !

J'ai promis à Barry de résoudre le problème. Néanmoins, la tâche est complexe. L'usine de Mumbai est encombrée de caisses qui portent l'estampille « M. Leroy » et les Indiens ne saisissent pas nos revendications à ce sujet : depuis la fusion avec la SoMER du Groupe Bertin nous sommes baptisés Leroy-Somer et non plus M. Leroy, n'est-ce pas ?

De surcroît, les Indiens ne fabriquent pas les nouvelles machines de la série *partner* mais les modèles « bassets d'André Dulac ». Et curieusement, la version indienne de ces machines fournit un peu d'électricité et beaucoup de chaleur. Or tel n'est pas l'objectif. Un ingénieur indien me signale prosaïquement : « Nous utilisons parfois ces machines, lors des tests, pour cuisiner nos *dals* aux lentilles. »

Les modèles conçus par André Dulac subissent aussi diverses adaptations. Les Indiens font preuve d'inventivité, de façon simple, mais efficace : le *jugaad*, une notion locale que l'on peut traduire par « innovation frugale ». L'un des « basset » est par exemple étiré d'un mètre environ afin d'atteindre une puissance de 450 kVA... Sa ligne approche désormais davantage de celle du python du Bengale !

Quelque part, ce « basset » est devenu leur… Peut-on transcender cet état de conflit permanent et trouver enfin un terrain d'entente ?

Un allié inopiné

D'après Christiane, employée au service après-vente de l'usine de Sillac, nous disposons d'un allié chez Crompton. Christiane se souvient que Janine Vezzosi, la secrétaire de Georges Chavanes, avait hébergé chez elle un jeune ingénieur indien « de petite taille, la peau mate, avec de grands yeux noirs et

---

[56] On dit « slum » en anglais, mais « slam » en hindi.

des lunettes. Il ne parlait ni français ni anglais ou en tout cas son anglais était inintelligible ».

Je pars à la recherche de cette énigmatique personne. Une trentaine d'ingénieurs ont été envoyés par Crompton à Sillac entre 1956 et 1973, années fastes de notre collaboration. Vérification faite auprès du colonel Singh, une bonne quinzaine pourraient correspondre à l'homme que je recherche. Plantant systématiquement mon regard dans celui des ingénieurs « à la peau mate, portant des lunettes », je finis par le trouver, au fond d'un immense bureau d'études où une centaine d'employés s'affairent sur des plans. Shivansh se souvient parfaitement de « Janeen » avec laquelle il a correspondu pendant près de vingt ans. Shivansh révèle que le problème fondamental du licencié est l'utilisation de composants indiens afin de garder ses coûts compétitifs. Les vernis et diodes locaux ne donnent guère satisfaction. Nos gars se sont penchés sur la question et Sillac s'est engagée à fournir lesdits composants. Les frais de douanes exorbitants et la distance ont néanmoins compliqué les livraisons. Une solution éphémère a consisté à importer des composants en contrebande dans les valises... Deux des nôtres se sont fait attraper par les douaniers indiens. Ils ont fini la nuit au poste.

Une solution *win-win*

À l'issue de plusieurs jours de négociations, Singh et moi commençons à parler un langage commun. Selon Shivansh, notre *body language* montre même que nous sommes devenus « de véritables amis ». Il existe de fait une certaine connivence, je dirais une sorte de fraternité d'armes, en partie due à nos expériences militaires communes.

Thapar finit par me proposer une part de 49 % dans le capital de son usine, en contrepartie des sommes dues, et de quelques autres livraisons de composants. L'offre semble intéressante, mais Angoulême s'y oppose : les montants dus par le licencié sont supérieurs à l'offre qui nous est faite. Par ailleurs, suite à l'affaire Guinard, Paul Barry souhaite éviter les rachats et prises de participations. Ma mission consiste donc à « ramener du cash à Angoulême, sans investir dans quoi que ce soit. » La solution alternative consiste *in fine* en un montage qui permet à la fois de récupérer les sommes dues par le licencié et d'augmenter considérablement nos ventes en Indopacifique, notamment grâce à des opérations d'*offset*.

J'ai en effet eu vent d'une autre division de Crompton-Greaves qui se lance dans le secteur des alimentations stabilisées pour datacenters à la fin des années 1980. Cette division achète les machines tournantes au licencié « M. Leroy » et fabrique ses propres volants d'inertie : des roues en acier pesant jusqu'à sept tonnes, destinées au stockage d'énergie pour les centres de données.

Ces équipements constituent une opportunité que nous ne voulons surtout pas laisser passer. Exemple typique de *jugaad*, les *flywheels* indiens illustrent à merveille cette approche flexible de la résolution de problèmes qui utilise des ressources limitées de manière innovante. Là où Angoulême réclame trois mois d'études et quatre ou cinq de fabrication, le licencié indien conçoit le tout en dix jours à peine et pour quatre fois moins cher. Et cela fonctionne. Ces équipements seront très compétitifs sur les marchés d'Asie du Sud-Est.

Crompton fabrique ces volants en HSLA. Cet alliage à base d'acier se caractérise par à haute résistance à la fatigue et sa capacité à supporter des contraintes élevées. De son côté, Jean-Paul Montupet fait de même en achetant ses volants dans une aciérie de Monterrey, au Mexique. Les Indiens atteignent le même niveau de qualité.

Ma demande porte sur des mécanismes capables d'emmagasiner de l'énergie jusqu'à une minute. Ces pièces pesaient jusqu'à six tonnes, de véritables chars d'assaut. Quelques semaines plus tard, nos premiers volants d'inertie sortent de l'usine Crompton. Ils sont validés par IBM-Singapour puis IBM-Kuala Lumpur et IBM-Manille. Bientôt ce sera le tour des centres de données de Singapour puis des casinos de Macao.

Par la même occasion, nous embarquons les Indiens dans la bataille des génératrices de plus de 350 kVA. Ils nous les achètent désormais au lieu de les produire en Inde. Notre série *partner* s'avère plus fonctionnelle que leur « python du Bengale »... Messieurs Singh et Thapar sont ravis de trouver finalement un terrain d'entente après tant de lettres d'avocat.

Nous jouons sur le velours, nous faisant régler un vieil impayé, facturant de nouvelles machines au comptant ou par L/C et ne remettant chaque fois en jeu que la moitié de ce que nous venons de récupérer. J'offre à Singh un authentique sextant de la Royale, « moyen le plus fiable de déterminer nos position et vision communes. »

La carotte et le bâton

Voilà pour l'aspect « carotte ». Mais il faut également que je vous raconte l'autre côté de l'histoire, qui s'avère assez compliquée. Nos commandes de volants à inertie pour les datacenters ne sont pas d'une grande régularité. Le *business* ne se prête pas vraiment aux planifications à la soviétique : un mois ce sont deux volants, puis plus rien pendant les six et sept suivants... Un beau jour, notre licencié nous menace de reprendre ses exportations de matériel estampillé « M. Leroy » vers l'Afrique et l'Asie (avec en prime des photos de notre cher fondateur sur les factures émises par l'Inde !). Notre agent en Tanzanie ne tarde pas à débusquer de nouveaux containers de machines « Leroy » fraîchement débarquées d'Inde. Idem pour son homologue F.H. Tham en Malaisie. Je fais remonter le problème tanzanien au colonel Singh. « Moi, j'ai facturé un Indien, » se défend-il. En effet, il a vendu ses machines à un *middleman* de Surat. Lequel les a revendues en Tanzanie.

En tant que leader en devenir de la fabrication des génératrices, il nous faut veiller à notre réputation et notre image. Nous devons sévir contre ces produits que nous estimons contrefaits afin de protéger les droits et intérêts légitimes de nos clients contre des produits de qualité potentiellement inférieure.

Avec l'aide de Wei-Min, ma *legal counsel* (conseillère juridique) singapourienne, nous établissons un dossier attestant de notre possession exclusive des marques « Leroy-Somer » et « M. Leroy ». La chose est complexe : en France, nous n'avons pas de *legal counsel*. La propriété intellectuelle est l'affaire de tous et de personne en particulier… Enfin l'équipe précédente a tout simplement « oublié » de renouveler l'enregistrement des marques à l'international !

Je me procure les dates d'arrivée des containers transportant les machines indiennes vers la Malaisie, l'Indonésie, la Thaïlande et les Philippines. Je fais saisir les containers en question par les douanes respectives. Pierre Barbecot, directeur Afrique, fait de même au Kenya et en Tanzanie. C'est bientôt la fin des ventes parallèles. Le licencié arrête de même la production d'alternateurs, hormis les petites machines sous licence de l'Italien Giorgio Tosetti, (auquel j'ai vendu de plus grosses machines) et qui n'entrent pas en concurrence avec nos productions.

Une histoire assez similaire se reproduit un quart de siècle plus tard en Chine. En 2011, quatre employés de notre usine de Fuzhou quittent l'entreprise et fondent une « Li-laï Senma » voisine. Ils ont beau prétendre que « Li-laï Senma » ne signifie pas « Leroy-Somer », c'est un vol flagrant de notre propriété intellectuelle. Qui plus est, avec d'anciens salariés, formés par nos soins !

Leroy-Somer remporte *in fine* le procès engagé contre les « Li-laï Senma » et reçoit des compensations de la part de tous les voleurs de propriété intellectuelle. Face au vol, il faut agir vite et de façon décisive. C'est une condition essentielle pour garder la confiance des clients.

Contrat historique aux Philippines

À la fin des années 1980, les Philippines apparaissent comme l'un des marchés les plus prometteurs d'Asie. Le pays a élu une jeune présidente, Maria Corazon Aquino Cojuangco, veuve de Benigno « Ninoy » Aquino Jr. Le leader de l'opposition au régime du président Marcos a été tragiquement assassiné d'une balle dans la tête à l'aéroport de Manille à son retour d'exil aux États-Unis. Les images frappantes de son cadavre gisant sur le tarmac, celles de Corazon Aquino étreignant la croix et pleurant sur son cercueil ont marqué les esprits : elles sont devenues des symboles du martyr de Benigno Aquino Jr.

> Héritier d'une lignée de héros nationaux, parmi lesquels figure l'indépendantiste Servillano Aquino y Aguilar, l'homme politique avait bravement choisi de revenir dans son pays. « Le peuple philippin mérite qu'on meure pour lui », avait-il déclaré. Le nom de « Jr » ou « Ninoy » est désormais omniprésent sur les murs de Manille. Il porte haut les espoirs et les aspirations de cent millions de Philippins animés par la *People Power Revolution*[57].

La campagne électorale est marquée par la violence : 300 personnes assassinées et plus d'un millier de disparus. Cory Aquino elle-même échappe à nombre de tentatives d'attentats au sein de rassemblements denses où l'on brandit des symboles religieux. Des grenades lancées dans la foule conduisent à des bains de sang : plusieurs dizaines de paysans membres du Kilusang Magbubukid ng Pilipinas trouvent ainsi la mort lors du « massacre du pont de Mendiola ».

Le *board* de Leroy-Somer, auquel je signale mon intention de « planter le drapeau » là-bas, me déconseille d'y aller : trop risqué Mon premier déplacement en Asie de l'Est est pour les Philippines.

Dès l'ascension de Cory à la présidence, les Occidentaux se pressent pour offrir des programmes de développement qui visent à combler le retard économique accumulé par l'archipel. Les agences de crédit à l'exportation rivalisent férocement. Elles abaissent leurs taux pour remporter des contrats au profit des entreprises de leurs pays respectifs.

En 1986, la nouvelle élue doit composer avec l'armée, sous le commandement du général Fidel Valdez Ramos. C'est en réalité « FVR » qui gouverne le pays. Les armées n'ont certes pas vocation à gérer un pays, mais finalement, qu'attend Corazon Aquino de lui ? Que ce soit carré, que les choses avancent et qu'il n'y ait pas de corruption. Ramos est un héros de guerre. Il a combattu les Chinois lors de leur invasion de la Corée en juin 1950 (quatre combats au corps-à-corps lui valant autant de médailles), puis au Viêtnam et dans le sud des Philippines, contre les Maos.

Je le rencontre pour la première fois alors qu'il fait son jogging sur la baie de Manille. Il est six heures du matin. Je le vois s'arrêter pour effectuer une série de pompes, avec une escorte légère. Les rumeurs d'attentats sont nombreuses. N'importe quel déséquilibré pourrait s'approcher de lui pour tenter quelque chose. Je pense que FVR lui aurait tordu le cou.

Notre ambassadeur à Manille est S.E.M. Leblanc, un homme de réseaux, adepte de la diplomatie de terrain, très apprécié à Malacañang[58]. D'aucuns imaginent parfois que nos ambassadeurs sont juste bons à servir le thé et les petits-fours. Je peux témoigner que ce n'est absolument pas le cas ! S.E.M.

---

[57] *People Power Revolution* : série de manifestations populaires en février 1986 qui a conduit au départ de Ferdinand Marcos.
[58] Palais présidentiel philippin.

Leblanc est l'auteur d'un très beau « coup » : l'envoi par la France du tout premier message de félicitations suite au succès de la présidente à l'occasion du référendum constitutionnel de février 1987, avant le reste du monde, y compris les États-Unis. Dans la foulée, la Royale[59] se distingue en dépêchant un bâtiment de la flotte du Pacifique dans les eaux de la mer occidentale des Philippines, revendiquées sans base légale par un compétiteur voisin. L'image de la France à Manille est ainsi au plus haut.

Notre pays est donc reconnu pour son excellence en matière de diplomatie. Hélas ! Il peine souvent à tirer profit de ses réalisations sur le plan économique. Le dernier grand contrat français aux Philippines remonte à 1872 : le *Puente de Ayala*, construit par Gustave Eiffel & Cie. À l'ambassade, je croise deux doctorants en sociologie, en partance pour rédiger quelque thèse sur les mœurs tribales dans la jungle de Mindanao... Les grands contrats ne sont plus vraiment la priorité. Le temps presse.

Fin 1987, une opportunité exceptionnelle se dessine aux Philippines. *Islands Grid*, « contrat du siècle » consiste à équiper quelques-unes des 7 700 îles de centrales électriques, fermes solaires et groupes de conversion et de maintien d'énergie. Le premier programme (1988-92) concerne une centaine d'îles. L'appel d'offres pour cet ambitieux programme est publié à l'échelle mondiale. Il retient plus d'une centaine de soumissionnaires, du Brésil au Japon, en passant par une quinzaine de constructeurs européens, dont les Français Jeumont et Alsthom. La valeur totale du contrat s'élève entre quatre et cinq milliards de dollars en fonction des options. L'objectif est de concevoir un ensemble de centrales capables de produire de l'électricité à un coût compétitif. Certaines installations industrielles nécessitent une conversion de l'énergie en 50 Hz, mais la plupart fonctionnent au 60 Hz, tandis que les aéroports et les bases aériennes exigent du 400 Hz. Il leur faut aussi des groupes à inertie, sortes de batteries mécaniques. Leroy-Somer est spécialiste de différentes parties du projet, mais totalement inconnu aux Philippines. Enfin, les standards philippins sont ceux de la North American Manufacturers' Association et non ceux de la France ou de l'Europe.

Un autre problème se pose : depuis l'affaire Guinard, notre entreprise fonctionne en mode dégradé avec des fonds propres insuffisants, voire négatifs dans certaines filiales. Concrètement, il me manque 100 millions pour être en mesure de signer un contrat d'une telle envergure, ne serait-ce que pour le fonds de garantie. Pour répondre aux standards philippins, il faut par ailleurs déclasser nos machines et perdre entre dix et douze points de compétitivité en fonction des modèles... Le dernier problème majeur est le financement. Les Philippines sont exsangues et les grandes puissances industrielles comme les États-Unis, le Japon et l'Allemagne rivalisent pour offrir les meilleures conditions de prêt. La France, encore en convalescence

---

[59] la Royale : nom utilisé pour la Marine nationale

de la crise de 1983, ne peut pas prêter le moindre fonds. Dans ce contexte, tous les éléments semblent défavorables pour que Leroy-Somer gagne la partie. Comment concrétiser ce contrat en dépit de tous les obstacles ?

Une technique de financement novatrice

Un espoir me guide : j'ai une carte maîtresse dans ma manche. Il s'agit du *back-to-back*, une technique de financement apprise lors de mes études à l'ESSEC. Le concept est d'obtenir des lettres de crédit payables à 30 jours de la part du client et de les adosser à d'autres L/C pour le siège et les sous-traitants, payables à 90 voire 120 jours. Ces deux à trois mois de fonds de roulement me permettront de financer cash d'autres parties du contrat : panneaux solaires, maintien et conversion d'énergie.

J'en parle à Paul Barry. Il trouve l'idée assez originale, quoique risquée. Nous ne sommes pas vraiment des experts en lettres de crédit, cf. l'affaire Guinard ! Est-ce que je dispose d'une équipe capable de vérifier toute la chaîne de documents ? Je vais la constituer. Et si par malheur tel ou tel sous-traitant fait défaut ? L'ensemble risque alors de capoter. Paul Barry est moyennement enthousiasmé.

Enfin, survient une série d'attaques terroristes. Fin octobre 87, trois Occidentaux sont tués par balle. Les auteurs de ces assassinats sont des maoïstes qui entendent protester contre l'aide apportée par l'Occident aux Philippines. Les Maos annoncent : « nous tuerons un Occidental pour chaque blindé livré au gouvernement. » Les US viennent de livrer une dizaine de transports de troupes V150 aux forces armées philippines...

Marie-France Mangon, qui s'occupe des risques internationaux depuis Angoulême, m'envoie le fac-similé d'une dépêche de l'AFP : « de nouveaux attentats sont à prévoir. » Je lui réponds que je suis déjà présent à Manille.

Pour pallier les contraintes financières, S.E.M. Leblanc me suggère de contacter son collègue allemand qui héberge la Kreditanstalt für Wiederaufbau (KfW). Cette agence de crédit à l'exportation dispose d'un budget *kolossal* de quatre milliards de dollars spécifiquement alloués aux Philippines. La KfW débusque la moindre opportunité et l'apporte sur un plateau à Siemens. Cependant leur impératif est que le matériel soit *hergestellt in Deutschland* (produit en Allemagne). Ce n'est pas du tout notre cas.

Malgré la guerre froide, les relations économiques entre pays alliés gardent un aspect offensif. Chacun se dote d'acteurs du renseignement économique, hormis la France ! Ce manque occasionne d'intéressantes discussions avec l'ambassadeur et plus tard au sein des CCE. Pourquoi ne pas instaurer une vraie politique nationale d'intelligence économique qui diffuserait des dossiers d'informations sur les grands marchés mondiaux aux entreprises françaises ?

À défaut de structure française, S.E.M. Leblanc me conseille celle d'Israël, réputé champion en la matière. L'idée d'utiliser leurs services naît de leur implication militaire sur place. Ils fournissent l'armée philippine pour sa lutte contre le *Bagong Hukbong Bayan*, sorte de Pol Pot philippin soutenu par Pékin. Afin d'éviter que l'Archipel ne suive la voie du Cambodge, le Mossad assiste le tandem Cory-Ramos à travers son représentant pour l'Asie, Eisenberg & Co, dont le président Shaül Eisenberg, n'est autre que l'ancien président du Mossad. Il se trouve que nous étions déjà en contact avec eux, grâce à notre bureau de Tel-Aviv.

Sous couvert de l'appellation Mango Crop Promotion Association (MCPA), le Mossad forme en réalité les commandos philippins. Les Israéliens sont les seuls à mener de telles actions, ce qui leur confère une influence significative. Grâce à l'appui de David de notre bureau de Tel-Aviv et à une recommandation du bureau régional de Dassault pour l'Asie basé à Singapour, j'établis finalement un contact direct avec le légendaire Shaül Eisenberg.

Eisenberg

Dans l'après-guerre, Shaül Eisenberg se marie à une ravissante Japonaise. Il bâtit un véritable empire commercial et industriel en Asie avant de prendre la présidence du Mossad en Israël, puis il revient à Tokyo et Manille. Eisenberg est champion toutes catégories de la vente d'équipements militaires occidentaux au Japon, aux Philippines et en Corée du Sud où il rend possible le programme de développement de réacteurs nucléaires civils. Il équipe notamment les SEALs japonais, coréens et philippins en fusils et canots d'assaut. *Last but not least*, il est agent de Dassault pour les Philippines.

Sa méthode réputée consiste à construire progressivement sa connaissance des principaux dirigeants de chacun des pays asiatiques où il fait affaire. Il liste leurs faiblesses, leurs besoins. Puis il passe à l'action, avec des résultats à couper le souffle. Je suis fasciné par l'intelligence économique dans sa version « humaine », *humint*[60].

Ma curiosité naturelle me pousse à explorer son approche. « Quel est votre premier concurrent aux Philippines ? », questionne Eisenberg. Réponse : Siemens. Le tragique héritage de mon interlocuteur israélien lui confère une force et une volonté incroyables. Dans la flamme de son regard, je perçois cette résilience hors du commun et sa détermination exceptionnelle. Malgré l'injustice, l'horreur, la souffrance endurées, une étincelle d'espoir brille dans ses yeux. Il croit en la capacité de l'homme à surmonter tous les obstacles. Y compris et surtout Siemens !

[60] Humint (*human intelligence*) : renseignement d'origine humaine.

Eisenberg va mettre à notre disposition cinquante collaborateurs et collaboratrices. « OK, » fait Angoulême à qui j'expose la situation. « Et ça va nous coûter combien ? »

Réponse : zéro *piso pilipino*. Eisenberg ne nous facture rien à l'avance. Il se rémunérera en fonction des résultats obtenus, sous forme de *success fees* (honoraires de succès).

La « méthode Eisenberg »

Shaül Eisenberg fait un récit captivant des nombreuses informations recueillies par ses équipes sur le contrat Islands Grid en s'appuyant sur un procédé visuel. Toutes les données sont synthétisées sur de grands tableaux de liège panoramiques. Des bouts de ficelles matérialisent les organigrammes, indiquent les relations entre les différentes parties prenantes : les amitiés, les conflits. Il colorie les portraits des protagonistes. Rouge, pour décisif et orienté vers l'action ; vert pour stable, mais lent ; bleu pour « process, normes et régulations »... Il explique par exemple pourquoi Ramon Horta, malgré sa participation à l'appel d'offres, n'est pas la personne adéquate à contacter. C'est fascinant de le voir agir.

Les précieuses informations fournies par le Mossad me donnent un aperçu de la situation. Le service après-vente local de Siemens laisse à désirer. General Electric a une organisation complexe et des tensions internes qui retardent le dépôt de leurs offres. Les Suisses d'Alsthom sont qualifiés de « touristes » selon Eisenberg, car arrivés épuisés et mal préparés par avion depuis Genève via Bangkok. Les Suisso-Suédois d'ABB ont pris trois bonnes semaines pour décider s'ils allaient soumissionner ou non.

Une quinzaine de compétiteurs reste en lice, de la Turquie au Brésil en passant par l'Allemagne et l'Argentine. Pékin cherche à racheter sa conduite passée. Elle propose des centrales à des prix défiant toute concurrence, avec un financement à taux bonifié sur vingt ans. Les Japonais de Mitsubishi ont conclu une joint-venture avec une honorable famille de l'archipel, les Zobel de Ayala, mais la collaboration met du temps à se concrétiser. Enfin, Energomachexport, soutenu par le KGB, brade ses équipements afin de faire rentrer du cash au pays des soviets.

Shaül suggère de mettre en avant mes séances d'entraînement avec les commandos de Marine de l'*Espesyal na Pwersa ng Pilipinas*. J'ai d'ailleurs vécu une expérience de tir marquante à Manille. En France, le capitaine Fabrice C. de la section de Pontoise est le champion incontesté de mes camarades officiers de réserve. Il détient une moyenne de tir RV / RP exceptionnelle de 96,7. Mais j'ai vu un colonel philippin réaliser un score de 98,6 au tir rapide, sans effort particulier.

Notre conseiller me suggère de laisser la fréquentation des bars de la capitale aux Russes, afin d'éviter tout *kompromat*[61]. Il est en effet moins risqué de me montrer en train d'admirer une église hispano-philippine. FVR comme Corazon Aquino sont tous deux des fervents chrétiens. Le premier est protestant, la seconde, catholique. Selon le Mossad, le président de la National Power Corporation est lui-même un catho aux valeurs strictes.

En dehors de cela, les églises de Manille sont magnifiques. L'ambiance en décembre, avec tout le monde jouant de la guitare et chantant près de la baie, est simplement magique.

Dans la jungle de Bataan

Les membres des SEALs philippins font partie du commandement des opérations spéciales de la Marine des Philippines, le NAVSOCOM : un commandement distinct qui se charge des opérations spéciales et inspiré des célèbres SEALs américains. Leur quartier général principal est situé à San Vicente Camilo Osias de Santa Ana, à Cagayan. Leur formation, extrêmement exigeante sur les plans physique et mental, est considérée comme le programme militaire le plus difficile au monde. Je tiens à souligner que le Centre d'entraînement en forêt équatoriale[62] en Guyane est réputé pour être à la hauteur de San Vicente.

Les missions des SEALs philippins ne tolèrent aucune forme de complaisance, car ils sont confrontés à de redoutables adversaires comme les maoïstes et les terroristes d'Abu Sayyaf, du Jabhat Tahrir Moro al-Islamiyyah et de la Jemaah. Ils doivent aussi composer avec le sultan rebelle Jamalul Kiram qui aspire à la formation d'un pays indépendant dans le sud de l'archipel. Ce dernier est soutenu par la Chine. Actuellement, Pékin tente de gagner la faveur de la princesse Jacel, fille de Jamalul Kiram. Bien que leurs efforts soient plus subtils qu'auparavant, les manœuvres chinoises suscitent toujours la méfiance de Manille. Je donne parfois des conférences sur ces sujets de géopolitique à l'École de Guerre et ailleurs. Je constate que les entreprises ont souvent une connaissance limitée de la situation. Elles risquent de commettre des erreurs graves, à l'instar de Siemens qui s'est impliqué avec Jamalul Kiram puis sa fille. L'Allemand se retrouve blacklisté grâce à l'action d'Eisenberg, qui révèle au gouvernement les liens obscurs entretenus par Siemens avec la famille Kiram.

Les membres des SEALs de Santa Ana doivent accomplir des défis incroyablement difficiles. Ils subissent la redoutable *Hell Week* qui consiste à enchaîner des épreuves physiques épuisantes sans dormir pendant une

---

[61] *Kompromat* : technique des services secrets soviétiques généralisée pendant la guerre froide visant à monter des dossiers pour nuire à l'ennemi.

[62] Le Centre d'entraînement en forêt équatoriale (CEFE) du 3e régiment étranger d'infanterie est un centre d'entraînement de l'Armée de terre française situé en Guyane.

semaine. J'envisage donc de m'entraîner plusieurs jours aux côtés de ces combattants d'élite afin de montrer mon engagement aux personnes influentes.

Avant cela, il me faut évaluer les besoins de la National Power Corporation (NaPoCor). Il se trouve que la centrale électrique de secours de Bataan et une sous-station de Manille sont en panne et nécessitent une assistance. Malgré les risques liés notamment à mon incompétence technique, je me rends à Bataan. Dans mon *pilot case*[63] : un jeu de diodes, quelques instruments ainsi que des plans techniques de ponts de diodes à réaliser sur place. Bataan est réputée pour ses camps d'entraînement dans la jungle et ses stages de survie. Elle l'est de même pour ses serpents, crocodiles... ou autres personnages inquiétants que l'on pourrait croiser. Selon la légende urbaine, des soldats impériaux croient que la Seconde Guerre mondiale est toujours en cours et traquent ceux qui pourraient révéler leur présence. Des récits évoquent également les innombrables fantômes qui rôdent dans la jungle : il s'agit encore de soldats impériaux qui ont fini dévorés par les crocodiles. D'autres histoires sensationnelles racontent les apparitions d'une Dame blanche, connue sous le nom de *Multa* qui fait de l'auto-stop ou celles de Fernando, un prêtre décapité, qui erre dans la jungle, à la recherche de sa tête.

L'expérience à Bataan promet donc d'être à la fois mystérieuse et périlleuse... Arrivé en fin d'après-midi avec un technicien, je découvre une centrale électrique vétuste et même totalement hors service. La présence d'un cobra enroulé qui dort à l'intérieur n'est pas très rassurante. Je dispose de quelques diodes dans une enveloppe à bulles, mais d'aucune pièce mécanique.

Le crépuscule approche et le technicien de la centrale s'empresse de quitter les lieux... Je me dirige vers National Road où des échoppes en tôle ondulée proposent des services de maintenance. La centrale de Bataan est équipée de génératrices GE et de groupes de conversion d'énergie Siemens. Face à moi se trouve un centre « Simens », sans « e ». Je frappe à sa porte et fais la connaissance du propriétaire, Manuelito. D'un regard, je remarque les étagères vides : pas ou très peu de pièces de rechange. Je lui demande si « Simens » lui apporte beaucoup de travail. Sa réponse est évasive. Je lui explique le fonctionnement de Leroy-Somer, fondé sur un partenariat solide avec ses centres de service. J'ouvre mon *pilot case* et lui montre : un capteur Fluke dernier cri, des diodes de puissances variées, un régulateur de tension... Il prend un air ébahi. Je lui explique que si son soutien contribue au succès de ma mission, d'autres opportunités suivront.

Au petit matin, je forme un commando avec ses électriciens, ravis de disposer de mes pièces détachées. Nous récupérons d'autres pièces de rechange nécessaires et buvons une tasse de *kapeng barako* (café de

[63] Malette rigide, notamment utilisée par les commandants de bord

Batangas) avant de partir pour la centrale électrique. Les techniciens de garde sont stupéfaits de me voir revenir sur le coup de sept heures. Ils pensent, à raison, que j'ai passé la nuit dans le *jeepney*[64] (je n'ai pas fermé l'œil). J'installe les ponts de diodes assemblés la veille chez Manuelito sur les machines.

« Miracles » en série à Bataan

Les chances que les problèmes d'une génératrice soient dus au jeu de diodes sont de l'ordre de 15 à 20 %. Premier miracle : le courant est rétabli. Second miracle : mon capteur ne relève aucun problème. Si cela se trouve, la génératrice va bientôt exploser et mettre le feu à la centrale ! Cependant, Manuelito euphorique se précipite vers moi, les bras ouverts. Incrédule, je consulte mon instrument. Tout cela semble manifestement être le résultat de l'intervention de Santa Catalina de Bataan ou de Fernando, le prêtre sans tête, ou encore de San Antonio de Calapandayan.

La nouvelle de la réparation de la centrale se répand et le village tout entier ne tarde pas à accourir : mamans portant leurs nourrissons, chiens qui aboient joyeusement... Certaines femmes esquissent le signe de Croix... Voici enfin le maire, un dénommé Jésus Hernandez, qui m'exprime à son tour ses félicitations les plus chaleureuses. Il nous convie à sa résidence et j'en profite pour lui demander s'il peut nous rédiger un témoignage de satisfaction. Réponse positive.

Troisième miracle : le colonel de réserve James Nathaniel, représentant du premier district de la province de Bataan au Parlement philippin, est présent sur les lieux. Je requiers une nouvelle lettre. Il accepte. J'apprends plus tard qu'il dispose d'un pouvoir politique important à Manille.

L'échoppe de National Road devient ainsi notre premier centre de maintenance aux Philippines, annonçant la centaine d'autres bientôt signés en Asie. Manuelito fait toujours partie de la grande famille Leroy, avec ses deux fils, Thomas et José. Les deux stations NaPoCor de Manille, également h.s., sont réparées le jour suivant par mes équipes de Singapour, accourues à la rescousse par le premier vol Singapore Airlines avec tout le matériel nécessaire. Nous venons de marquer un premier point.

De retour à Manille, je m'installe au Manila Hotel qui donne sur la baie où je loue la *MacArthur Room*[65]. Outre le prestige du lieu historique, « la Mac » offre un sacré avantage sur la concurrence : elle a priorité sur toutes les autres chambres lorsqu'il s'agit de joindre quelqu'un au téléphone ou d'envoyer un télex. Les Philippines sont effectivement mal équipées en

[64] Jeepney : moyen de transport populaire aux Philippines, fait à partir des jeeps militaires abandonnées par l'armée américaine à l'issue de la Seconde Guerre.
[65] Le général MacArthur a planifié les opérations depuis cette chambre pendant la Seconde Guerre mondiale.

centraux téléphoniques : il faut mobiliser trente secrétaires et autant de lignes téléphoniques pour obtenir la ligne… Entre décembre 1987 et mars 1988 — période décisive pour l'obtention du contrat Islands Grid — l'investissement me revient en moyenne à 120 dollars par jour. À la clé : 4 milliards de dollars pour le consortium vainqueur de ce « contrat du siècle ».

Avec les SEALs de Santa Ana

Mais rien n'est encore gagné. Dans les jours qui suivent la réparation des centrales, NaPoCor me soumet un cahier des charges portant sur quatre groupes de conversion d'énergie. Je dispose de trois heures pour remettre une offre, l'appel d'offres officiel étant sur le point de se terminer. Siemens et GE ont déjà soumissionné. Impossible de savoir à quel prix… Je me base sur l'enveloppe indiquée par le client : 200 000 dollars par groupe. Je joins plusieurs lettres, dont celle du « Simens Center » attestant que c'est Leroy, et pas Siemens, qui a réparé la centrale de Bataan. Je remets l'offre sans avoir la moindre idée de nos coûts… qui s'avèreront trois fois inférieurs. Ce sera pour nous l'occasion d'offrir un audit complet à toutes les centrales de NaPoCor, une fois l'argent du contrat encaissé, et de réparer quelques autres centrales, ce qui nous rapportera de nouveaux contrats, et ainsi de suite.

Entre temps, Shaül Eisenberg me propose de participer à un bref stage au sein d'une unité de combat du *Hukbong Kawal Pandagat ng Pilipinas* (HKPP), qui regroupe les commandos de marine philippins, des SEALs et des instructeurs israéliens. Ces forces se réunissent pour des exercices d'entraînement intensif sur une île au large de Batangas, sans moyens de communication, pendant quatre jours. Les liens forgés avec les officiers seront cruciaux pour accéder à la direction de la NaPoCor où les réservistes de la Navy occupent des postes clés.

J'arrive dans la baie de Balaayan dans la soirée. Un zodiac me dépose sur la plage d'une île. Tout autour, la mer s'étale dans une obscurité inquiétante. Sur le rivage, un peloton de commandos. Les silhouettes épaissies par les camouflages sont déjà à l'œuvre. Je vais vivre une expérience intense, fusion de défis extrêmes et d'une camaraderie sincère.

Les incursions au cœur d'une végétation dense et marécageuse nous confrontent avec la nature sauvage. Les opérations en terrain hostile et les exercices de survie nocturnes nous mettent à rude épreuve. Chutes, cohabitation avec des reptiles venimeux ou des insectes dangereux : les risques de blessures sont omniprésents. Les redoutables morsures des serpents de cette région ajoutent un stress tout particulier : chaque pas requiert notre vigilance.

La camaraderie devient essentielle pour surmonter ces défis. Les moments difficiles sur le terrain créent des souvenirs communs qui forgent une fraternité indéfectible entre les membres du groupe. De même, les soirées autour du feu de camp sont propices à la création de liens solides, malgré l'épuisement. Les rires, les histoires de missions passées et autres partages d'expériences renforcent l'esprit d'équipe.

On me raconte deux histoires concernant la guerre de Corée. Le père d'un SEAL avait participé à la bataille de Miudong en novembre 1950, première victoire du corps expéditionnaire philippin sous mandat de l'ONU contre l'armée chinoise, à 1 contre 30. À Yultong quelques mois plus tard, 900 Philippins repoussent 40 000 Chinois, infligeant de lourdes pertes à ces derniers, ne perdant que 12 des leurs. Selon un des SEALs, Alejandro, MacArthur aurait alors prononcé la phrase suivante : « 10,000 soldats philippins me suffiraient à conquérir le monde. »

Un incident lors d'une plongée nocturne parmi des animaux dangereux me vaudra une amitié à la vie à la mort et un tatouage des commandos de marine philippins sur le mollet droit. L'ancre et les trois étoiles du drapeau du pays ont résisté au temps et je ne manque jamais une occasion de me rendre au mess des officiers de Manille. Les discussions récentes portent sur les incursions chinoises dans le domaine maritime philippin. Elles rappellent l'importance de la solidarité entre nos deux pays.

Quelques anecdotes sur les serpents. Le cobra des mers, mascotte du commando de Santa Ana, vit dans les mers tropicales d'Asie. Ce serpent venimeux se caractérise par un museau jaune et une alternance de bandes noires et jaunes bien distinctes, sur l'ensemble du corps. Sa queue en forme de pagaie lui permet de nager rapidement vers sa « proie ».

En cas de mauvaise rencontre, le plongeur est invité à garder son calme et à ne plus bouger jusqu'à ce que le serpent s'éloigne. Entre-temps, il faut parfois supporter un contact très rapproché. L'animal a une vue médiocre et il arrive qu'un mâle en quête d'une femelle s'enroule autour du torse, d'un bras ou d'une jambe du plongeur. Le serpent finit par reconnaître que le plongeur n'est pas une femelle… Il lui faut un certain temps. Il s'éloigne alors, à moins qu'il ne tombe *magkasintahan* (amoureux) du plongeur. Quand on connaît le problème du pauvre cobra, myope comme pas deux, il n'y a pas de quoi paniquer, sauf que nous sommes en pleine saison des amours et ces mâles « chassent » en meute. Un des commandos me rassure à sa façon : « *They won't bite that often* ».

Le soir venu, les plaisanteries vont bon train. Lequel de nos camarades a-t-il été le plus courtisé par ces cobras mâles ? Lequel est tombé *umibig* (sous emprise) au point de s'apprêter à quitter les SEALs pour convoler avec l'un de ces reptiles ? Gabrielito, Juanito ou bien Manuelito ? « *Guys, don't shake your butt when you see a sea snake* »: Carlito nous conseille d'éviter de se déhancher face à un serpent de mer malvoyant, histoire d'éviter tout malentendu…

Humour de Navy SEALs, après l'exercice.

Ces souvenirs restent gravés en moi, témoins d'une expérience exceptionnelle au sein d'une unité de combattants hors pair.

Business et géopolitique

La France possède l'une des deux premières zones économiques exclusives mondiales[66] et deux millions de citoyens français résident dans la région indopacifique. Notre Marine nationale a établi un bureau régional à Singapour. Je dois fournir une documentation confirmant le caractère *combat-proven*[67] de certaines machines destinées à la National Power Corporation, laquelle privilégie le matériel robuste.

À cette époque, Leroy-Somer est engagée dans la production de moteurs de torpilles, systèmes de conversion d'énergie, alternateurs industriels et systèmes d'entraînement utilisés sur les navires de guerre de la Royale. En cas d'urgence signalée par un commandant de navire à Singapour, que ce soit une panne d'alternateur ou autre, j'organise une intervention dans l'heure, quelles que soient les conditions météorologiques. Cette réactivité est bien connue. La Royale m'invite régulièrement à bord de ses navires pour des embarquements.

L'attaché naval français confirme la qualité de notre matériel à Manille via DHL dans la journée même. Il dispose de mon numéro de pager et sait qu'il peut compter sur moi en cas de situation difficile. Au-delà de notre assistance sans faille, l'intérêt de la Royale est clair : plus Leroy-Somer vend d'équipements à vocation civilo-militaire à l'étranger, plus nos tarifs deviennent compétitifs grâce à l'effet d'échelle et plus nous renforçons la coopération militaire avec les alliés. C'est du gagnant-gagnant.

> La situation actuelle des Philippines mérite une précision. Sous la présidence de Duterte (2016-2022), nos ventes dans l'Archipel chutent fortement. En effet, le nouvel élu cherche à renforcer ses liens avec Pékin et les contrats de la NaPoCor s'orientent donc vers les constructeurs chinois. Duterte espère des aides financières en échange, mais elles ne se concrétisent pas. Au contraire, la Chine saisit l'occasion pour envahir et occuper les îlots de la mer des Philippines occidentale. Elle construit des bases navales à l'intérieur même de la zone maritime philippine et effectue des razzias sur les ressources halieutiques.

Une nouvelle orientation se dessine avec l'arrivée de son successeur, Ferdinand « Bongbong » Romualdez Marcos Junior, neveu de l'ancien président et général des armées Fidel Valdez Ramos.

---

[66] La zone économique exclusive (ZEE) est une bande de mer ou d'océan, située entre les eaux territoriales et les eaux internationales, sur laquelle un État riverain dispose de l'exclusivité d'exploitation des ressources.

[67] *Combat proven* ou preuve opérationnelle, indique qu'un équipement militaire a prouvé son efficacité au combat.

Vers 100 centres de service

Le service après-vente demeure un problème à la fin des années 1980. Nous n'avons aucun centre de service aux Philippines, hormis Manuelito à Bataan. Or pour réussir l'affaire avec la NaPoCor, nous devons aligner plusieurs centres de service dans les îles, notamment à Cebu, une ville stratégique à proximité d'une importante base aéronavale philippino-américaine. Trouver les spécialistes adéquats est un défi.

Nous identifions 300 entreprises potentielles qui sont soumises à des tests d'aptitude. Une centaine d'entre eux répondent aux critères. Certains se trouvent au cœur de la jungle de Zamboanga, au sud de l'archipel. Une anecdote personnelle : pris dans mes allées et venues entre Singapour et Manille, j'oublie de renouveler mon visa et me retrouve coincé dans une salle d'attente de l'aéroport de Manille… Heureusement, Eisenberg a ses entrées.

L'importance stratégique de Cebu est cruciale. NaPoCor m'informe que notre présélection dépend de l'ouverture d'un centre de service majeur là-bas, capable de « servir » les bâtiments de l'US Navy… Laquelle ne reconnaît que General Electric !

Je m'envole donc pour Cebu où j'explique au responsable du principal centre de réparation local, Jésus de Castro, un agréé General Electric, qu'il serait plus avantageux pour lui de collaborer avec Leroy-Somer. L'entreprise française est une parfaite inconnue. Il me regarde donc comme si j'étais tombé sur la tête. Cela ne nous empêchera pas de nous rapprocher plus tard.

Je visite un autre centre de maintenance potentiel, mais la chance n'est pas au rendez-vous. C'est alors que je décide de pénétrer directement dans la base aéronavale, côté philippin. Eisenberg me met en contact avec un colonel qui a servi dans les Marines à Pendleton. Il s'avère que nous avons plusieurs amis communs. Le lendemain, nous obtenons l'accord de principe de NaPoCor à Cebu.

L'affaire est cependant loin d'être gagnée. Il faut se rendre chez les ensembliers britanniques, grands favoris de l'appel d'offres et convaincre nos propres usines, dont les Ateliers de Construction électrique d'Orléans, ex-Alsthom, qui ne sont pas vraiment prêts à me suivre étant donné qu'Alsthom a offert ses propres centrales… Équipées en partie de notre propre matériel !

Affaire (presque) conclue

Dans la voiture qui nous emmène à l'ambassade britannique, une collaboratrice d'Eisenberg me tend une fiche sur l'ambassadeur. Issu de la haute noblesse écossaise, médaillé du Most Distinguished Order of Saint Michael and Saint George, Sir Robin McLaren arbore le look austère typique d'un colonel anglais. Commandant de réserve dans la Navy, il garde selon

Eisenberg de précieux souvenirs de ses collègues de la Royale. Pour Eisenberg, c'est un allié : il a dirigé *l'Arab-Israeli desk* du *Foreign Office* où ses positions étaient pro-Israël.

Lors de ma première réunion avec l'ambassadeur, je suis accueilli dans un bureau sobre et élégant qui correspond bien au caractère ascétique de son hôte. Les teintes neutres des murs sont rehaussées par des toiles subtilement choisies, qui témoignent d'un goût artistique raffiné. Aucun ornement superflu sur son bureau, impeccablement organisé. Une efficacité et une rigueur caractéristique de ses méthodes.

McLaren m'accueille poliment avec une prestance qui mêle une réserve typiquement britannique à une chaleur bien dosée. Dès le début de la réunion, je ressens l'expertise des questions économiques et politiques de cet homme au regard pénétrant. L'ambassadeur a une connaissance pointue des enjeux du pays et fait preuve d'une remarquable capacité à lier les événements actuels à un contexte historique.

McLaren s'exprime avec une clarté remarquable. Sa communication est directe, dénuée de fioritures. Chaque phrase est pesée, chaque mot choisi, révélant une approche franche et pragmatique. Subitement sceptique quant aux chances du petit industriel charentais que je représente, il finit par interroger : « *Are we serious about this* ?" Pour contrer ses doutes, je le regarde droit dans les yeux et raconte : « *Sir*, quatre de mes gars errent actuellement dans l'abîme profond de la jungle philippine, s'efforçant de rafistoler des centrales perdues au sein de cette forêt insondable. À chaque instant, ils dansent sur la corde raide, une danse imprévisible avec les commandos de la Jemaa Islamyia qui menacent de trancher leurs têtes. » J'insiste : « *Have we not skin in the game*[68] ? » Sa réponse : « *Well yes, you have, obviously.* »

La question suivante, cruciale, porte sur le financement. Les Britanniques alignent 2,9 milliards de livres sterling à 25 points de base au-dessus du taux national britannique sur dix ans pour la première tranche. Et nous ? Pas un centime : la France se remet difficilement de sa crise de 1983… L'offre britannique est plus avantageuse que celle des Allemands. Cela entraînera plus tard la mise en place d'un taux plancher par l'OCDE pour éviter une guerre entre les agences de financement des pays membres.

La question est : comment Leroy-Somer, qui n'a pas un centime de financement français, peut-elle prétendre à cette affaire ? Je réponds, au culot, que j'ai assemblé un pool bancaire portant sur l'essentiel du contrat, soit les parties « génératrices », « moteurs électriques », « conversion d'énergie » et « solaire ». Or tel n'est pas encore le cas !

Je précise, toujours au culot, que les Philippins exigent du matériel Leroy-Somer. J'assure l'ambassadeur que notre présence aux côtés des Anglais sera bénéfique : nous assurerons l'essentiel du service, y compris

---

[68] *To have skin in the game* : « mettre de sa peau » dans un contrat.

celui des radiateurs Rolls-Royce, sous-traités par l'assembleur Petbow à Libra, un constructeur singapourien qui utilisera, j'y compte bien, nos propres moteurs. NaPoCor réclame par ailleurs la présence d'une centaine d'ateliers de réparation électromécanique répartis dans l'archipel et nous sommes les seuls — toujours selon mes affirmations — à disposer d'un tel réseau. Nos panneaux solaires affichent les « meilleurs rendements »... McLaren ignore qu'il s'agit du dernier stock des Agriers, qui est sur le point d'arrêter l'activité en question.

Pour appuyer mes arguments, je montre à l'ambassadeur quelques exemples de centrales solaires réalisées dans le sud de la France ainsi qu'en Afrique. Je lui présente aussi les lettres de soutien des maires, députés et militaires philippins qui se sont exprimés en notre faveur. L'ambassadeur reconnaît certains noms familiers. Il m'interroge ensuite sur notre collaboration avec les motoristes britanniques. J'ai anticipé cette question et lui présente les lettres des constructeurs britanniques, Rolls-Royce et Perkins-Dorman, qui témoignent de nos relations étroites.

Douze cents génératrices de 750 kilovolt-ampères sont en jeu, soit quatre à cinq années de production de nos usines dans cette gamme, ainsi qu'une centaine de groupes de conversion d'énergie de tous types pour les bases navales et aériennes et quelques centrales solaires. Et le plus beau est que le contrat sera renouvelé deux fois... L'affaire mobilisera près de 7 500 employés en France même et constituera la plus grande réussite commerciale française en Asie après les contrats d'Airbus, si... car il y a un grand « si. »

Un événement inattendu vient de se produire. Il remet tout en question.

Manille ne répond plus

Fin décembre 1987, la sonnette et des coups sourds sur la porte d'entrée de la MacArthur Room me tirent d'un sommeil profond. Les chiffres luminescents du réveille-matin indiquent 5 h 55. Un peu dans le brouillard - j'ai dîné la veille avec S.E.M. McLaren - j'enfile ma robe de chambre et me dirige vers l'entrée. Qui peut être assez gonflé pour me réveiller de si bonne heure ? « *Sir, Mr. Eisenberg wants to see you in five minutes* ».

Une délégation russe importante a débarqué à Manille et jusque dans mon hôtel. Leurs prix sont moitié moins chers que ceux des autres selon le Mossad. Eisenberg me montre le dossier de l'offre russe. Il est urgent de définir une nouvelle stratégie.

Les Russes se manifestent bruyamment dès le petit-déjeuner. Ils exigent de la vodka avec leur café, que les serveuses leur apportent avec des excuses à profusion. Leur comportement envers elles n'est pas des plus courtois.

Ils ont bien des difficultés à communiquer avec Moscou. Depuis le couloir menant à ma chambre, j'entends : « *Privet, Moskva... Ty menya slyshish...? Privet ! Privet ! Ty menya slyshish*? » (Allô Moscou ? M'entendez-vous ? ...)

La conversation de la table à côté de moi est « passionnante » et sans nuances, comme souvent avec les Russes. Il en ressort que la France est le « ventre mou dépourvu d'attributs virils de l'Occident global » et la démocratie une « tromperie juive ». On apprend aussi que la glorieuse MachExport-Leningrad va « atomiser » tout ça avec une offre imparable. Suite à quoi les Occidentaux n'auront plus qu'à plier bagage et rentrer dans leurs pénates de *gomos* (homosexuels). Que proposent-ils aux Philippins ? Des turbines d'avion de chasse Mig-29 redessinées pour les centrales, des armes pour protéger les installations et mille camions de la marque Kamaz présentés comme cadeau des peuples soviétiques.

Il faut savoir que si les Philippines se tournent certes vers les Occidentaux et sont alliées des États-Unis, cela n'empêche pas les Russes d'envoyer des munitions à leurs commandos pour reprendre les îles Basilan aux rebelles de la Jemaah Islamiyyah… Moscou soutenant les maos comme ces islamistes, tous utilisent désormais, le même calibre, 7,62 mm.

L'attitude des Philippins peut sembler difficile à comprendre, mais ils doivent prendre en compte l'intense pression russe et chinoise. Manille entretient donc, *malgré tout,* des relations avec un peu tout le monde... « Manille, nid d'espions » !

Je me souviens d'une scène : c'est le soir et Shaül Eisenberg est accoudé au bar du Manila Hotel. Il revient de Malacañang[69] : « Le soumissionnaire viendra du G7. » Utilisant l'argument de l'assistance militaire, Eisenberg est parvenu à faire spécifier « G7 ». Russes, Turcs, Chinois, Sud-Africains, Brésiliens et Argentins sont éliminés. Ces derniers sont devenus particulièrement compétitifs avec la chute du peso et Buenos Aires a obtenu une ligne de crédit de la Banque mondiale à un taux défiant toute concurrence afin de financer les exportations.

Alsthom a quant à elle raté sa correspondance entre Genève et Manille. Jeumont reste un adversaire sérieux sur le 750 kVA, avec une excellente qualité et des prix similaires aux nôtres. Mais elle n'est pas intéressée par l'export.

GE est empêtré dans ses querelles internes (deux ou trois *managers* occupent un même poste). ABB avec son organisation en matrice cherche encore qui doit faire quoi : une quarantaine de dirigeants suisso-suédois, britanniques, allemands, espagnols et mexicains se battent pour prendre la responsabilité du contrat. Ils déboulent par groupes de onze ou douze à Manille, sans qu'un leader ne soit désigné. Restent en compétition : l'omniprésent Siemens, le Britannique Dale — travaillé par Xavier Trenchant, *managing director* de LS-UK — et le Singapourien Petbow Far

[69] Malacañang ou le palais de Malacañang est la résidence officielle du président des Philippines, à Manille.

East, dont j'ai la charge. Mauvaise surprise : ce dernier a proposé du matériel de Stamford, notre principal rival.

De retour à Singapour, je fonce chez Petbow. Le managing director, Jim, un Britannique de 68 ans, est convaincu que les Philippins ne veulent pas entendre parler de nous. Je lui présente les attestations des directeurs régionaux de la NaPoCor qui souhaitent travailler avec Leroy-Somer. « OK, répond-il, mais vous devez consentir à une réduction de prix de 15 %. » Je lui explique pourquoi c'est impossible. Je lui propose en revanche une assistance pour la mise en parallèle des grosses machines dans des endroits stratégiques tels que les bases aéronavales. Je viens de recruter l'ingénieur Tony Chan et ne tarde pas à l'affecter à une installation de Petbow, perdue au fin fond de la jungle de Zamboanga… non sans lui avoir offert plusieurs séances préalables de tir au revolver : la zone est infiltrée par le Jemaah Islamiyah.

Leroy-Somer est désormais mieux connue et appréciée, lorsque je reçois une lettre d'intention. C'est une condition essentielle pour obtenir l'approbation de mon pool bancaire à Singapour, dirigé par le Lyonnais, qui financera une partie du contrat en collaboration avec l'UK Export Finance. Le Lyonnais exige cependant un fonds de garantie provenant d'Angoulême ou à défaut une clause de garantie émanant de la holding. Nadia Barry me refuse cette garantie. Elle a raison : par principe, le siège ne couvre jamais ses filiales, par crainte des erreurs potentielles sur place. « On vous a confié la barre, en totale autonomie » : je me retrouve livré à moi-même. La situation est loin d'être gagnée.

Les négociations avec le Lyonnais concernant le montant du fonds de garantie que Leroy-Somer doit fournir se révèlent longues et difficiles. Ils exigent initialement 20 % du montant total du contrat. Une somme impossible pour LS-Singapour. Finalement, nous parvenons à un accord sur 500 000 dollars. Je n'ai toujours pas à ma disposition une telle somme. Hwee-Bin, directrice des risques du Lyonnais pour l'Asie-Pacifique, propose alors une solution : nous allons réutiliser le fonds de garantie de la première lettre de crédit philippine qui a servi à financer le premier contrat de conversion d'énergie de la centrale de Bataan : quatre convertisseurs, vendus 800 000 dollars au total. L'équipement conçu par nos soins à Singapour vient d'être livré. Son règlement arrive à point nommé.

Je dois désormais conclure une seconde vente, cette fois-ci en interne où je suis pris en étau entre des forces contradictoires. Nos instances de gouvernance sont systématiquement sollicitées pour les dossiers majeurs. Celui-ci représente notre plus gros contrat à l'exportation de tous les temps. Les risques associés sont considérables. Ils vont de l'inadéquation des ressources au dérapage du besoin en fonds de roulement, aux menaces d'enlèvement et de corruption, voire… à l'assassinat. Entre temps, des dépêches de l'AFP sont tombées : des touristes belges, japonais et américains ont été enlevés, puis tués lorsque la rançon n'a pas été payée…

Mon amour de la région — notamment les Philippines — me rendrait « aveugle au danger » selon Angoulême. Je ne me suis jamais senti en danger.

La vente en interne

Signer un contrat avec un client ne garantit pas automatiquement que les usines acceptent de produire le matériel. Unélec-Orléans, la principale concernée, a déjà soumis une offre… à son ancienne maison mère, Alsthom, pour des générateurs de puissance supérieure destinés à équiper leurs barges.

Cette proposition semble attrayante d'un point de vue technique, mais elle s'avère totalement déconnectée sur les plans commercial et financier. Philippe J, directeur commercial et ancien d'Alsthom, me montre les plans des centrales conçues par son ancienne maison mère. Il m'indique l'emplacement des machines Unélec-Leroy. La conception est impressionnante, mais surdimensionnée par rapport aux besoins du client. Mon avis est clair : « Ces usines à gaz n'ont aucune chance. » Lui, convaincu du contraire, affirme : « Alsthom a déjà la commande, on va bientôt pouvoir lancer la production. » Il se trompe. Les Philippins les ont ignorés, car ils n'ont pas de service sur place.

Pour résoudre ce problème de tropisme d'Unélec vers Alsthom, plutôt que vers son nouveau propriétaire, je me tourne vers Paul Barry, président du directoire du groupe Leroy-Somer et également président d'Unélec depuis son rachat à Alsthom. Gérer un groupe d'une telle envergure, caractérisé par des cultures divergentes, représente un défi complexe. Je lui expose l'enjeu du contrat et spécifie qu'il va au-delà du périmètre de l'ex-Alsthom pour inclure sept autres filiales du groupe Leroy-Somer, car j'entends fournir outre les génératrices : moteurs, groupes de conversion d'énergie, et autres..

Je lui montre ensuite quelques photos. Je débute par celles de mes équipes qui travaillent ardemment à réparer des centrales éloignées, perdues au cœur de la jungle. Puis, je lui présente la magnifique Basílica Metropolitana de Nuestra Señora de la Inmaculada Concepción de Manila, un chef-d'œuvre construit en 1581. Barry exprime son intérêt pour les Philippines, mais me fait part de ses inquiétudes concernant d'éventuelles pratiques douteuses. Je salue la vigilance et les préoccupations éthiques, typiques du personnage. Je le rassure et lui indique que l'unique versement n'aura strictement aucun lien avec Leroy-Somer : je souhaite en effet faire un don à l'AFPEBS, un fonds philippin qui finance les études des orphelins des commandos de marine. Un geste en mémoire de Juanito, l'un de mes camarades du bataillon de Santa Ana, abattu par la Jemaah Islamiyyah. L'affaire a finalement le mérite d'arrimer Unélec, l'ex-Alsthom, au navire amiral Leroy-Somer, une fois démontrée notre capacité à vendre leur matériel.

Cependant, plusieurs maillons faibles subsistent, notamment la Sodeer. Cette sous-traitante d'Unélec doit produire plusieurs milliers de régulateurs adaptés. A-t-elle la capacité et la volonté de réaliser cette tâche ? De surcroît, notre usine de Mansle n'a jamais produit selon les normes nord-américaines (NEMA) pour les moteurs à 6 pôles. Or les Philippines utilisent précisément ces standards NEMA.

Est-il plus judicieux de se concentrer sur un sous-contrat spécifique, plus réalisable sur le terrain ? Ma règle d'or : ne laisser personne derrière. C'est mon côté médecine de combat. J'ai mobilisé les usines de Sillac, Gond-Pontouvre, Mansle et d'autres sur ce projet. Sillac et Mansle ont déjà investi plusieurs centaines d'heures d'études. Elles sont fermement déterminées à remporter ce contrat. Il est hors de question de les abandonner.

Le Comité de consultation et de coordination (3C) filtre les projets stratégiques avant le conseil de surveillance. Paul Barry me demande d'y présenter le projet : « Il me faut l'unanimité. »

Le vote du 3C

La vente en interne se révèle décidément plus complexe que je ne l'avais imaginé. J'ai très peu de temps pour me préparer pour le prochain comité, or le suivant n'est prévu que trois mois après, ce qui paraît bien trop tardif. Je rentre de Cebu après un périple via Manille, Bangkok, Roissy et la gare Montparnasse. Épuisé par quarante heures de voyages, correspondances, retards, salles d'attente, métros et trains, je réalise que c'est déjà mon troisième trajet Manille-Angoulême en deux mois. Il est impératif de ne pas montrer de signes de faiblesse. Pour me requinquer, j'effectue quatre séries de pompes, puis engloutis autant d'expressos. Henri Stouff me précède. Le patron du réseau Europe au regard bleu acier me salue en sortant de la salle du conseil. Il a réussi à renforcer les fonds propres de la filiale allemande. « C'est à vous, M. Besanger », me lance-t-il.

Le comité fait face à une lourde décision. Elle implique sept usines et 7 500 emplois. Je ne dispose que de dix minutes et dois être percutant. La meilleure approche consiste à présenter un fait saisissant. Je démarre avec ce sujet choquant : « Savez-vous qu'aux Philippines, un enfant sur sept naît en état de détresse respiratoire ? »

Un représentant des salariés soulève des risques. Je m'attends à une opposition du DAF, c'est finalement FO qui pose des questions... Malgré nos différences, nous avons du respect et de la confiance mutuelle, nés de nos parties de foot en commun et des dons de sang. Les questions fusent, rigoureuses, sans complaisance. Puis nous passons au vote de la résolution « Philippines ». Scrutin unanime. Quel soulagement !

À ceux qui s'inquiètent de la présence de la CFDT et FO dans un organe de gouvernance, nous répondons en opposant les méthodes des concurrents qui échouent par manque de transparence et de motivation. Chez Leroy tout se sait. Nous sommes tous membres de l'équipage d'un même navire.

Lors du rachat d'Alsthom-Unélec, notre mode de gouvernance joue clairement en notre faveur. Les offres financières d'autres concurrents sont généralement plus intéressantes que les nôtres sur le plan financier. Jeumont-Framatome propose le double de ce que nous envisagions pour le rachat de Télémécanique ou d'Unélec, par exemple. Or c'est Leroy qui remporte ce dernier. Pourquoi ? Tout simplement parce que nous nous déplaçons avec FO et la CFDT dans les usines de l'entreprise à racheter. Dans les années 1960, *Norois* décrivait déjà Leroy-Somer : « la politique sociale menée par la firme a réalisé une véritable unité, un ensemble cohérent, harmonieux et efficace. »

Notre cogouvernance nous permet d'économiser des sommes importantes lors des fusions-acquisitions. Tandis que nos concurrents s'échinent à analyser leurs multiples d'Ebitda et à débattre du coût du capital, Georges Chavanes utilise sa méthode. Il rencontre les représentants du personnel et les syndicats de la cible pour les convaincre de notre approche. Un ou deux syndicalistes l'accompagnent. Tout le monde est mobilisé pour convaincre la cible de la pertinence de nos pratiques sociales.

Une fois l'acquisition conclue, nous réorganisons l'entreprise en entités autonomes. Chacune est responsable de la supervision d'un secteur spécifique. Avant son acquisition par Leroy, Alsthom-Unélec compte une trentaine de cadres dirigeants, dont cinq sont basés à Genève. Aucun d'entre eux n'est directement impliqué dans les interactions avec la clientèle. Chez Leroy, en revanche, l'action se déroule, soit dans les usines, soit au sein des filiales, en face du client. Tout le reste, c'est du *middle management*, pas forcément utile de notre point de vue. Notre obsession pour une organisation plate n'est pas dogmatique, mais existentielle.

Notre « *Betriebsrat* »

Depuis son mariage avorté avec SEW, Leroy-Somer dispose d'un « *Betriebsrat* », comité d'entreprise « augmenté », au départ censé prouver notre germano-comptabilité. Les Allemands n'ont finalement pas voulu de nous, mais nous avons eu la sagesse de le conserver. Nous l'avons appelé : 3C, pour Comité de consultation et de concertation. Ses membres ne sont ni dirigeants ni mandataires sociaux (hormis son président Claude Henry), mais ils jouent un rôle essentiel dans la facilitation des prises de décision liées à la production. Des arbitrages sont nécessaires pour le contrat philippin, notamment entre les ACEO (ex-Alsthom Orléans) et Sillac (Angoulême) pour les générateurs, l'usine des Agriers pour une partie de la conversion d'énergie et notre filiale à 46 %, la Sodeer d'Orléans, pour ce qui est de la régulation de fréquence et de tension. D'autres sites de production, tels que Gond-Pontouvre ou Mansle (spécialisés dans les moteurs six pôles pour le refroidissement) se verraient confier un contrat certes moins volumineux, mais techniquement plus complexe : plusieurs centaines de gros moteurs doivent être fabriqués en moins de huit semaines afin d'être expédiés à Singapour pour être installés aux radiateurs de Libra qui équipent les Perkins-Dorman et les Rolls-Royce. Ces moteurs doivent de surcroît être conformes aux normes américaines. Mansle est-elle capable de relever ce défi ?

Il me revient la responsabilité de négocier, signer et financer le contrat, tandis que le 3C valide le lancement de la production. Prévoyant les interrogations de ses membres, il me paraît essentiel de rappeler à tous que la moindre défaillance de l'un d'entre eux est susceptible de mettre en danger l'ensemble du contrat. Il est primordial d'emporter l'adhésion des équipes de production.

J'utilise pour cela une approche basée sur l'histoire. Il y a cent ans, un ingénieur français a construit un monument emblématique qui lui a valu le titre de « magicien du fer » et de « meilleur ingénieur du monde ». Tous reconnaissent évidemment Gustave Eiffel. Ce même Eiffel avait obtenu son premier contrat à l'international en érigeant un pont stratégique qui reliait les deux rives d'une cité asiatique en plein essor. Où donc ? À Manille !

Contrat du siècle à Manille

Le 3C ne tarde pas à émettre un avis positif au conseil de surveillance. La présentation du projet philippin à ce dernier est cependant indispensable. Son avis est également positif, et unanime malgré les doutes d'un de ses membres, ex-commissaire aux comptes. Toujours l'aspect financier ! Je finis par le convaincre que je trouverai l'argent sur place, en Asie, auprès de mon pool bancaire, sans rien demander à Angoulême. Après l'approbation de nos instances de gouvernance, je retourne à Singapour pour officialiser le contrat avec notre partenaire principal, Petbow. Je coordonne ensuite le projet depuis Singapour, Cebu et Manille avec l'impératif du respect de la date de livraison prévue. Cependant, la gestion des divergences entre les usines complique considérablement la situation et génère de multiples retards de livraison. La ponctualité se révèle être un vrai défi. Il m'arrive de perdre le sommeil à cause de nos retards à quelques jours de l'échéance des lettres de crédit... Cela se joue parfois à une heure près !

Coups du sort : le port de Marseille est en grève. Le Havre menace de suivre. Nous gaspillons quatre précieuses semaines à extirper nos machines de Marseille et à rerouter les convois vers Anvers. Un de nos convois, plus de cent camions chargés de conteneurs de quarante pieds, fait près de deux kilomètres de long ! Les catastrophes s'enchaînent ensuite. Trois conteneurs chutent des navires lors de violentes tempêtes en mer. Les génératrices arrivent à Singapour avec les mauvaises boîtes à bornes, les mauvais fils et de surcroît les mauvaises flasques. Il faut tout démonter puis remonter, débrancher et rebrancher... J'installe un atelier en toute hâte, dans un hangar du port de Singapour. Toutes mes équipes s'y relaient, 24h/24. Je suis sur le pont, change une vingtaine de flasques moi-même. Elles pèsent chacune dans les trente à quarante kilos. Grâce aux équipes de Tony Chan qui interviennent jusqu'à Zamboanga, nous devançons la date de mise en service des premières centrales de huit jours. Cela nous permet de rattraper autant de jours par rapport au planning prévu pour les mises en parallèle. Nous devons tout à nos équipes de service. Sans elles, cette affaire se serait soldée par une bérézina...

Nous fêtons ce contrat historique et sa livraison dans les temps le 5 juillet 1988, date anniversaire de la libération des Philippines par les guérilleros philippins et les forces américaines commandées par le Général MacArthur en 1945. Nous nous retrouvons dans le salon des boiseries du palais de Malacañang avec autour de nous : la Présidente Corazon Aquino, le général Fidel Valdez Ramos, les gouverneurs des provinces et généraux concernés. J'ai veillé à faire inviter l'ambassade de France, dont les conseils m'ont été fort utiles. Tony et ses chefs d'équipes sont également présents lors de cet événement grandiose, ainsi qu'une dizaine de mes agents et vendeurs.

L'Islands Grid, ce vaste projet de réseau électrique débuté à la fin des années 1980, promet, selon le général Ramos, une ère de prospérité pour l'archipel. Il offre à chaque Philippin des opportunités d'accomplir ses rêves et de bâtir un avenir meilleur. La cérémonie annonce des changements d'ampleur : de nombreuses centrales électriques vont bientôt éclairer le ciel, autrefois sombre, apportant une lueur éblouissante à chaque île, de Luzon à Mindanao. Cette avancée permet à chaque *niño pilipino* d'avoir accès à la connaissance et de propager le savoir à travers l'ensemble des Philippines. Gloire à la *nación* !

Ernesto Manuel Aboitiz (« appelez-moi Ernie »), président de la National Power Corporation, fait à son tour un discours lyrique et porteur d'espoir. Il compare la lumière électrique à une source inépuisable d'éclat, dissipant les ténèbres de l'ignorance et illuminant les vies même dans les régions les plus éloignées. Les *niños pilipinos* pourront bientôt prolonger leur journée sous la bienveillance de la fée *kuryente* (électricité), découvrant *ang malawak na mundo ng kaalaman*, le vaste univers du savoir !

De façon plus prosaïque, « Ernie » invite à cette occasion les opérateurs du monde entier à participer aux futurs programmes de cogénération, *Build Operate Transfer* (BOT), et *Build Own Operate* (BOO). Je prends note de l'info et je la transmets dans la foulée à nos partenaires industriels, car nous sommes des vendeurs d'équipements électriques et non des opérateurs. Il va de soi qu'ils monteront du Leroy et pas du Siemens !

Un orchestre philippin interprète La Marseillaise en l'honneur de S.E.M. Leblanc et de mes équipes. Fusion envoûtante de cultures musicales, cette version souligne le caractère universel de cet hymne. Ses cuivres, éclatants de puissance, font écho à l'esprit de la liberté, de l'égalité et de la fraternité avec une joie contagieuse. Quelle fougue, *anong passion !*

Grand-messe à Angoulême

Dans la foulée de cet événement, je signe à Singapour une première commande avec Keppel, notre nouveau partenaire pour l'intégration des génératrices et la conversion d'énergie. LS communique rarement sur des contrats hors normes, mais cette fois, Paul Barry souhaite marquer le coup, car une opération de « relations publiques » est susceptible de faire remonter le cours de bourse, chahuté suite à l'affaire Guinard.

Nous annonçons donc ce contrat historique en Asie. Conséquence : l'action LS s'envole. Un peu trop rapidement à notre goût : nous connaissons les fluctuations dont la Bourse est capable.

Lors de la grand-messe de janvier 1989, je me retrouve au cinéma Le Français, à Angoulême, devant un public enthousiaste. À mes côtés, Xavier Trenchant (LS-UK). Xavier a travaillé au corps le Britannique Dale, qui a remporté l'autre moitié du contrat NaPoCor depuis l'Angleterre. Magnifique doublé pour Leroy-Somer : le matériel électrique de l'Islands Grid est 100% *Made in France*.

J'annonce avec Xavier que nous allons faire travailler pendant plusieurs années 7 500 collaborateurs répartis dans sept usines. Paul Barry me demande de répéter : « 7 usines, 7 500 employés ». Nous avons droit à une longue ovation. Puis, Barry me remet mon second oscar LS consécutif : un superbe objet en bronze pesant dans les quatre kilos. Xavier reçoit un autre oscar, au titre du contrat Dale. Ce n'était pas gagné d'avance : l'ensemblier avait initialement offert un matériel Stamford. Quel superbe travail d'équipe !

Ce succès est vraiment le fruit d'un engagement collectif et je veux partager ces honneurs avec mes subordonnés : Tham, Andy et Koy-Min ainsi qu'avec nos équipes de Singapour et des Philippines. D'un seul homme, mon équipe fait quelques pas vers l'avant de la scène et offre à nos troupes réunies une splendide révérence de groupe.

Au-delà du succès de mes troupes, c'est aussi celui d'André Dulac (alternateurs), de l'ingénieur Banfi (convertisseurs aux calculs vérifiés par ses soins en Italie) et de Philippe C. qui aux Agriers avait trouvé le stock de panneaux solaires décisif pour compléter le contrat. C'est aussi le succès de tous ceux qui nous ont soutenus en Europe et en Asie, en accueillant plusieurs délégations philippines venues s'assurer de la transparence du contrat.

Je tiens ici à remercier Amapola de la division internationale. Théoriquement en charge des seules succursales, elle m'a beaucoup aidé ! Pour la visite des usines, elle a déniché un authentique drapeau philippin, symbole de notre engagement pour ce projet et de notre connexion avec ce peuple. J'adresse également un mot de reconnaissance à David, notre délégué à Tel-Aviv et à Charles Added, qui nous ont facilité la relation avec Eisenberg.

Je finis en racontant une histoire émouvante sur la façon dont nos équipements permettent de sauver des dizaines de vies humaines dans les hôpitaux philippins, suscitant une nouvelle ovation. Je cherche alors le vieux Shaül du regard, mais il a déjà quitté la salle avec « Charlie » et David. Nous pouvons tous être fiers de cette belle réussite collective.

La fête commence. Comme le rappelle Georges Chavanes : « Ces réunions sont de véritables spectacles où les cadres dirigeants se relayent sur l'estrade pour haranguer les troupes et chauffer la salle à blanc. »

Le grand redressement

Ce même 20 janvier 1989, la salle du cinéma Le Français est remplie de représentants de fonds d'investissement et de sociétés de Bourse. Parmi eux se trouve Rothschild et Calpers, ainsi que GIC et Temasek, ces derniers figurant parmi les plus gros fonds de la planète que j'ai convaincus de monter à bord de Leroy-Somer. Je n'oublie pas Martine Léonard, notre analyste attitrée au CIC, auteure de notes pertinentes à notre sujet. Martine est l'une des rares analystes à visiter nos usines régulièrement et à véritablement comprendre notre entreprise. Merci à elle.

Malgré ces belles réussites communes, des problèmes apparaissent assez vite. L'ISF touche de plein fouet nos actionnaires individuels qui possèdent une part significative des actions du groupe Leroy-Somer. La forte hausse de notre cours en bourse propulse Suzette Hommet comme Albert-Jean Bertin et sa famille au rang des multimilliardaires... sur le papier. Ils se retrouvent imposables de suite, alors que leur situation personnelle ne reflète en rien le cours de la Bourse. Cette situation soulève des questions sur la pertinence de cette conception de l'ISF.

En dépit de tous ces défis, l'aventure humaine et professionnelle vécue chez Leroy-Somer vaut sincèrement la peine. Les moments forts et les réussites que nous avons tous partagés en équipe restent à ce jour une immense source de fierté et de satisfaction. *No regret* !

Leroy-Somer invente le financement industriel participatif

Rien ne prédestine Leroy-Somer à devenir le fleuron du CAC aux côtés de LVMH. Rappelons que les premiers moteurs Leroy sont issus de la récup', puisque l'activité initiale consiste à rebobiner des pièces mises au rebut. Locaux désaffectés d'une ancienne chaudronnerie, matériaux de récupérations : c'est aussi avec peu de moyen que l'usine historique de Sillac sort de terre. Avantage : l'obsession pour la baisse des coûts fait partie de notre ADN. Les ouvriers de Marcellin Leroy participent eux-mêmes à l'édification du bâtiment après leur journée de labeur. À Singapour, l'extension de notre atelier-entrepôt est assurée par mes équipes et moi-même, le week-end, à l'aide de briques de 218x100mm. Résultat : un coût de l'immobilier inférieur à 0,15% du chiffre d'affaires, dépréciation et amortissement inclus. D'après les extraits des comptes sociaux publiés par mes concurrents au Registrar of Companies of Singapore, eux tournent plutôt entre 10 et 15% : c'est-à-dire cent fois plus. Avec de tels coûts, je vais pouvoir me permettre de prendre des affaires un peu partout en Asie, au nez et à la barbe des honorables Siemens, ABB, GE & Co.

Nos centres de production en France (une trentaine, à la fin des années 90) sont essentiellement conçus sur un modèle « d'usines à la campagne », un thème cher à Marcellin Leroy, Georges Chavanes, Paul Barry, puis Claude Henry. Jurong, à Singapour, est un peu notre « atelier à la jungle »...

Le petit village de Lalouvesc, en Ardèche, abrite une basilique qui conserve les reliques de saint Jean-François Régis. En 1960, Leroy-Somer choisit cette cité - haut lieu de spiritualité - pour démontrer la viabilité du concept des usines à la campagne. Il faut un certain courage à notre Georges Chavanes pour implanter cette manufacture-pilote à quelque onze cents mètres d'altitude ! Pour ce faire, une grande réunion publique se tient à l'Hôtel des voyageurs. Objectif : trouver les fonds nécessaires pour lancer l'activité. « J'ai parlé de ce projet avec le maire et le boulanger », raconte Chavanes lors des grand-messes et dans ses écrits. « Et nous avons fait une collecte de capitaux auprès des habitants du village. Il nous fallait 220 000 francs pour démarrer l'usine. Ce sont les bonnes sœurs qui ont permis de boucler. »

Chavanes convie un ministre à poser la « première pierre » qu'il a en fait posée lui-même, un mois auparavant, sans le moindre permis de construire : « Puisque les préfets font systématiquement prendre les décisions par leurs successeurs, on les ignore, et on fait venir les ministres à leur place. »

L'usine voit le jour en 1962 et donne naissance à un complexe industriel, la SAMOV[70] qui s'étendra à trois autres usines situées en contrebas (toujours sans permis avant la visite du ministre). L'ensemble fournit plus de trois cents emplois directs et plus du double en indirect. « L'entreprise, pour continuer à se développer, est obligée de faire venir de la main-d'œuvre

---

70 SAMOV : société anonyme mécanique outillage Vivarais.

étrangère, marocaine en l'occurrence, précise Chavannes. L'un d'entre eux a même convolé en justes noces avec une fille du pays[71]. »

Leroy-Somer se distingue par ses usines solidement enracinées au cœur des communautés rurales. Elles affichent un taux d'absentéisme nul et la qualité du travail est extraordinaire. Un réseau de filiales commerciales déployées à l'échelle mondiale soutient ces installations. Chaque entité opère de manière autonome et contribue significativement au succès global. Leroy-Somer est synonyme de confiance et sérieux du process, et d'une exigence de perfection. Notre résilience découle de cette décentralisation exceptionnelle qui favorise une réactivité immédiate.

L'usine à frais généraux nuls

Ainsi LS compte-t-elle une trentaine d'installations situées en milieu rural au début des années 1990. Une dizaine subsiste aujourd'hui (conséquences de l'ISF puis des choix des Américains, car les entreprises étaient rentables). La plupart opèrent selon des principes communs : coactionnariat local, coûts réduits, frais généraux minimes. Les méga-usines qui résultent d'une hyperconcentration industrielle avec des investissements de plusieurs milliards d'euros sont efficaces pour des productions hautement standardisées, comme pour les batteries. Cette approche ne correspond pas à notre situation.

La France des années 1970 fait face à l'exode rural et à l'appauvrissement des campagnes. Jean Charbonnel, député-maire de Brive-la-Gaillarde et ministre de l'Industrie, est un proche de Georges Chavanes. Il lui confie une mission sur l'implantation d'unités industrielles à la campagne. Le rapport qui s'appuie sur des exemples concrets est présenté le 6 janvier 1973. Il démontre que l'industrialisation des petites villes ou des bourgs ruraux est non seulement souhaitable, mais aussi réalisable et économiquement viable. Le document souligne de plus que la surconcentration des populations correspond à une forme d'urbanisation dépassée, qui accroît les dépenses publiques. Homme de chiffres, Chavanes prouve que les dépenses par habitant sont bien plus élevées dans les communes de plus de deux cent mille habitants que dans celles regroupant moins de dix mille personnes. En effet, une petite ville n'a ni frais généraux, ni voiture de fonction, ni « mission » au Canada ou en Argentine, ni centre technique municipal ! Selon Chavanes, la surconcentration « nuit à la compétitivité » et « favorise l'inflation ». C'est pourquoi nous préférons nous installer à la campagne.

Nos usines fonctionnent avec très peu de frais fixes grâce au coût faible des terrains et de la construction (nous construisons nous-mêmes, et trouvons

---

[71] Chavanes, op. cit.

des « archis » parmi nos ingés). Les frais généraux sont nuls du fait de l'absence de fonctions support. Les directeurs sont souvent de jeunes gadzarts[72] ou autres ingénieurs pour qui l'expérience est l'occasion de toucher à la « prod' », des techniciens issus du rang ou encore des ingénieurs d'un certain âge qui souhaitent finir leur carrière à la campagne. Alors que nos concurrents ne recrutent que des 35-40 ans, Leroy « chasse » en revanche aux extrêmes du spectre. L'engagement de ces ingénieurs, soit très jeunes, soit proches de la retraite, est fabuleux. « Les ingénieurs commencent tous dans les ateliers, explique Chavanes. Ils sont le plus souvent occupés aux essais et à la vérification des moteurs, voire à des opérations de manutention[73]. » Il poursuit : « les filiales de Leroy-Somer en zone rurale peuvent ainsi gagner jusqu'à 50 % sur leur prix de revient[74]. » L'absentéisme est nul et la qualité, niveau six-sigma[75]. Ces structures offrent de plus une flexibilité remarquable : Lalouvesc a connu des périodes de creux, avec seulement vingt heures de travail par semaine pendant six à sept mois d'affilée.

Assimiler « à la campagne » et « bas de gamme » serait une grave erreur, revendique le patron. Nos usines sont hyperperformantes et très bien équipées. L'économie des frais généraux se traduit par un fléchage intégral de l'argent épargné vers l'équipement. L'usine ultramoderne de Devesset en Ardèche est exemplaire. Pour Georges Chavanes, « le pari de l'industrie rurale ne peut être remporté qu'avec le soutien des méthodes de production innovantes. » De même en filiale commerciale où il n'y a aucun fonctionnel hormis le DAF.

Objectif Bangkok

De nos usines ultramodernes de l'Ardèche à... Bangkok ! Une fois le contrat Islands Grid philippin remporté, notre second objectif à la grande exportation est en effet la Thaïlande. Jusqu'en 1988, Leroy-Somer n'y dispose curieusement d'aucune filiale ni représentant. Elle n'y a jamais rien vendu.

L'une de mes premières actions consiste en une visite à l'Ambassade de France où S.E.M. Yvan Bastouil me fait l'honneur de me recevoir. Mécène cultivé et fin connaisseur de l'art thaïlandais, S.E.M. Bastouil est très apprécié en Thaïlande. Diplomatie, commerce, militaire : il accomplit un travail d'influence remarquable sur tous les plans.

---

[72] Gadzarts ou Gadz'Arts désigne les élèves et les ingénieurs issus de l'École nationale supérieure d'Arts et Métiers » (ENSAM).

[73] CHAVANES, Georges : *Leroy-Somer, aventure industrielle et humaine*

[74] CHAVANES, *Ibid.*, p. 176.

[75] Moins de 3,4 défauts pour 1 million d'articles produits, soit un taux de qualité supérieur à 99,99%.

Je recherche alors un partenaire capable de signer des contrats au plus haut niveau avec la Royal Thaï Navy, l'EGAT (EdF locale) ainsi que PTT, la plus grosse entreprise d'Asie du Sud-Est (et la seule entité thaïlandaise à faire partie du classement Fortune 500).

« Je ne dispose d'aucune enveloppe, m'explique l'Ambassadeur, à l'exception d'un programme agricole, dans le nord de la Thaïlande. » Outre le travail des thésards en sociologie, la France dépense l'équivalent du salaire de la personne envoyée par Bercy pour gérer quelque micro dossier… Britanniques, Allemands et Américains mettent en revanche d'importants moyens. La KfW allemande aligne sept milliards de DM sur l'Asie. Ils financent notamment Siemens et Schorch, nos principaux concurrents dans le domaine du matériel électrique.

> Schorch est alors le plus important fabricant de gros moteurs asynchrones en Allemagne et notre principal concurrent sur ce type de produit en Asie. La société est reprise par le groupe chinois Wolong, qui dépose une offre pour racheter la participation majoritaire d'Emerson dans Leroy-Somer en 2016. Connaissant bien le père Schorch qui était un rival respecté, je réussis en 2016 à obtenir de sa part un document mettant en doute les capacités du constructeur chinois à reprendre Leroy-Somer. Je soumets ces éléments à la cellule des investissements étrangers de Bercy, qui surveille le dossier de près. D'autres acquéreurs potentiels se présentent, dont le fonds de private equity Clayton Dubilier & Rice (CD & R), un fonds de 17 milliards qui a racheté Rexel à Pinault, puis Nidec qui finit par remporter l'affaire grâce à une offre industrielle de grande qualité, soutenue par le management ainsi que par la Fondation Leroy, que je préside.

S.E.M. Bastouil parvient cependant à compenser la faiblesse de ses ressources par un excellent travail relationnel. Il connaît à titre personnel les conseillers du roi Bhumibol[76]. Il me présente d'ailleurs Khunying Raksincharoensak, sa conseillère pour les affaires financières, lors de la réception à l'Ambassade du 14 juillet 1988.

Mme Raksincharoensak, francophone et bienfaitrice de l'Alliance française, est l'épouse de Pranetr, ancien agent thaïlandais du groupe Carbone-Lorraine. Malgré le remarquable travail de son mari, elle m'informe qu'il a perdu son agence depuis peu et cherche à « rempiler » auprès d'un employeur français. Mon objectif ne se limite pas à recruter une personne, mais plutôt à trouver quelqu'un hautement connecté. Je lance aussitôt un défi à Pranetr. MPG, l'un de nos intégrateurs basés à Singapour, rencontre des obstacles pour placer nos convertisseurs de fréquence sur les bâtiments de la marine de guerre thaïlandaise, laquelle spécifie expressément « Siemens ». Nous sommes inconnus en Thaïlande. L'enjeu n'est pas de faire mentionner « Leroy », mais de modifier le cahier des charges de sorte qu'il indique : « Siemens ou équivalent ». « Je ferai de mon mieux », répond

---

[76] Bhumibol est roi de Thaïlande de 1946 à 2016. Le souverain constitutionnel, également connu sous le nom de Rama le Neuvième, est aussi protecteur des religions de Thaïlande.

Pranetr. Dix jours plus tard, la prescription « Siemens only » a disparu. Nous devons aussitôt exploiter cette opportunité avant qu'un concurrent ne saisisse le marché. Toutes mes équipes de Singapour se rendent rapidement à Bangkok pour soutenir Pranetr à quelques jours seulement de la clôture de l'appel d'offres... Le contrat est enfin entre nos mains !

Les relations entretenues par Leroy-Somer avec la famille Raksincharoensak s'avèrent des plus fructueuses. Leur entreprise DM Tech devient notre premier *gear center* (centre d'assemblage des motoréducteurs) en Asie du Sud-Est, pour la Thaïlande et la péninsule indochinoise, et principal débouché de l'usine de Rabion, près d'Angoulême, au grand export. Parallèlement à cela, Khunying Raksincharoensak nous ouvre les portes d'IBM-Thaïlande (groupes de continuité informatique), de la Royal Thaï Navy (conversion et génération d'énergie), puis celles de l'EGAT, équivalent d'EdF et enfin PTT, second conglomérat industriel d'Asie du Sud-Est.

Un test utile, avec nos partenaires asiatiques, consiste à leur demander s'ils sont directement impliqués ou susceptibles de l'être. En d'autres termes, ont-ils investi dans des actions Leroy-Somer ? J'appelle ça le « Club Leroy ». Notre relation avec le couple Raksincharoensak est symbiotique : ils investissent dès le départ dans Leroy-Somer. Plus tard, nous nous engagerons à notre tour dans leur entreprise. En 1997, DM Tech est effectivement intégrée dans Leroy-Somer Singapour, en tant que filiale à 100%.

Dave Lau, notre chef des ventes-moteurs pour l'Asie, compte parmi mes collaborateurs les plus *skin in the game*. Croyant fermement en l'entreprise, il achète plusieurs centaines d'actions Leroy. Il s'offre bientôt un pied-à-terre à Paris et un second à Miami grâce à la valeur de l'action sextuplée. Je l'invite un beau jour chez moi à Versailles : « *Boss, what's next* ? » Il y a forcément un *next step*.

L'environnement ultra compétitif des affaires se révèle cependant complexe en Thaïlande : vendettas entre groupes familiaux, coups bas entre entrepreneurs (diffamation, vol de clients ou encore dénonciations aux autorités) : il arrive que des entrepreneurs utilisent des tactiques pour le moins agressives pour affaiblir leurs adversaires.

Coup classique pour un compétiteur thaïlandais qui souhaite se débarrasser d'un concurrent occidental : accuser son rival de manipuler les prix de transfert afin de minorer son assiette fiscale. Leroy-Somer s'est toujours refusée à ce genre de pratique, mais ce n'est pas le cas de toutes les entreprises. En gros, une des structures de la multinationale sous-facture sa filiale. Elle minimise ainsi les taxes à l'importation. Puis elle facture en revanche redevances, royalties, frais d'audit ou d'ingénierie, lesquels minorent de leur côté l'impôt sur les sociétés. Soulignons que ces aspects ne sont évidemment pas spécifiques à la Thaïlande.

Un beau jour, nous recevons un appel du fisc thaïlandais, lequel nous reproche des « manipulations fiscales ». Il s'appuie sur des factures soi-disant émises par un lanceur d'alerte de chez nous. Les documents, assez mal imités, émanent en réalité de la concurrence. Ce genre de coup bas entre rivaux est assez commun. Il faut ici jouer la transparence. Nous ouvrons notre compta et celle du partenaire sur dix ans, voire davantage si nécessaire, et nous sommes bientôt innocentés. Combien de coups bas de la sorte ai-je ainsi encaissés !

J'apprends que l'auteur de la dénonciation est l'agent d'un compétiteur allemand qui équipe la Marine et les forces aériennes thaïlandaises. Je lui rends la pareille. Il s'avère qu'il triche. Le marché thaïlandais de la Défense devient nôtre pendant une bonne dizaine d'années.

En parallèle, le centre de distribution d'un autre concurrent se retrouve sous l'eau : il est situé en pleine zone inondable à Bangkok. Décidément, la chance nous sourit : notre *gear center* est quant à lui en zone sûre, à 40 km en amont de Bangkok.

Les Raksincharoensak ont très bien saisi et divinement exécuté, ce qu'on attend d'eux. J'éprouve cependant un immense regret, car notre coentreprise est liquidée en 2012 et ses équipes licenciées. Je dirige à cette époque une autre entreprise, tout en présidant la Fondation Leroy, qui apprend la triste nouvelle. Emerson peine à comprendre notre approche basée sur des flottilles de filiales, joint-ventures et autres partenariats. Les Américains sont habitués à déployer des armées de *compliance officers*[77] pour vérifier la conformité de la moindre implantation. Or l'international est fait d'incertitudes et de contingences. Il faut accepter de prendre des risques. Las ! La culture d'Emerson est fondée sur l'éradication des risques. DM Tech en prend en réalité assez peu, tandis que l'unique mandataire social basé en Asie (votre serviteur) prend tout sur ses épaules. J'assume ces risques pendant de nombreuses années sans jamais essuyer le moindre impayé, ni subir de perte et en évitant tout procès.

Avec Paul Barry, notre *gentlemen's agreement* est en effet le suivant : « Voici votre cap d'ensemble. Pour les détails, faites au mieux. » Les Américains et leur aversion au risque changent la donne. Mais rien n'est perdu : Nidec, notre nouvel actionnaire majoritaire japonais, doté d'une vision à long terme, nous épaule, à partir de 2016.

Chahutés en Bourse

En dépit de notre belle *equity story* à l'international, les marchés financiers se méfient toujours un peu de nous en raison de l'affaire Guinard. À la moindre alerte sur les résultats, le cours plonge.

[77] Responsables de la conformité.

Le krach boursier de novembre 1987 est d'une rare violence envers les industriels. Nous venons d'inaugurer le CAC avec LVMH l'année précédente et le système de cotation parisien n'est pas sans *bugs*. Notre titre décroche de 32 %, alors que LVMH reste stable. Le comité de pilotage de la bourse nous annonce que le CAC va prochainement être étendu à 40 entreprises, *sans* Leroy-Somer. Nous sommes rétrogradés au classement des 120 valeurs « intermédiaires », le SBF[78]. Notre titre, naguère champion de la Bourse, ne figure plus parmi les cinq meilleurs, ni même les quarante ! La déception est immense pour nous.

Que nous reproche-t-on au juste ? La réponse du CAC tient en ces mots : « Nous ne sommes pas certains qu'une affaire du type Rotos ou Guinard ne se reproduira plus. » Notre gouvernance n'est « pas au niveau. » Ce commentaire est un choc pour nous qui sommes persuadés, peut-être à tort, d'être au top en la matière.

> Avant sa reprise par Emerson, deux organes gouvernent l'entreprise. D'une part, le conseil de surveillance, d'autre part, une assemblée consultative, le 3C, modelé sur le *Betriebsrat* allemand. La composition du conseil de surveillance de l'industriel charentais sort de la norme : ses membres ne sont pas des actionnaires élus par l'assemblée générale, ni de réels indépendants. Il comprend des personnalités étroitement liées à l'histoire de l'entreprise : Louis Castay (jusqu'en 1974), sa sœur Suzanne Hommet, Albert-Jean Bertin[79] (patron de la SoMER fusionnée avec Leroy dans les années soixante).

Cette faiblesse globale de notre gouvernance s'explique par notre difficulté à recruter de bons profils d'administrateurs. Nous éprouvons par ailleurs des difficultés à recruter des mandataires sociaux pour les filiales. Les risques encourus sont lourds. Si quelqu'un dérape avec un chariot élévateur, le mandataire social est mis en cause et la mention « condamné » s'inscrit à vie sur son casier judiciaire. Nous avons connu de tels accidents. Cela en a refroidi plus d'un. Certains juges très orientés aiment « se payer » un mandataire social de temps à autre… J'ai assisté au procès d'un de mes camarades : une pièce de théâtre, hélas !

Autre problème : le conseil de surveillance « supervise » le directoire… Or en droit français ses membres n'encourent aucune responsabilité en raison des actes de gestion ni de leur résultat.

En revanche, certaines filiales disposent d'une assez bonne gouvernance. En Asie, je privilégie les *advisory boards*, En Thaïlande, nous recrutons un amiral, un ancien chef des armées, un recteur et une conseillère du Roi. Ce *board* nous offre une réelle expertise de haut niveau. Ses membres ont une connaissance approfondie des lois et des règlements qui régissent leur secteur d'activité. De plus, ils ont des relations avec les décideurs politiques

---

[78] Le SBF 120 (pour société des bourses françaises) est un indice boursier de la bourse de Paris, créé fin 1990.

[79] Albert-Jean Bertin, père d'Alain Bertin, est actionnaire de nombreuses entreprises industrielles dans la région Rhône-Alpes.

et les organismes de réglementation. Leur expertise contribue à anticiper les changements légaux et à nous y adapter rapidement : cela nous confère un atout concurrentiel certain sur nos homologues.

Enfin, ces *boards* nous aident à gérer les risques politiques et géopolitiques ou à en tirer avantage. En 1991, le *board* thaïlandais m'avertit que le Viêtnam s'apprête à bloquer les importations de machines chinoises. Grâce à cette information, nous pénétrons ce marché les premiers, avant ABB, GE, Alsthom et Siemens.

« Sortez du CAC »

Le CAC nous a donc « sortis », suite à l'affaire Guinard et à notre défaut de gouvernance. Une analyste nous a aussitôt dit : « Vous sortez du CAC ? Vous êtes morts. »

En vérité, qu'advint-il ? Cette rétrogradation provoqua un choc salutaire. Nous ne fîmes aucun catastrophisme avec cette affaire. Nous avions basculé avec un peu trop d'aisance dans la dette. Il nous fallait à présent prouver aux marchés que nous savions nous en débarrasser. Le nouveau mot d'ordre, à partir de début 1987, fut : « croissance disciplinée et réduction de la dette. »

Nous entrons alors dans l'époque des *cash commando.* Le pilotage par les flux de trésorerie révèle son efficacité : amélioration stupéfiante des *free cash-flows* partout dans le monde, remboursement de la moitié de la dette et *in fine* valeur de l'action sextuplée. Nous avons digéré la plupart de nos acquisitions et sommes entrés dans la période de rationalisation et de gestion. Début 1990, toutes les filiales sont rentables et excédentaires en *cash-flow*.

Loin devant : Singapour. Notre *flagship* à l'international, affiche désormais un *free cash-flow* équivalent à 18 % du CA, tout en augmentant ses ventes de près de 100 % pendant trois ans d'affilée avant de se satisfaire d'un rythme « plus stable », situé entre 30 et 50% de CAGR.

Tham, l'homme de l'impossible

Nous souhaitons toutefois réintégrer le CAC, car il offre une meilleure visibilité auprès des *zinzins* comme Calpers ou GIC : les coûts de financement sont plus faibles avec une durée de détention d'actions plus longue de leur part.

La Malaisie est l'un de nos objectifs prioritaires à l'export dans le cadre de notre nouvelle *equity story.* Son marché principal : les plantations FELDA (huile de palme[80]) qui utilisent plusieurs centaines de génératrices

[80] L'huile de palme est l'huile végétale la plus consommée au monde. Elle est incorporée dans un grand nombre de produits agroalimentaires, les agrocarburants, etc.

de moyenne et haute puissance. Nous ciblons également la Royal Malaysian Navy ainsi que les metteurs en groupe qui équipent les gratte-ciels de Kuala Lumpur.

F.H. Tham, notre agent en Malaisie, dirige l'entreprise Kuasa Kita (« notre énergie »), avec son épouse. Tham est l'ancien chef des opérations de la filiale malaisienne de notre licencié indien. Il connaît parfaitement nos machines. Cela ne l'empêche pas d'importer de temps à autre des modèles indiens, jusqu'à notre campagne de saisies de containers, mentionnée plus haut. Je lui explique alors clairement qu'il a tout intérêt à se joindre à notre équipe, plutôt que de rester *liǎngzhě zhījiān* (entre les deux). Côté carotte : l'intégration de nos systèmes de conversion et de maintien d'énergie pour la Malaisie. Côté bâton : la saisie par les douanes des containers de machines « M. Leroy » *made in India* pour contrefaçon. Sagement, Tham décide de quitter le licencié indien pour se ranger à mes côtés. Je lui fais acheter des actions Leroy. Il importe en effet qu'il soit totalement *skin in the game*.

L'accueil *made in France*

La Federal Land Development Authority (FELDA) est une agence malaisienne importante tant d'un point de vue politique que par le nombre de ses membres. Elle est fondée dans les années 1950 dans le but de créer de petites fermes auxquelles sont attribuées des terres sous forme de « colonies ». L'ensemble des colonies emploie aujourd'hui 300 000 personnes. Elle est aussi le premier producteur et exportateur malaisien de caoutchouc et d'huile de palme. FELDA est un « État dans l'État ». Pour convaincre la fédération, il y a lieu de s'adresser au plus haut niveau : le président du *board*, le roi et la reine du Pahang.

Notre agent en Malaisie nous raconte les mésaventures de notre principal concurrent, le Britannique Stamford. Fin mars 1988, ce dernier invite le ministre malaisien de l'Agriculture en compagnie de plusieurs chevaliers du roi de Pahang en Angleterre. Il commet une première erreur en les logeant dans une sorte d'hôtel Formule-1 où ils sont laissés seuls. Il les trimballe en Vauxhall jusqu'à l'usine... Nul drapeau malaisien à l'horizon pour les accueillir, mais un drapeau philippin ! Impardonnable insulte : la Malaisie est en conflit avec les Philippines au sujet de l'État de Sabah ! Les impairs s'enchaînent, poursuit Tham, car le drapeau en question jouxte une banderole au message écrit dans un malais des plus approximatifs... En échange d'un superbe jeu de figurines en étain dont le paquet à lui seul constitue un véritable trésor, les Anglais offrent un cadeau sans emballage. Plus tard, un ingénieur britannique griffonne quelques commentaires sur la carte de visite du ministre, avant de la glisser dans la poche de son pantalon. Or c'est une partie du ministre qu'il a entre les mains... puis contre ses fesses ! Comble de l'insulte.

Le Malaisien rentre chez lui avec la ferme résolution de « sortir » l'Anglais. Quelques mois plus tard, j'organise à mon tour une visite : accueil en grande pompe à Roissy, découverte des châteaux de la Loire, puis visite de nos usines d'Orléans et d'Angoulême... Il ne faut surtout pas rater le coup !

Afin de préparer le séjour, je réunis toute l'équipe dans la *war room* de Lok Yang Way, le siège asiatique à Singapour. Je leur propose de nous projeter dans l'*aftermath*[81] de l'événement en utilisant la méthode *post-mortem* du *What went wrong*. Le scénario catastrophe est simple : le ministre et sa délégation sont de retour en Malaisie après une visite en France qui s'est fort mal passée. Nous allons être blacklistés pendant vingt ans. Il est temps de faire le point : que s'est-il passé ?

« *Boss, nothing can go wrong !* », contestent invariablement mes chefs de vente. Dave, Andy, Koymin et Tee-Kay finissent par jouer le jeu. Dans un premier temps, les questions s'enchaînent. Où cela dérape-t-il ? Quand le problème apparaît-il ? Qui est impliqué ? Quel est l'impact du problème ? Place ensuite à la créativité pour les réponses qui précèdent la phase d'analyse. Identifier les causes profondes de nos problèmes nous permet de développer des stratégies pour les prévenir et empêcher des échecs à l'avenir. Nous adoptons cette approche avec curiosité et une réelle volonté d'apprendre de nos erreurs.

July Roslan, membre de la famille royale de Johore a la charge d'organiser le séjour de FELDA à Angoulême. Je suis fréquemment en déplacement et j'appelle tous les jours cette collaboratrice exceptionnelle. Au fil du temps, July développe une incroyable capacité à gérer le moindre détail du protocole. Elle vérifie en détail l'itinéraire, contrôle chaque drapeau ou banderole. Elle forme tous nos interlocuteurs à la remise des cadeaux, comme aux échanges de cartes de visite. Elle fait livrer des théières en étain de Malaisie dans les hôtels d'Angoulême et importe spécialement du thé de Malaisie. Tout doit être impeccable. Quant à moi, je me concentre sur cette visite et demande la suppression de toutes les réunions où « l'essentiel, c'est de râler. Ça fait bon genre. »[82]

Nos équipes comprennent parfaitement la portée de l'accueil. Les sites de Sillac et d'Orléans démontrent brillamment ce que peut être l'excellence industrielle française. L'usine à la Zola que nous a légué Alsthom est ainsi transformée par les soins de Thierry de Margerie[83] et de ses équipes en un bâtiment moderne, au sol ripoliné. Bravo à André Vigne[84] et Thierry de Margerie.

---

[81] *Aftermath :* suite, répercutions d'une catastrophe.

[82] Propos tenus par le personnage interprété par Jean Gabin dans *Mélodie en sous-sol*, film d'Henri Verneuil (1963), dialogues de Michel Audiard.

[83] Thierry de Margerie est le responsable BU alternateurs moyenne et haute tension.

[84] André Vigne est le directeur de l'usine de Sillac.

Dans la foulée, j'invite une trentaine de techniciens FELDA pour découvrir les usines et se former à Angoulême. Nous leur offrons un même accueil attentif. Notre agent à Kuala Lumpur nous transmet par la suite ce compliment des Malaisiens : « Leroy-Somer : usines propres et bien agencées, excellent accueil, grande attention portée à la qualité. » Et... « nourriture de qualité ! »

Trois mois plus tard, la Malaisie concrétise avec nous un premier contrat pluriannuel de plus de 100 millions de dollars.

Félicitations à July et à toute l'équipe !

Stamford « démissionne »

Le Britannique Stamford a toujours été un concurrent sérieux pour nous. Au début des années 1990, son directeur général pour l'Asie est Kenneth Fong. Ce vénérable Singapourien de 73 ans est un *kě jìng de rén* (personnage respectable et respecté), notamment en raison de son âge. Pour autant, notre concurrence entraîne régulièrement des frictions sérieuses, voire des dérapages. Il nous arrive alors de partager un repas à la Ah-mei canteen de Jurong, histoire d'éviter tout litige inutile. Nous contrôlons la véracité des propos attribués à l'un ou à l'autre par nos clients communs, nous abordons les accusations mutuelles, certaines rejetées d'un revers de main, le temps d'engloutir un bol de *laksa* (soupe épicée).

Dans l'ensemble, je considère Ken comme un véritable gentleman et son employeur comme une entreprise respectable, aussi la nouvelle de son licenciement est-elle un choc pour moi. Ses usines n'ont pas réussi à créer une ambiance de travail harmonieuse. Il en subit les conséquences. C'est triste pour Ken qui envisageait de prendre sa retraite vers l'âge de 85 ans. En revanche, c'est une opportunité inespérée pour moi, car affronter un personnage aussi respecté n'est pas une tâche aisée. Sans l'accueil admirable réservé par mes usines à nos partenaires asiatiques, nous n'aurions jamais pu signer de tels contrats. Chapeau bas à Ken pour son remarquable travail chez Stamford et à nos équipes pour leur accueil irréprochable des Malaisiens.

Premiers succès en Indonésie

En face de la Malaisie, il y a l'Indonésie, marché stratégique de mon point de vue. Or nous n'y avons jamais rien vendu. Stamford y jouit d'une position de *coleader* avec les Allemands Siemens et A. van Kaick.

Depuis 1973, nous disposons d'un accord exclusif avec la maison de trading PT Ometraco à Jakarta qui n'a abouti à aucune vente. Les usines de Siemens et A. van Kaick installées à Bogor, captent l'intégralité de la demande qui émane des forces armées. C'est un problème, car j'ai coutume de pénétrer les marchés grâce à mes contacts dans les *mess* d'officiers. Malgré tout, rien n'est insurmontable. Il nous faut jouer la surprise, frapper vite et fort à un moment et à un endroit où les Allemands ne nous attendent pas. J'ai une idée à ce sujet.

L'Indonésie demeure longtemps un angle mort de la politique étrangère française. Notre ambassadeur à Jakarta, S.E.M. Hennekinne, n'y dispose d'aucun levier économique, commercial, militaire ou autre. Pourtant, la France ne peut continuer à ignorer les atouts économiques du pays. Pas moins de 16 700 îles, 5,8 millions de km^2 d'espace maritime, 4e pays le plus peuplé du globe : l'Indonésie est l'archipel des superlatifs. Nul doute que ce géant deviendra un jour la 4e puissance économique de la planète. Malgré cela, les relations entre Paris et Jakarta sont distendues : aucune visite d'État ni programme de coopération officiel en vingt ans. Qu'à cela ne tienne !

La position de carrefour occupée par l'Indonésie attire bon nombre de placements. Les leaders sont Singapour, suivis par les Allemands, Hollandais (ancienne puissance coloniale), Japonais, Britanniques, Américains, Australiens et Italiens. Ces derniers sont toujours très présents dans la zone. La France ne figure qu'au 11e rang pour le commerce et 13e pour les investissements.

Je décide de me rapprocher d'une manière ou d'une autre avec le président de la République, Al-Haj Mohammed Suharto. On ne contacte évidemment pas le « roi de Java » comme ça. Je constitue un dossier qui inclue une lettre de la Commission des opérations de Bourse. Celle-ci atteste de notre qualité de toute première valeur du CAC aux côtés de LVMH, qu'il connaît sans doute mieux que nous, ou pour le moins son épouse, que l'on dit collectionneuse de sacs Louis Vuitton.

Étape suivante : le renseignement. J'ai consacré plusieurs mois à concrétiser le fameux contrat Islands Grid de la NaPoCor philippine. Quelque part, je suis un *alumnus*[85] d'Eisenberg, à qui je dois à peu près tout en matière d'intelligence économique. Les fiches préparées par ma *legal counsel*[86] Wei-Min selon la méthode Eisenberg nous donnent ceci : Suharto est né dans un village près de Yogyakarta à l'époque coloniale hollandaise. Il rejoint l'armée indonésienne nouvellement formée pendant la lutte pour l'indépendance de l'Indonésie et atteint le rang de général. En 1965, ses troupes contrent une tentative de coup d'État orchestrée par les communistes. L'armée se livre ensuite à une violente purge à l'échelle nationale et Suharto arrache le pouvoir au président Sukarno. Le bras droit de Suharto est Bacharuddin Jusuf Habibie. Cet ingénieur javanais souligne sa proximité avec le chef de l'État, en affichant une photo dans son bureau : on y voit Suharto qui protège « Bee-Jay » des intempéries avec son parapluie…

---

[85] *Alumnus* (*alumni* au pluriel) : anciens élèves d'une grande école ou d'une université en général.
[86] *Legal counsel* : conseillère juridique.

Le projet de Bee-Jay

Habibie est né dans le sud des Célèbes. Il étudie à la Rheinisch-Westfälische Technische Hochschule Aachen d'où il sort docteur en aéronautique avant de travailler chez Messerschmitt-Bölkow-Blohm. Il s'exprime dans un allemand parfait. Si parfait que je n'ose pas me lancer dans un débat avec lui avec mon alsacien approximatif. Comme bon nombre de dirigeants asiatiques, il impute le renouveau asiatique à Daikin[87].

Fin 1991, je suis invité au palais présidentiel de Singapour, l'Istana, par le *Senior Minister* Lee Kuan Yew, artisan du miracle singapourien. Leroy-Somer est alors la plus grosse implantation française et je m'apprête à présider la communauté d'affaires française d'Asie (CCE). SM Lee désire davantage connaître l'opinion des industriels français sur l'île-État : le gouvernement fait-il son job ? La candeur de l'homme d'État le plus respecté d'Asie du Sud-Est est désarmante.

A priori, rien ne prédispose Singapour à devenir l'État le plus riche du monde. L'endroit ne dispose d'aucune ressource naturelle. Son port est moins intéressant que celui de ses rivaux régionaux, Penang et Malacca. Lorsque je demande à SM Lee à quel facteur il impute la réussite de l'île État, je m'attends à ce qu'il évoque la gouvernance, la lutte contre la corruption ou quelque chose du genre... Or, lui aussi me répond : « Daikin » !

« Pensez à mettre une veste, me conseille Wei-Min. Dans les bureaux de Bee-Jay, la température maximale est de quinze degrés ». Lee Kuan Yew partage l'aversion de Bee-Jay pour la chaleur, préjudiciable au bon fonctionnement du cerveau humain, selon lui. Il travaille au mieux avec une température ambiante entre douze et quinze degrés, ajoute-t-il. Je m'attends déjà à ce que Habibie m'attire à Bogor où sont installés les constructeurs allemands. Cette ville arborée en amont de Jakarta, est plus supportable que cette dernière, affreusement chaude et polluée. Bee-Jay n'y va pas par quatre chemins : « M. Besanger, vous devriez rejoindre les constructeurs allemands. Nous créons à Bogor un *cluster* de classe mondiale en matière de biens d'équipement. »

Tel n'est pas mon choix. D'abord parce que mon *boss*, Paul Barry, s'y oppose : « Si vous voulez une usine, financez-la vous-même ». Or je ne dispose pas des 30 à 40 millions de dollars nécessaires. Ensuite, et surtout, Bogor est fort mal desservie au plan logistique. Il faut une bonne journée pour y arriver en camion depuis Jakarta. Enfin, les quais du port de la capitale sont constamment inondés, car Jakarta se situe en dessous du niveau de la mer. Résultat : les Allemands mettent entre six et sept semaines pour acheminer leurs équipements dans les endroits où ils sont demandés. Nous allons leur damer le pion, depuis Singapour.

---

[87] Daikin : entreprise japonaise de renommée internationale, spécialisée dans le génie climatique.

Turbulences sur le détroit de Java

À l'évidence, Singapour s'avère le meilleur endroit pour adresser l'archipel indonésien. Or Bee-Jay Habibie met régulièrement des bâtons dans les roues de l'île État. En 1988, Bee-Jay souhaite « protéger l'industrie indonésienne » : les droits de douane entre Singapour et l'Indonésie qui étaient de 37 % prennent 15 % supplémentaires. Malgré cela, les exportations singapouriennes demeurent compétitives en raison de l'inefficience des usines javanaises de l'époque.

Dans la *war-room* de ma résidence personnelle, au 188 Duchess Avenue, à Singapour, je dévoile bientôt ce plan à ma garde rapprochée : Tee-Kay, Koymin, Lau, Tony et Andy, assistés de notre *legal counsel.* Méthode à la Mossad : tableaux de liège, organigrammes reliés de bouts de ficelle, flèches montrant les relations entre tel et tel dirigeant, photos des uns et des autres... dont Bee-Jay et Suharto sous leur fameux parapluie commun. C'est le premier cours de la *Leroy-Somer Academy* intitulé : « approche stratégique des grands contrats ».

Nul ne connaît l'évolution future des droits de douane indonésiens. Chacun défend sa théorie. Habibie est « nationalo protectionniste » et vise les 50 voire 60 %, avancent les uns. Suharto est « libéral » et tend vers zéro droit de douane, selon les autres. Avec une méga-usine sur les hauteurs de Bogor abritée par des droits de douane dirimants, ne risque-t-on pas un désastre si ces taxes disparaissent un jour ?

Les Allemands mettent le paquet sur l'Indonésie : 45 millions de dollars rien que pour Bogor, « usine modèle de classe mondiale ». Mais l'Indonésie est un univers complexe et cette approche empêche l'émergence d'une solution plus plastique. Elle aboutit en définitive à la paralysie de nos concurrents.

Notre effort se concentre sur notre capacité à reconfigurer nos plans de bataille. Je demande à mes équipes si elles sont d'accord pour que nous ouvrions un site de production de 40 000 m^2 à Bogor. Réponse négative. Nous allons déployer une stratégie alternative.

Je propose la campagne d'Italie de Napoléon en exemple. Face à un adversaire austro-sarde trois fois plus nombreux en hommes et quatre ou cinq fois mieux équipé en artillerie, que fait Napoléon ? Il fond sur le plus faible, le Sarde, qu'il défait avant que l'Autrichien ne puisse venir à sa rescousse. Puis il divise son allié en trois armées qui ne savent pas s'il faut défendre Piacenza, Mantova ou Milan. Il feint une attaque ici pour attaquer là, et défait l'une après l'autre les armées alliées.

Je fais référence à Napoléon. Je devrais plutôt citer nos marins. La Royale est sans conteste la meilleure école pour apprendre à faire face à un monde changeant. Loin d'assommer ses équipes de directives détaillées, on y développe un commandement par intention. Nos attachés de défense à Singapour sont généralement des gars de la Royale. Grâce à eux, je ne manque pas une occasion d'embarquer à bord d'une frégate ou d'un patrouilleur d'outre-mer. En tant que président des CCE pour l'Asie-Pacifique et de la communauté d'affaires française, j'ai la chance de participer à une trentaine d'embarquements français, australiens et américains en quarante ans. Les as de la stratégie et du commandement en « mode dégradé », ce sont nos marins.

Revenons à nos concurrents allemands. J'interroge l'équipe : « La lourdeur du dispositif Siemens-A. van Kaick vous rappelle-t-elle quelque chose ? ». « C'est l'armée austro-sarde ! » répond Tee-Kay.

Une stratégie multilocale

Nous allons surprendre l'Allemand, déjouer ses prévisions, l'attaquer où et quand il n'est pas prêt.

Autre volet de notre stratégie pour l'Indonésie : le biogaz. Chaque année, des feux gigantesques ravagent la forêt indonésienne à la saison sèche, entre juillet-août et décembre. Ils se développent sur une zone de 20 millions de km^2 qui englobent l'équateur et une partie des tropiques. La fumée est telle qu'elle gêne la circulation maritime et cause parfois des crashs aériens. À l'origine de ce désastre récurrent : les plantations de palmiers à huile. Les exploitants mettent le feu à la végétation, soit pour brûler leurs résidus, soit pour conquérir de nouveaux hectares à cultiver sur la forêt. Ces palmeraies destinées à produire de l'huile constituent le principal moteur de la déforestation en Asie du Sud-Est. C'est aussi l'un des principaux dans le monde. L'Indonésie perd plus de 700 000 hectares de forêts tropicales par an. Elle pousse vers l'extinction des espèces comme l'Orang-Outang ou le tigre de Sumatra. Au-delà de la biodiversité animale et végétale, la destruction de ces forêts au profit de l'huile de palme met en péril le cadre de vie des tribus autochtones et l'équilibre climatique de la planète.

Nos spécialistes ont développé une ingénierie de pointe, qui permet d'utiliser le biogaz généré par les déchets, avec un alternateur autorégulé. Il nous faut un allié pour diffuser cette technologie. Ce sera l'Institut national polytechnique de Grenoble (INPG), dont nous devenons le principal sponsor dans la région. L'INPG met en place à nos côtés une formation en ingénierie électrique à Yogyakarta, la ville-fétiche du président Suharto. Bee-Jay, qui connaît également Grenoble, est ravi. Nous ferons bientôt de même avec l'Institut Teknologi Bandung (ITB) que Bee-Jay Habibie souhaite promouvoir comme leader sur les technologies de pointe en Asie. Bee-Jay qui ne jure que par le matériel *hergestellt in Deutschland*, est invité à assister à la présentation des résultats d'une étude scientifique sur la fiabilité et l'efficience des machines électriques. La source est suédoise, totalement indépendante. Naturellement, le gagnant est… Leroy !

Razzia aux Moluques

L'île montagneuse et fertile d'Ambon est l'un de mes premiers objectifs dans l'archipel : elle constitue un véritable carrefour commercial des Moluques[88]. En 1546, saint François Xavier y débarque avant de poursuivre son périple vers le Japon. Charmé par l'endroit, il la baptise *ilha da esperança de Deus* (île de l'espoir de Dieu). Les commerçants portugais, plus pragmatiques, la renomment île aux épices.

Situé au cœur de la mer de Banda, l'archipel a connu la prospérité avec des épisodes tumultueux : au XVIe siècle, le Portugal et l'Espagne s'affrontent pour maîtriser le négoce des épices (noix de muscade notamment). Les Moluques échappent encore au tourisme de masse et conservent leur charme paradisiaque malgré les exhortations au *jihad* et les conflits en général hâtivement qualifiés de « religieux ».

Les tensions « ethniques » ou plutôt culturelles et sociales qui opposent populations autochtones et païens d'une part et les nouveaux arrivants (souvent musulmans) sont avivées par les forts mouvements migratoires, soutenus par le *transmigrasi*[89]. Cette politique consiste à transplanter des gens des régions surpeuplées vers les îles moins denses.

Je suis rapidement accueilli par Bob, un Chinois d'ethnie hakka qui achète des génératrices d'occasion à Taïwan. Il les remet en état à Ambon et les associe à des moteurs également reconditionnés (Detroit Diesel, Cummins et Caterpillar) qui viennent de l'Alberta au Canada. Bob est enchanté de recevoir un visiteur français. Sa femme revient tout juste d'un week-end à Paris avec dans ses bagages, une dizaine d'articles Hermès et Vuitton pour elle-même et ses amies.

Après quelques échanges de courtoisie, je précise à Bob que, pour les gros contrats, un technicien de service est envoyé pour les mises en parallèle. Un service irréprochable : c'est ça, le club Leroy ! Nous établissons une succursale dans son atelier, sous la direction de Tee-Kay, qui supervise l'ensemble de nos succursales indonésiennes depuis Singapour. Coût de cette structure : zéro. En cas de besoin, Tony et Tee-Kay prennent l'avion depuis Singapour...

L'histoire se répète à Pontianak, sur l'île de Bornéo. Un cruel spectacle d'affrontement interethnique se déroule le jour de mon arrivée. Je découvre

[88] L'archipel des Moluques est situé dans l'est de l'Indonésie.

[89] Le programme de *transmigrasi* est initié par le gouvernement colonial et se poursuivit après l'indépendance. Il vise à désengorger Java (où la densité de population atteint douze cents habitants au km^2), Madura et Bali vers les îles moins peuplées.

en première page du journal local, un Dayak[90] hilare qui exhibe la tête tranchée de sa victime, un Madurais[91].

La réduction des têtes est une coutume séculaire dans ces contrées. Certaines tribus en possèdent des collections complètes, éventuellement assorties d'ossements. La vengeance ne se limite pas au meurtre et passe par un procédé de momification de la tête de la victime (réduction puis coutures des yeux et des lèvres pour emprisonner l'âme de l'ennemi à tout jamais). Ces trophées peuvent ensuite jouer un rôle monétaire. Chez les Dayaks, la méthode diffère : les têtes sont fumées et non réduites. Contrairement à d'autres tribus où une petite tête peut être aussi valorisée qu'une grosse, ici, la taille compte. Un chef peut exiger quatre ou cinq crânes en échange de la main de sa fille. Pour un membre de la tribu, cela pourrait être un ou deux crânes, selon la beauté et la fertilité supposée de sa fille, évaluées en fonction de ses attributs féminins. Les attributs masculins jouent d'ailleurs aussi un rôle dans ce type de négociation. Un étui pénien magnifiquement orné de plumes, soigneusement positionné autour du scrotum et accompagné d'une calebasse double contenant du tabac, est considéré comme un signe extérieur de richesse et de fertilité. Un chef papou m'en a même offert un et je suis père de deux fils et d'une fille.

Le temps qui passe estompe le pouvoir des crânes, d'où la nécessité de lancer des razzias sur les territoires voisins pour y trancher quelques nouvelles têtes. Lors de la prise, il est important de conquérir l'esprit du mort, sinon le raid ne sert à rien. Cela consiste à manger le cœur ou le foie de la victime, à boire son sang ou s'en badigeonner de la tête aux pieds.

> En 1987, les Dayaks conviennent théoriquement de l'arrêt des raids et de la chasse aux têtes entre tribus. Outre le fait que les missionnaires protestants ne voient pas ces coutumes d'un bon œil, ces accords devraient juguler la baisse de la population, donc la perte de diversité génétique des tribus en guerre. Le pacte s'avère efficace. Les Dayaks commencent à utiliser des têtes de vache tant pour le commerce que pour les rituels.

Les us et coutumes des uns et des autres resurgissent avec la reprise de la *transmigrasi* en 1988 avec l'arrivée massive de Madurais. La chasse aux crânes de ces migrants est ouverte. D'autant que ces derniers commettent bon nombre de *pohon suci* (sacrilèges), dont l'abattage d'un arbre sacré…

J'arrive à Pontianak en plein *mangkuk merah* (bol rouge). Selon la coutume, en cas d'invasion de territoires, la guerre doit voler de village en village, qu'il pleuve (*bilah tunggul* : brin de chaume) ou qu'il fasse nuit (*pertandingan* : allumette). Mon prospect me rassure : « Ça arrive de temps

---

[90] Dayaks : ensemble de peuples autochtones. Le nom est donné aux habitants vivant plutôt dans l'intérieur des îles, par opposition aux habitants de la côte, originaires d'autres parties de l'Indonésie.

[91] Les Madurais représentent une part importante des populations qui ont accepté le programme de *transmigrasi*.

en temps, les choses vont finir par passer. » « L-Y » est un Hakka[92] et ne se sent pas vraiment concerné : les Dayaks ne s'attaquent qu'aux Madurais.

Bob me confirme bientôt une commande portant sur six machines : les Allemands de Bogor éprouvent des difficultés à acheminer leurs appareils à Bornéo !

Nouvelles aventures à Macassar, Surabaya, Balikpapan... Nous réussissons à vendre des centaines de modèles Leroy-Somer sur ce marché qui ne semblait accessible qu'à une production locale. Quatre ans plus tard, A. van Kaick frôle la faillite. L'entreprise est finalement rachetée par le Britannique Stamford, lequel ferme l'usine indonésienne, plongée dans les dettes. La voie est libre : nous sommes en première ligne tandis que l'Indonésie connaît une période de boom économique.

En avril 1989, Jakarta élimine quasiment tous les droits de douane sur les machines électriques. C'est la catastrophe ultime pour les constructeurs allemands, jusque-là protégés derrière des barrières douanières. L'un après l'autre, ils ferment leurs usines dans l'archipel. Notre approche légère, notre agilité, nous permet de maintenir notre part de marché en Indonésie à plus de 90 % du marché sans la moindre présence industrielle locale. Nos partenariats sont bien moins coûteux que l'établissement d'usines sur place.

« L'apôtre Tom »

Une autre opportunité se présente à la fin des années 1980. L'Indonésie est située sur la ceinture de feu du Pacifique, cette ligne de forte activité volcanique qui borde l'océan. Le potentiel des plus de 500 cônes volcaniques indonésiens est énorme. Il représente 40 % du total des ressources géothermiques du monde. Sumatra et Java en concentrent la moitié. Les Hollandais commencent à exploiter le potentiel géothermique de l'archipel dès l'issue de la Première Guerre mondiale. En 1983, Siemens construit la première centrale à Kamojang. Nos concurrents utilisent de grosses turbines, quitte à les faire tourner à bas régime lorsque la demande est faible. Or elle se situe donc plutôt entre 30 et 60 MW, soit les tailles privilégiées par Alsthom, Siemens, GE et ABB.

Malheureusement, notre gamme s'arrête alors à 4 MW, d'où l'idée de proposer des machines qui fonctionnent en parallèle. Problème : les constructeurs de centrales se méfient de ces installations, réputées complexes. Il nous faut convaincre que les mises en parallèle sur les petites puissances ne sont pas si compliquées que ça... Pour cela, une seule solution : le service.

J'envoie Tony Chan effectuer un audit des centrales PLN[93]. Il y a neuf chances sur dix que le service offert par nos concurrents ne soit pas

---

[92] Ethnie originaire du nord de la Chine.

satisfaisant. Tel est le cas. Nous allons donc nous engager dans une « noble cause » : la construction de petites centrales propres, à la maintenance simplifiée. Mon rôle de CEO ou « Chief Evangelist Officer » consiste donc à recruter des « apôtres » pour notre cause et à organiser des démonstrations sur le terrain. Pas de multiplication des pains ici, mais plutôt la multiplication de génératrices qui produisent une énergie souple et modulaire. Une solution bien plus pertinente que les grosses centrales, inefficientes, polluantes et en panne la moitié du temps.

Il me faut un « apôtre André ». Ce sera Tom Wingfield, le patron pour l'Asie de Woodward Inc. Ce fabricant de commandes de centrales et groupes électrogènes installé à Fort Collins dans le Colorado essaie à l'époque de convaincre les opérateurs de la viabilité des mises en parallèle sur les petites génératrices. Leur approche tranche avec celle des vendeurs de grosses centrales qui nous choque : pour atteindre un coefficient d'utilisation optimal des machines, ils utilisent des bancs de résistance. Plus de la moitié de l'électricité produite est alors dilapidée à travers ces bancs de résistance. Quel gâchis !

Nous attendons beaucoup d'une collaboration avec leurs systèmes de commandes pour équiper des petites centrales avec nos machines. L'Indonésie compte une incroyable diversité de soumissionnaires. Il n'est pas rare d'en rencontrer trente ou quarante pour un même appel d'offres et on ne sait jamais qui va remporter l'affaire. Nous devons par conséquent « travailler » en même temps chacun des soumissionnaires. Nous multiplions les séminaires et mises en situation sur le thème : « mise en parallèle dans des conditions extrêmes : Leroy-Somer l'a fait ! »

Passé le choc, nos concurrents (*the usual guys* : GE, ABB, Siemens, Alsthom, etc.) se ruent auprès des cabinets d'ingénierie pour démontrer que la solution Leroy-Woodward n'est pas viable. Cette « guerre de religion » est épique. Chaque chapelle prêche le même client, dont Pertamina, parfois seulement à quelques minutes d'écart. Ils affirment : « les mises en parallèle posent problème ». Nous prouvons l'inverse juste après, intarissables sur notre cause. Les petites centrales électriques sont plus efficaces et plus respectueuses de l'environnement. C'est prouvé !

Autre avantage : l'utilisation des génératrices en parallèle fournit une alimentation plus fiable. Lorsque l'électricité est générée par plusieurs unités, il est rare que l'ensemble de la centrale subisse une panne. Si un générateur se déconnecte, les autres prennent le relais et continuent à alimenter le réseau. Cette redondance limite donc le risque de coupures de courant. De plus, ces installations, plus flexibles et plus adaptables, se conjuguent avec des sources d'énergie renouvelable. Le mix énergétique

---

[93] La Société nationale d'électricité d'Indonésie (PLN) détient le quasi-monopole de la distribution de l'électricité.

plus diversifié (solaire, éolien...) réduit d'autant la dépendance aux combustibles fossiles.

Notre parole finit par porter. Nous équipons plusieurs centrales géothermiques en Indonésie. Par la suite, nous inaugurons une centrale de 45 MW constituée de plusieurs génératrices mises en parallèle sur le Sorikmarapi, un strato-volcan de 2 200 mètres d'altitude encore en activité à Sumatra. Au nez et à la barbe de Siemens, ABB, GE et Alsthom.

Pour fêter ces nouveaux succès, j'invite mes équipes à Bali pour trois jours de permission bien méritée et je m'octroie un week-end sur les hautes terres d'Irian Jaya[94] où je rencontre la tribu des Wodanis. Les hommes portent alors encore l'étui pénien et les femmes, la jupe en pandanus[95].

Mes aventures lointaines inspirent apparemment Bernard, ouvrier au Gond-Pontouvre. Cet excellent dessinateur apporte sa touche de fantaisie lors des grand-messes où il aime se moquer un peu des dirigeants. Tandis que l'un d'entre nous s'exprime, Bernard crayonne. Va-t-il me représenter en train de descendre un Russe à Manille au revolver ? Va-t-il me croquer buvant un bol de « sang-plumes-brins de chaume » avec les Dayaks ? Ou vais-je me retrouver enlacé par des serpents de mer aux Philippines ? L'artiste s'approche subrepticement du rétroprojecteur : son dessin me montre portant un étui pénien... les pieds dans la marmite fumante des Papous !

Sunny Hau, *Mr. New Way*

Hong Kong est moins exotique que les hauts plateaux d'Indonésie, mais tout aussi fascinante. Nous y sommes représentés par Chevalier, l'une des grandes maisons de commerce du territoire. C'est là que sont installés les bureaux des ingénieurs expatriés depuis 1973. Notre point d'appui est un nouveau diplômé de Harvard, issu de la famille Chow qui a fondé le groupe Chevalier. Il est entouré de son équipe à laquelle Angoulême adjoint un jeune Français, volontaire du service national en entreprise.

Le partenariat ne donne pas grand-chose, en dépit des efforts plus que louables consentis tant par le jeune expatrié que par Chevalier.

Le territoire doit réintégrer la Chine en 1997. Deux millions de Hongkongais sont en train de faire leurs valises pour Sydney ou Vancouver. L'autre raison est que Chow exige une marge importante pour couvrir ses frais : nos produits sont peu compétitifs face à ceux de Siemens, fabriqués juste en face, à Shenzhen.

Le cas Victor Chau me laisse perplexe. Ce chef des ventes aime de toute évidence sincèrement notre entreprise et lui consacre beaucoup d'efforts. Nous suivra-t-il dans une nouvelle aventure ? Mieux que ça, c'est Victor qui apporte une solution. Lors d'un dîner dans le quartier de Mongkok, Victor

---

[94] Irian Jaya : Nouvelle-Guinée occidentale, nommée Papua par l'Indonésie depuis 2002.

[95] Plante tropicale.

mentionne Charlatte, qui vend des engins de manutention à l'aéroport. Cette PME française vient de quitter Jardine-Matheson pour un autre partenaire, *Mister Sunny*.

C'est ainsi que je rencontre Sunny Hau, le lendemain. Il confirme qu'il cherche un industriel à représenter, aux côtés de Charlatte qu'il développe sur le territoire et en Chine depuis quelques années. Son bureau est situé au second et dernier étage d'une échoppe de Mongkok. Un décor bien éloigné de celui des tours de l'île où le mètre carré vaut au bas mot 80 000 dollars. Dans ce quartier carrément insalubre, on voit les restaurateurs armés d'un chalumeau qui grillent la viande à même le trottoir ou font détaler les rats... Frais fixes : 1 %. C'est vingt-cinq fois moins que Chevalier. Quelques années auparavant Paul Barry, le président du directoire de Leroy-Somer, avait été impressionné par la qualité de l'accueil qui lui avait été réservé à Hong Kong : tapis rouge, haie d'honneur, dîner impérial au 30e étage avec vue sur l'ensemble du port. Quelle serait sa réaction s'il s'aventurait à Mongkok ?

Sunny Hau est un petit homme jovial, curieux et inventif. Il est très bien introduit dans la communauté d'affaires de Hong Kong grâce à son épouse, quatrième fortune féminine de l'île. Le plus important est que le courant passe immédiatement entre nous. Je lui explique que Leroy-Somer pratique un management décentralisé, chaque dirigeant détenant des actions de sa filiale ou du siège, voire des deux. Jean-Pierre Fauvet, l'ingénieur qui conçoit et fabrique nos régulateurs de tension comme de fréquence, possède par exemple 54 % de la Sodeer ainsi que des parts dans Leroy-Somer. Les employés de LS possèdent ensemble près de 15 % du groupe, numéro un ou deux du CAC. Sunny me demande tout de suite s'il peut acheter des actions. Je lui réponds par l'affirmative.

Suprême astuce de sa part : il loge ses actions Leroy dans la même structure que le commercial. New Way est donc une *General trading and investments co*. À Hong Kong, c'est légal. En France, c'est la taule. N'importe quel quidam vous reprochera de ne pas avoir séparé les deux activités et vous dénoncera aux impôts.

Avec, notamment, l'appréciation du cours de notre action, la valeur des actifs de New Way bondit de +550 % entre 1988 et 1991. Elle peut emprunter de plus grosses sommes auprès de ses banques et financer l'achat d'un nouveau stock important de moteurs Leroy-Somer, réglé cash ! Le mois suivant, nous annonçons un important contrat d'équipement « en Chine » à la Bourse de Paris. Il faut à cette époque dire « en Chine » car c'est plus lisible en termes d'*equity story*, or en vérité ces moteurs finiront principalement à Hong Kong ; certes aussi à Canton et Macao. L'action s'envole. Les fonds propres de New Way connaissent un nouveau bond et d'autres commandes nous sont confirmées. C'est *win-win* !

New Way devient par conséquent rentable dès le premier jour. Par ailleurs, Sunny Hau a eu l'intelligence de proposer 30 % des actions de son entreprise à son chef des ventes, Victor, sans que cela ne nous coûte un centime. Victor Chau est désormais actionnaire de Leroy-Somer et son énergie à nos côtés décuple. Il était auparavant chef des ventes chez Siemens, encore un pied de nez à notre honorable concurrent allemand.

Nos frais généraux sont désormais vingt fois moindres que ceux de l'ancienne structure. Nos coûts de distribution ultra-compétitifs nous permettent de damer le pion à Siemens qui fabrique en Chine, alors que nos productions sont à 100 % *made in Charente*. Outre l'activité commerciale à Mongkok même, nous intégrons une activité de service, avec six camionnettes équipées d'ateliers de réparations Leroy-Somer, *"a totally new way of doing business in Hong Kong*." D'où le nom de notre structure : New Way Electricals & Services, Ltd.

J'ai souligné à quel point le service est essentiel à mes yeux. Les chefs des activités de service de nos compétiteurs sont partis à Vancouver. Siemens comme ABB se retrouvent avec de simples structures commerciales. Nous ne disposons d'aucune référence à Hong Kong, aussi commençons-nous par visiter les bâtiments où nos concurrents ont vendu leurs machines. Nous en auscultons quelques-unes, les déclarons « défaillantes » et nous les remplaçons par notre propre matériel. À la guerre comme à la guerre !

Lorsque je demande à Sunny son objectif de rentabilité, il répond instantanément : « 100 % par an ». Ceci me choque, mais Sunny explique que l'approche du transfert de la colonie à la Chine a contraint le gouvernement hongkongais d'offrir aux compagnies d'eau et d'électricité un retour garanti de 16 % sur l'actif, immobilisé ou non, afin de garder une base capitalistique saine. Comme ces sociétés ont un ratio de fonds propres sur total d'actifs d'environ 21 %, cela signifie que leur RoE[96] monte jusqu'à 80 %. Les RoI à Hong Kong sont les plus élevés au monde du fait de l'imminence du retour à la Chine et les prix pratiqués, très au-dessus des autres marchés. Nous sommes jusqu'alors complètement passés à côté de ça !

Ingénieur sédentaire puis chef des ventes, Dave Lau, à Singapour, nous facilite grandement le développement de ce marché. Dave a des ancêtres cantonais et son accent ressemble à s'y méprendre à celui de Hong Kong. La conversion d'énergie et les génératrices nous permettent de pénétrer le port et l'autorité maritime, IBM et quelques autres gros utilisateurs, à l'aide de groupes convertisseurs assemblés à Singapour. Le reste suit : des moteurs et génératrices par centaines.

---

[96] Return on Equity : retour sur fonds propres

Coup de poker à Macao

En face de Hong Kong se trouve Macao. La petite colonie portugaise doit revenir à la souveraineté chinoise en 1999, à l'issue d'intenses négociations entre le Portugal et la Chine. D'où, là encore, une certaine fuite des cerveaux. J'y fais ma petite enquête, m'aperçois que Siemens et ABB ont perdu leurs équipes de service, et décide de les remplacer.

Macao est contrôlée par les « 3Ho », le trio Stanley Ho (Ho Hung-Sun, magnat des casinos), Ho Leï-Ta son épouse et Edmund Ho. Stanley Ho, surnommé *dà bízi* (Gros Pif), règne sans partage sur les casinos de la ville et génère les deux tiers du PIB à lui tout seul. Macao, c'est les casinos et les casinos, c'est Ho.

Homme le plus riche d'Asie, Stanley descend d'un homme d'affaires juif néerlandais et de sa concubine chinoise, propriétaires de l'hôpital Tung Wah. Il est officiellement père de dix-sept enfants qu'il a eus de quatre épouses, le double selon la rumeur : la polygamie est légale à Macao.

Outre le fait d'être papa d'une bonne trentaine d'enfants plus ou moins reconnus et grandpa d'une centaine ou plus de petits « Ho », Gros-Pif est également l'heureux propriétaire de la quasi-totalité des hôtels, centres commerciaux et *nightclubs* de la colonie. Le roi-lion sur une île où tout lui appartient, jusqu'au cœur des femmes, c'est lui. Il possède l'opérateur de service public de télévision *Teledifusão.* L'occasion de diffuser des émissions à sa gloire. Il y joue les crooners (il chante plutôt bien, qualité très importante pour les affaires en Asie) et se produit aussi comme danseur de claquettes *swing tap*. Ho possède également l'*Aeroporto Internacional de Macau*. Macao, c'est Stanley Ho.

Edmund Ho, allias *xiăo bízi* (Petit-Pif), fait partie du même clan, mais pas de la même famille. Il règne sur la politique. Entre les deux il y a les triades[97], principalement la Yao-Sei[98] (ou 14-K), la Sun Yee On et le Wo Shing Wo.

> La Sun Yee On a le *lead* à Macao, mais la Yao-Sei adopte une posture de challenger et le Wo Shing Wo réclame sa part du gâteau. Lorsque je débarque pour la première fois à Macao en mars 1988, les combats entre les trois ont fait une trentaine de morts. Certains membres de Wo Shing Wo tranchés au couteau dans les cuisines d'un casino ont fini servis en sushis (que je n'ai heureusement pas goûtés).

Macao est mondialement connue comme la capitale mondiale du jeu, le « Monte-Carlo de l'Orient ». La colonie compte une quarantaine de casinos.

---

[97] Triade (*sansehui* en mandarin) désigne l'harmonie du ciel, de la terre et de l'Homme. Ces mafias sont les lointaines héritières de sociétés secrètes (sociétés d'entraide, syndicats, organisations politique).

[98] Cette triade chinoise est particulièrement active en Asie du Sud-Est. On la désigne souvent par 14-K ou Shísì K, le nom d'un quartier. Personne n'ose réellement la nommer car les sonorités de Yao-Sei se rapprochent de « je suis mort ».

Le principal est le *Lisboa*. Il y a des centaines de tables de jeu entre lesquelles se faufilent des mannequins aux jambes interminables en *cheongsam*[99]. Thé, café et coca-cola à volonté. Bienvenue dans l'outrance du jeu !

La plupart des mannequins viennent de Penang et de Singapour ; quelques-unes arrivent d'Ipoh, en Malaisie. Sunny me glisse avec un sourire d'expert que les plus belles sont celles de Sarawak (Malaisie également). Elles mesurent au minimum 1,75 m, alors que les Chinoises de Chine continentale font vingt centimètres de moins : Gros-Pif admire Jane Russell et ne veut pas de *teu-kah*[100] à Macao. Le rôle de ces femmes on ne peut plus distinguées consiste à aguicher les joueurs, les frôler, leur masser les épaules, les faire boire. Pour le reste, on verra éventuellement « si affinités ».

En ce qui me concerne, je suis là pour toute autre chose : Angoulême a besoin de cash et le meilleur moyen de lui en apporter consiste à vendre des groupes de continuité, dont les éléments (moteur, alternateur) sont en stock à Singapour. Si d'aventure j'obtiens une L/C cash, je pourrai la ventiler entre l'Inde (volant d'inertie, que je paierai à 90 jours) et Singapour, qui sera réglée cash, et fera de même vis-à-vis d'Angoulême. La Bourse de Paris estime que nous devons « délivrer davantage de freecashflow ». C'est possible, à condition d'agir rapidement.

Un mot sur ces groupes de continuité, constitués d'un moteur électrique, un alternateur et un volant d'inertie. Angoulême a tendance à ne pas réagir dans les temps et à louper les *deadlines* des appels d'offres. C'est pourquoi cette activité n'est assurée que dans les filiales : principalement Singapour, US, et Italie, sur la base de machines électriques françaises et de volants italiens, indiens ou mexicains. Le facteur clé de succès est ici la rapidité : le client a subi une coupure de courant, il désire généralement le produit dans les huit jours tout au plus.

Ho me fait bientôt visiter ses *VIP gambling rooms*, où les *jīngyú* (baleines) du PC chinois, sont attirées et dépecées de leur fortune. Les *dà jīngyú* (grosses baleines) sont souvent de hauts cadres provinciaux du Parti communiste chinois. Ils bénéficient d'un traitement spécial dans des salles somptueuses, avec services sur mesure, sublimes mannequins d'Ipoh ou de Sarawak aux jambes interminables et sécurité renforcée.

> Petit aparté : les joueurs de poker du monde entier développent diverses approches pour maximiser leurs chances de réussite. Celle des joueurs chinois, appelée *pái shí yào quánlì yī fù* ou « *Go for broke* », se distingue par un penchant pour les très gros paris et une technique qui mêle prise de risque et attitude agressive. Les joueurs sont connus pour leur jusqu'au-boutisme. Peu importe les conséquences financières. Ils font des mises considérables, bluffent fréquemment et prennent des décisions audacieuses pour déstabiliser leurs concurrents. La réputation de joueur imprévisible aide à obtenir des gains importants. Miser gros

[99] *Cheongsam* : robe traditionnelle chinoise.
[100] *Teu-kah* : « jambes de cochon ».

peut inciter les adversaires à se coucher, même s'ils ont de bonnes cartes en main, par crainte de perdre une somme importante. Cela donne aux joueurs chinois un avantage psychologique indéniable sur les autres. Cette approche peut être très risquée. Les gros paris et les bluffs fréquents peuvent conduire à des pertes substantielles si les adversaires parviennent à déchiffrer la stratégie du Chinois ou à obtenir des cartes plus fortes.

Autre aparté, cette fois-ci pour mes camarades militaires : les armées chinoises pratiquent également le *pái shí yào quánlì yī fù*. Les assauts s'effectuent par vagues successives et de façon très agressive jusqu'à ce qu'il n'y ait plus de combattants. Les pertes sont généralement très substantielles, comme en Corée (450 000 morts, dont le propre fils de Mao) ou au Viêtnam pendant la brève guerre de 1979 contre ce dernier : 65 000 pertes en moins de trois semaines.

En entreprise, c'est pareil : les managers chinois ont tendance à surinvestir et à prendre de très gros risques.

J'arrive donc à Macao lors de l'ouverture de la salle de jeu VIP de la « triple chance » du Lisboa. De part et d'autre du tapis rouge, des rangées d'hôtesses en *cheongsam* nous adressent de beaux sourires. Des danseurs donnent vie à des lions chinois qui plongent et se cambrent au son des cymbales. Un immense cochon rôti trône au beau milieu de la salle.

Petites histoires et scandales sont courants dans ces établissements. Ainsi, j'apprends plus tard que le manager de la salle en question et sa compagne sont accusés par les autorités américaines d'avoir blanchi près d'un demi-milliard de dollars aux États-Unis. Cette même année, le casino connaîtra aussi un autre bluff raté de 40 millions de dollars…

Ceci me rappelle la chanson *« Macao »* du Grand Orchestre du Splendid (1980) :

À la grande table de poker

Deux as planqués sous la théière

Le vicomte lançait les enchères

Une main posée sur le revolver

Ma-cao, Ma-cao, Macao,

Six plombes du matin

Ça sent le sang... é-car-la-te !

Je me permets également une remarque sur *Macao, l'Enfer du jeu*. Ce film de Jean Delannoy (1939) a été tourné non pas à Macao, mais au Negresco de Nice, avec des figurants laotiens et de jeunes immigrantes de Saïgon en *cheongsam*. L'effet est bluffant.

La raison de ma venue à Macao est plus prosaïque : Sunny, notre nouveau partenaire de Hong Kong, suggère d'explorer le potentiel des casinos. Ils ont besoin de groupes de continuité d'énergie, afin d'assurer une continuité parfaite sans microcoupure pendant au moins une minute. La guerre entre les triades a en effet débouché sur une guerre de l'électricité. Les représailles se poursuivent par des câbles arrachés dans les rues afin de couper le courant des casinos qui n'ont pas réglé leurs « services de protection »... Selon Sunny Hau, Gros-Pif est prêt à payer « assez cher » pour ce genre d'équipement. Genre : plusieurs millions.

Sunny connaît assez bien Ho, lequel m'invite à visiter sa fierté, le *casino Lisboa.*

L'endroit est aussi bien protégé que Fort Knox. Énormément d'argent y est stocké, m'explique le bras droit de Stanley Ho : jusqu'à un milliard de dollars en billets et lingots d'or. Ces sommes doivent être protégées de manière optimale contre le vol et les cambriolages. Les gardes et caméras sont omniprésents. Je visite la salle des machines avec le chef des opérations du client, Jimmy Lau, un ingénieur grassouillet et jovial. La salle est équipée d'un système redondant Cummins, dont un CHP, un système de cogénération chaleur et énergie. Mais de système à volant d'inertie, point.

J'explique à Jimmy qu'en cas de pépin, les groupes électrogènes mettent du temps à s'ébranler. Il acquiesce : dans les huit secondes, en effet. Et en huit secondes, on peut perdre un pari à trente ou quarante millions. « En effet, » me confirme-t-il. Je lui conseille donc un système de continuité dont le principe est le suivant : un moteur entraîne un volant d'inertie, lequel entraîne un alternateur. En cas de coupure de courant, le moteur s'arrête, mais le volant continue de tourner pendant quelques dizaines de secondes, ce qui entraîne l'alternateur le temps que le groupe électrogène démarre.

Macao a connu un scandale peu avant ma visite. Une *dà jīngyú,* « baleine » assez haut placée dans l'organigramme du PC chinois, fils d'un membre du Comité central, bref un « prince », a menacé le casino d'un procès, suivi d'une invasion de Macao par la Chine le cas échéant. La « baleine » en question était sur le point de réaliser un bluff de poker, lorsque l'électricité a été coupée. Jimmy ressent alors le besoin aigu d'être équipé d'un groupe de continuité. Là, tout de suite, et non aux calandres grecques. C'est une question de sécurité nationale. Quelques jours auparavant il a contacté Siemens et ABB. On ne lui a pas répondu : leurs équipes ont déguerpi à Vancouver.

De retour à ma chambre d'hôtel, j'appelle Ricky, mon Chief Operating Officer (COO) singapourien : a-t-on les machines en stock ? La réponse est positive. En revanche nous ne disposons pas du volant d'inertie. Angoulême ne fabrique plus de volants d'inertie depuis les années 70. Jean-Paul Montupet (US) achète les siens au Mexique. Les faire venir à Singapour, lieu d'assemblage des groupes, prendrait trop de temps.

Il nous faut commander cette pièce de plus de quatre tonnes en acier spécial en Inde... Or, nos relations avec notre partenaire sont compliquées. Il sait, sans le savoir, que nous avons bloqué ses exportations de machines vers l'Afrique et l'Asie. Va-t-il livrer ?

Que répondre à Jimmy ?

J'appelle derechef le colonel Singh. « *Hey my dear friend, my dearest brother-in-arms !* » me dit-il avec une chaleur un peu surjouée. Tous deux titulaires de certificats en médecine de combat, nous avons pratiqué le tir au revolver ensemble, dans une *shooting academy* pour officiers supérieurs, à Delhi. Son RV/RP[101] dépasse le mien d'un point.

Singh dispose d'un tel volant, « *almost in stock* ». Il est quelque peu surdimensionné, mais cela ira. Dave Lau, à Singapour, nous refait les calculs. Le prix à sept chiffres, en dollars US, n'est pas débattu. Les conditions de paiement sont une *cash L/C*, bientôt adossée à une nouvelle lettre de crédit pour notre partenaire indien sur la partie volant d'inertie, payable à 90 jours pour lui. Ceux parmi mes lecteurs qui ont des notions de finance reconnaîtront tout de suite le truc : j'encaisse le cash avant même d'avoir payé mon premier fournisseur. Nadia Barry notre trésorière-groupe en est ravie. Je vais pouvoir régler les factures d'Angoulême avec un bon mois d'avance.

Sur le plan technique, j'avoue avoir pratiqué un *overkill* : quinze à vingt secondes de continuité auraient amplement suffi. Jimmy Lau veut du solide. Nous lui livrons. Un pépin se produit cependant : l'entrée de la salle des machines s'avère trop étroite pour faire passer notre monstre... dont les dimensions ne sont pas tout à fait celles annoncées. Le mur est donc démoli, puis reconstruit. Je prends à ma charge la reconstruction du mur, *peanuts* par rapport aux sept chiffres du contrat.

Notre marge sur cette affaire reste un secret à tout jamais : « *What happens in Macao, stays in Macao* », une broutille par rapport aux sept ou huit milliards de dollars gagnés par Stanley Ho chaque année. Grâce à ce système, il n'y aura plus de coupure d'électricité dans les casinos... et peut-être un peu moins de viande humaine dans les sushis.

MG, division orpheline

Dans ce cas précis, je vends à Macao ce qu'on appelle un *MG set.* Cet ensemble de machines comprend en particulier un moteur (M) et un générateur (G). Les MG ont deux types d'applications possibles : soit la *conversion* d'énergie (50/60 Hz notamment), soit la *continuité* d'énergie (« onduleurs » ou « UPS », pour *uninterruptible power supplies*). Aucun responsable ne chapeaute ces produits à Angoulême. Nous ne les fabriquons plus en raison d'une tendance avérée au surdimensionnement technique et du leadership de Schneider sur le marché français. Quoique marginaux en termes de chiffre d'affaires du groupe, ils constituent la principale source de profits de filiales dont Singapour, les États-Unis, l'Italie ou l'Allemagne,

[101] RP/RV : révolver précision / révolver vitesse.

principales contributrices du groupe en matière de cash. Cette famille de produits « sans patron » et totalement absente du catalogue français génère au final le plus de cash-flow et d'Ebitda au plan mondial, rapporté au chiffre d'affaires.

À tout seigneur, tout honneur : c'est André Dulac qui a l'idée de nous lancer dans ce domaine en 1965 lorsqu'il est patron de la filiale italienne. Nos premiers clients sont IBM-Italia, puis la CET et Italtel, et enfin IBM États-Unis.

Dans les années 1980, Jean-Paul Montupet, le patron de nos activités US, constitue une équipe d'excellents ingénieurs dans cette spécialité à Chicago. Leroy-Somer devient leader aux États-Unis également. Il en est bientôt de même en Italie : Philippe Brillaud transforme l'essai en recrutant Éric Tourtay comme patron de la filiale de service qui va assembler ces groupes à Milan, et l'ingénieur Banfi qui va en assurer les calculs au niveau de la cellule d'ingénierie italienne. Familiarisé avec les méthodes de Milan et de Chicago, je monte à mon tour une cellule à Singapour, début 1988 avec Lim, Lam, Tony, Dave et quelques autres. Nous devenons rapidement les leaders incontestés du marché.

En l'absence d'un véritable patron de *business unit* (BU), à Angoulême, les filiales s'échangent les plans et brochures (imprimées aux US) ainsi que les meilleures pratiques techniques et commerciales. Ces ensembles sont particulièrement appréciés de nos clients. Lorsque nous consolidons l'activité au niveau mondial, nous nous apercevons que nous sommes capables d'écrire une *equity story* sur cette BU en devenir : « Leroy-Somer assure la disponibilité, le contrôle et la sécurité de votre énergie électrique, à n'importe quelle heure, partout dans le monde. »

Dans les années 1990, en plein boom des centres de données, nous apprenons que Paul Barry a débauché un ingénieur de chez Schneider. Son but : créer cette BU manquante aux Agriers, près d'Angoulême. La nouvelle est fort bien perçue, tant en interne que par les analystes financiers : nous créons une nouvelle division qui, sur la base de son Ebitda et de son carnet de commandes, coordonne les affaires à l'international dans son domaine et vaudra au bas mot un bon milliard de francs.

Principale différence entre onduleurs statiques (Schneider) et rotatifs (Leroy-Somer) : les premiers utilisent l'énergie chimique stockée dans des batteries en cas de coupure de courant, tandis que les seconds récupèrent l'énergie cinétique stockée dans un volant d'inertie. Le rotatif gère mieux certaines charges que le statique, comme pour les datacenters par exemple. L'onduleur rotatif fournit par ailleurs un véritable système de secours pour les pannes de courte durée et les baisses de tension : la forme d'onde et la qualité d'électricité demeurent optimales. Ce qui n'est pas toujours le cas avec les onduleurs statiques. Autre avantage des onduleurs rotatifs : l'absence de batteries. Ils sont donc plus écologiques, plus faciles à maintenir… et moins chers !

Cette division ferme cependant trois ans plus tard. Notre repreneur Emerson conçoit des produits similaires à travers sa filiale Liebert.

Le rôle de la formation

Nous concevons et vendons des produits techniques pour lesquels il est indispensable d'avoir un support local et des réponses rapides. C'est pourquoi, dès le début, j'enrôle une institution académique à nos côtés. L'INPG doit me permettre de mieux former mes commerciaux sur l'ensemble de l'Asie. L'enseignement constitue un volet essentiel dans notre plan de conquête des marchés asiatiques. Il convient d'expliquer le détail de cette opération.

Grenoble est partenaire de longue date avec les deux principales universités de Singapour, la National University of Singapore (NUS) et la Nanyang Technological University (NTU) avec laquelle nous travaillons également depuis 1988. NTU forme les meilleurs électriciens de la région. C'est pour nous une très belle source de recrutements. Les trois institutions entretiennent des liens dans le cadre d'échanges bilatéraux d'étudiants ou dans des programmes de recherche conjoints.

Le professeur Lee Kong Chin, « Kay-Cee » est le pilote de ces programmes côté singapourien. Un beau jour de 1988, Kay-Cee me demande de l'aider à concevoir un laboratoire d'ingénierie électrique. Je suis surpris : « NTU ne dispose-t-elle pas d'un excellent laboratoire en la matière ? » Il me répond : « *No, not at all* ». Ce qui, venant d'un Asiatique, signifie « Merci pour le compliment ». En fait, il désire un labo de *machines tournantes* : moteurs, alternateurs, groupes de conversion d'énergie et de continuité. Chez Leroy, on sait faire ça. Je passe un coup de fil à notre filiale didactique commune Télémécanique-Leroy-Somer, située aux Agriers près d'Angoulême. Sympas, les ingés m'envoient aussitôt les plans. Nous montons le labo localement à partir d'une vingtaine de machines Leroy, de contacteurs et produits d'automatisme Télémécanique, offerts par mon collègue Bernard, patron de Télémécanique-Asie. Ce « *French electricals laboratory* » est inauguré en grande pompe à NUS, en présence de notre ambassadeur. Au programme : champagne, danses de lions chinois, cymbales et mannequins en *cheongsam*. NUS nous remet une belle plaque en remerciement. Je demande à Kay-Cee s'il pourrait, de son côté, former mes équipes sur *la* question qui fâche dans le métier des systèmes d'énergie, à savoir le couplage et la synchronisation des génératrices en parallèle. Cette compétence n'est guère enseignée en école d'ingénieurs, hormis à Grenoble qui en a fait une de ses spécialités. À mon arrivée en Asie, je constate qu'il s'agit d'une des causes principales de nos pertes passées. Je m'explique : lorsque des groupes électrogènes alimentent en parallèle une même charge dans une centrale, il est nécessaire de parfaitement les synchroniser (tension, fréquence) et de bien équilibrer la répartition des charges. Le contrôle de ces paramètres se fait avant couplage. Ce dernier ne peut être effectué que si les valeurs de ces paramètres sont correctes. Cette tâche relève de la compétence du tableautier et les ingénieurs asiatiques sont généralement assez mal formés pour faire ça.

J'ai recruté à Singapour l'un des rares experts en la matière : Tony Chan. Mais on ne peut pas lui demander d'être à Bangkok, Manille, Shanghai, Taipei et Surabaya en même temps. D'autant qu'on me le réclame bientôt également à Houston, Veracruz et Angra dos Reis, sans compter les plates-formes et navires en haute mer, ainsi que les bâtiments de la Royale. Ces derniers étant, de mon point de vue, éminemment prioritaires !

Je souhaite donc fortement que l'INPG codécerne le certificat de notre nouvelle « INPG-Leroy-Somer Academy ». Après quelques atermoiements et allers-retours Grenoble-Singapour, la réponse s'avère positive. Le programme écrit par une équipe franco-singapourienne (incluant le représentant de Grenoble à Singapour) connaît un franc succès. Il nous permet de réduire les réclamations après-vente par un facteur proche de cent. D'où de nouveaux points de marge, aussitôt fléchés vers le service ! Hommage aux équipes de l'INP de Grenoble sans lesquelles nous n'aurions rien pu faire.

Au catalogue de la Leroy-Somer Academy, figurent une dizaine d'autres certificats en ingénierie électrique, auxquels s'ajoutent des cours de finance offerts par NUS. J'ai par ailleurs invité notre *legal counsel* Wei-Min à donner des cours sur la lutte contre la corruption, thème cher à notre président Paul Barry. Nous élaborons également des séminaires sur l'informatique et la finance. Pour sa part, notre partenaire Eisenberg nous dépêche depuis les Philippines le colonel Jésus Horta, spécialiste du renseignement économique et militaire. Je me réserve l'enseignement sur l'art de faire remonter le cash, une spécialité que je ne trouve nulle part ailleurs. Le fameux *cash commando.*

Enfin, nos équipes doivent être totalement autonomes dans leurs relations avec les usines. Nous en avons plus d'une vingtaine en France… Or l'anglais laisse quelque peu à désirer, dans l'Ardèche en particulier. La mise en place d'un partenariat avec l'Alliance française à la fin des années 1980 fait de nous son premier client *corporate* en Asie. Les alliances m'invitent à siéger à leur conseil d'administration et nous signons bientôt également Singapore Airlines, Schneider qui est à la fois un concurrent et un collègue, et quelques autres.

Ces cours sont très appréciés de nos équipes asiatiques. Sciences de l'ingénieur, management, Français : elles enchaînent certificat sur certificat. Il faut des troupes concentrées — des commandos de moines-soldats — qui sachent arbitrer rapidement, en mode crise, avec des temps de décisions raccourcis, un suivi méthodique et un pilotage précis des actions dans toute la région. Des commandos qui sachent aussi négocier en clientèle des conditions qui nous permettent d'utiliser très peu de fonds propres et de maximiser leur rendement, à une époque où les capitaux se font de plus en plus rares et chers !

Leroy for all

La polyvalence et l'efficacité de nos équipes asiatiques, capables d'assurer un service technique irréprochable, deviennent des armes stratégiques redoutables à la fin des années 1980. Mon responsable régional du SAV, Tony Chan, me le rappelait récemment : « Tu as toujours mis l'accent sur le service. » Nous créons dans la foulée le club Leroy qui fournit séjours et trophées aux meilleurs employés de la grande famille Leroy en Indopacifique. La fin de la décennie annonce de plus la naissance de *Leroy for all*, ancêtre de la fondation dédiée à l'action sociale et au secours aux sinistrés.

Une petite anecdote à ce sujet. Du fait de notre croissance exponentielle en Asie, l'ambiance est à la fête dans les années 1980 et 1990. Nous célébrons quasiment chaque semaine un nouveau gros contrat avec l'ensemble des employés au bowling de Jurong. Les *top achievers* (vendeurs les plus performants) se retrouvent aussi dans des clubs de tir pour officiers à Manille ou en Thaïlande (Singapour n'autorise pas le tir au pistolet-mitrailleur, pourtant fort prisé par mes équipes).

Les Asiatiques sont généralement de grands curieux. Un de mes collaborateurs, Tee-Kay si mes souvenirs sont bons, repère mes origines « alsaco-sudouestiennes ». Tean Kwoon, a été commando avant de devenir chef des ventes, Kong Chin, chef de la cellule ingénierie, est quant à lui tireur d'élite. Aussi l'un d'entre eux propose l'idée d'un logo à quatre épées, suivi de notre slogan RSE : « Leroy for all, all for Leroy® ». La formule inspirée du roman *Les Trois Mousquetaires* est toujours d'actualité.

Une visite de Temasek

J'exige une certaine rigueur et discipline de la part de mes collaborateurs, ce qui n'est pas pour déplaire aux Asiatiques. Les voitures de fonction de mes vendeurs singapouriens sont impeccablement garées devant notre siège de Jurong. Ils me savent capable de descendre sur le parking pour m'assurer que leur automobile se trouve à égale distance des limites droite et gauche. En cas d'infraction, j'impose des « pénalités », comme un bol de *laksa* à la Ah-Mei canteen (à 1 dollar et 20 cents). Il y a une excellente raison à cela.

Un beau jour, débarque chez nous le directeur de participations de Temasek en charge de Keppel, Kay-Cee. Temasek est, rappelons-le, le plus gros fonds d'investissement de la planète à cette époque, aux côtés de son confrère singapourien GIC, très actif sur le CAC avec des participations dans Leroy-Somer, Sanofi et LVMH. Quant à Keppel, c'est tout simplement *le* champion industriel singapourien et même de l'ensemble de l'ASEAN, participation-phare de Temasek. Il ne faut surtout pas rater cette visite.

Leur méthode commune est la suivante : Singapour est gérée comme une entreprise. Ses surplus fiscaux sont confiés à ces deux fonds, qui investissent dans le monde entier puis reversent des dividendes importants à l'État : trente pour cent du budget. Soit de quoi financer la meilleure armée de la région ainsi que l'ensemble des programmes sociaux. « Un grain de riz est un grain de riz, » contre le « quoi qu'il en coûte ». Je pense qu'il serait légitime de commencer à questionner la gestion de l'État français, mais c'est un autre débat, auquel je ne suis malheureusement pas amené à participer…

> Nous sommes à la recherche de *zinzins*[102], afin de rééquilibrer notre actionnariat en Bourse, qui nous a chahutés suite à l'affaire Guinard. Les petits porteurs nous boudent, il faut vendre l'*equity story* à des investisseurs plus sophistiqués, capables de comprendre nos perspectives d'avenir : les Singapouriens entre autres. La chose m'est possible à travers les réseaux d'officiers de réserve, notamment.

Alain Bertin s'occupe de la communication institutionnelle chez nous. Mais, pris par un *roadshow* aux US en compagnie de Jean-Paul Montupet, il me demande d'y aller, avec toutefois une stratégie d'*under-promise, over-deliver* (sous-promettre aux investisseurs, pour ensuite livrer des dividendes au-delà des attentes). L'architecte du succès de Leroy-Somer au CAC, rappelons-le, c'est cette *dream team* Alain Bertin - Jean-Paul Montupet.

Message compris en ce qui me concerne : je me prépare à accueillir Kay-Cee à notre siège régional, au 36 Lok Yang Way.

Petite anecdote : ce matin-là, dans l'atelier, un serpent rampe sur le sol attendant d'accueillir le premier employé qui ose mettre les pieds à l'intérieur. Un autre est enroulé autour d'un poteau, un troisième s'est lové à l'intérieur d'une machine d'un mégawatt. Ces pythons errent dans Jurong la nuit, mangeant les offrandes laissées par les moines du temple voisin, et le jour, ils sont trop épuisés pour faire autre chose que dormir. Mon COO, Ricky Chew, en a l'habitude. Il fait brûler de l'encens sacré, qui est censé les faire dormir profondément. Puis il les dépose à l'aide de sa camionnette au temple voisin. Surtout, ne pas leur faire de mal : ces animaux apportent le bonheur et la prospérité.

L'équipe de Temasek arrive à neuf heures tapantes. Kay-Cee remarque l'alignement parfait des voitures de fonction, au millimètre près. « Comment faites-vous pour faire régner une telle discipline ? » demande-t-il. Je lui réponds que c'est avec une même rigueur que nos machines sont conçues, fabriquées, vendues et maintenues. Tee-Kay confirme : « *My Commander wants all cars to be perfectly aligned.* » Notre implantation est habitée d'une

[102] Zinzins : investisseurs institutionnels.

rigueur toute militaire, que Temasek semble apprécier. Les matériels qui arrivent ici depuis la France sont en effet tous triés, numérotés, modifiés afin de matcher le cahier des charges final du client. Ricky est rigoureux, minutieux et précis. C'est pour cela que je l'ai recruté. *Sniper,* capable de dégommer quelqu'un à 1 200 mètres, cet ancien tireur d'élite des commandos de la Navy singapourienne sort entre trente et quarante millions de dollars d'équipements modifiés par an, sans jamais la moindre erreur. Tout est impeccable, rangé au millimètre près. Je me suis empressé de former toutes mes équipes à la méthode de management 5S, apprise au Japon. *Seiri, Seiton, Seiso, Seiketsu, Shitsuke*[103] *!* Elle vise à créer et à maintenir un espace de travail ordonné, propre et efficace.

Notre visiteur, lui-même ex-Navy, raconte ne pas avoir eu la même impression en se rendant chez un certain concurrent allemand. « Différence culturelle » expliqué-je, avec un clin d'œil : « Navy RFD[104]. » Nous avons en effet un ami commun : le légionnaire franco-britannique Simon Murray, *Mister RFD himself* (qui use et abuse de cette expression).

Dans la foulée, j'invite Temasek et GIC à Angoulême. Ils sont reçus en grande pompe par Paul Barry et en reviennent positivement émerveillés.

Les fonds singapouriens représentent en moyenne dix-sept ans de détention d'actions : on ne peut rêver actionnaire plus stable. Avec nous, GIC réalise une plus-value de l'ordre de 573 % sur quatre ans selon mes calculs. Soit la plus belle création de valeur au sein de leur portefeuille. En décembre 1990, GIC m'invite à leur événement annuel. Leroy-Somer est alors champion du monde de leur TSR[105]. Elle devance de peu LVMH. J'explique les avantages de l'industrie : innovation technologique en ce qui nous concerne et participation à la *megatrend*[106] de l'infrastructure et du développement asiatique. Les fonds prennent note. Ils devront toutefois reporter leurs achats sur Emerson, devenu notre nouvel actionnaire principal entre-temps…

Hôpital de campagne sur le Pinatubo

La Fondation Leroy[107] s'illustre dans le domaine du secours aux sinistrés, en particulier aux Philippines. Ce pays qui m'est cher compte plusieurs dizaines de volcans, dont vingt-quatre sont actifs. L'archipel se situe sur la ceinture de feu du Pacifique. Éruptions volcaniques, tremblements de terre :

---

[103] On peut traduire les 5S par : sélectionner et supprimer, ranger, nettoyer, standardiser et suivre.

[104] RFD : « *Real F*** Discipline.* »

[105] *Total Shareholder Return* : somme des dividendes et de l'appréciation du cours en bourse.

[106] *Megatrend* : transformations puissantes qui pourraient changer l'économie mondiale, les entreprises et la société.

[107] À partir de 2013, la Fondation Leroy devient actionnaire minoritaire de Leroy-Somer.

les mouvements tectoniques rendent la région particulièrement sujette aux catastrophes.

L'éruption du Pinatubo a lieu le 15 juin 1991, après cinq cents ans de sommeil. C'est l'une des plus importantes du XXe siècle. Des centaines de maisons sont construites sur les flancs de ce volcan situé à une centaine de kilomètres au nord-ouest de Manille. Les retentissements de la catastrophe sont fulgurants. Elle provoque un refroidissement général de la Terre pendant deux ans.

Je me trouve à Singapour lors de l'éruption. Impossible d'aller à Manille. Tous les vols sont annulés. Je demande à notre nouveau centre de service de Bataan de se rendre sur place. Ramon accepte aussitôt. Il saute dans une *jeepney* avec des commandos de marine et la Croix-Rouge philippine pour se rendre sur le volcan. Le soir même, il m'appelle depuis le poste de campagne : il fait horriblement chaud, les gens courent de partout, lancent des appels à l'aide. Tout le monde tousse abondamment et on n'y voit absolument rien en raison de la fumée et des cendres.

Les photos que je reçois par fax montrent une scène dantesque : la formation d'une caldeira[108] bouleverse les abords du volcan et la montagne décapitée a perdu près de cent mètres d'altitude. Des centaines de personnes, des milliers d'animaux sont ensevelis. Des mains, des têtes dépassent de tas de cendres. Notre équipe de maintenance, assistée des *Marines*, concourt à évacuer une centaine de villageois.

Les premiers équipements arrivent. Ce sont des groupes électrogènes 100 % US. Les générateurs subissent de plein fouet les cendres volcaniques. Ces fragments de roche déchiquetée, durs, abrasifs, mêlés à de petites particules de moins de 2,5 micromètres de diamètre décapent les fils de cuivre. Bientôt les générateurs s'enflamment et avec eux quelques jerricans. Dans le camp, c'est la panique. Tony qui est de retour d'Arabie saoudite m'explique : « Il faut tout de suite monter des filtres à sable. » Descente dans l'atelier : Ricky a ça en stock. On les installe dans l'heure sur nos machines, expédiées illico à Manille. Sur place, Ramon démonte les machines américaines et les remplace par du Leroy-Somer.

Pinatubo est un terme tagalog[109] qui signifie « ce qui fait grandir ». Quelque part, cette expérience tragique nous fait grandir. Nous obtiendrons plus tard l'exclusivité des marchés militaires et de la protection civile. Le général Fidel Ramos nous recevra en grande pompe au palais présidentiel de Malacañang en décembre 1991.

Je reviens sur le Pinatubo l'année suivante. L'endroit n'a plus rien à voir avec ce que j'ai vu. Les pluies de la mousson ont rempli la caldeira devenue un lac de cratère. Des plantes ont poussé partout et fleuri. Un dôme de lave en croissance a formé une île.désert de cendres a cédé la place à un *barrio*

---

[108] Caldeira : dépression circulaire qui se forme lors de l'effondrement de la chambre magmatique.

[109] Tagalog : langue philippine.

coloré. Les exilés sont revenus avec des balles de blé, des coques de noix de coco, des feuilles de palmier et des feuilles de *kiping* en papier de riz moulé. Des *banderitas* aux teintes vives battent dans la brise. Le festival de mai, *Pista ng Mayo*[110], reprend ses droits sur le volcan. La Vierge est omniprésente aux côtés d'Isidor Labrador, le saint des paysans et de Santa Catalina. Les gens jouent du *kulintang*, de *l'octavina* et du *gabang*. On fête l'élection d'une Miss Pinatubo. De petits vieux avec leurs cannes en bois bavardent sur les bancs. Comme si rien ne s'était passé.

Nous organisons d'autres missions à Mindanao, ou encore en Indonésie[111] où nous faisons équipe avec le Rotary pour installer des génératrices protégées de filtres spéciaux.

Le choix des causes à soutenir en Asie incombe généralement à ma collaboratrice July Roslan. Dans une société où les individus sont souvent plongés dans leurs propres préoccupations, il est réconfortant de savoir qu'il existe au sein de notre groupe, des personnes qui consacrent leur temps et leurs compétences à aider les plus vulnérables ! Leur dévouement silencieux est une preuve vivante de l'altruisme et de la générosité présents dans le monde professionnel.

Ces actions nous valent des décorations dont un anoblissement au statut de chevalier-servant de la confédération des rois et reines de Malaisie, *Datuk persekutuan Malaysia*, ce dont July, elle-même issue de la royauté de Johore, se montre particulièrement fière.

Le mythe de l'Asiatique indifférent ou refermé sur lui-même n'est que cela : un mythe. Le champion du monde du don du sang bénévole reste à ce jour un Sud-Coréen. En Ukraine en mars 2022, les premiers étrangers à ériger un hôpital de campagne aux côtés de nos marins-pompiers de Brest et votre serviteur sont deux Taïwanais et un Indien. Doreen Chan, du gouvernement de Singapour, nous envoie de précieux équipements médicaux, destinés aux hôpitaux de Kharkiv.

Dans le Triangle d'or

L'une des actions les plus suivies de la Fondation Leroy en Thaïlande a trait à la lutte contre la drogue dans le Triangle d'or. Je me rends pour la première fois aux confins de la Birmanie, de la Thaïlande et du Laos en 1989. Dans certains villages de montagne, jusqu'au quart de la population est droguée. Si l'héroïne est la drogue la plus utilisée, la méthamphétamine prend aujourd'hui le dessus. Cyanure de benzine, cyanure de sodium et chlorure de benzyle : les ingrédients de la « méth » sont si faciles à trouver, que le prix d'un comprimé a chuté à moins de dix bahts[112].

[110] Processions et danses pour honorer la Vierge Marie.
[111] 43 volcans engendrent 148 éruptions sur une seule décennie en Indonésie.
[112] 10 bahts : environ 0,26 €.

Parallèlement à l'aide apportée pour l'installation de pompes et panneaux solaires, nous faisons de la pédagogie en montrant des photos terribles de visages ravagés par les éruptions cutanées aux bouches édentées.

Aux dernières nouvelles, la Birmanie s'est mise à importer de Chine et du Laos un peu plus de trois mille tonnes de cyanure de sodium par an. De quoi fabriquer plusieurs dizaines de milliards de comprimés de méth. Ce pays soumis à une odieuse dictature distribue cette drogue dans le monde entier. Ce trafic est devenu sa première source de revenus à l'exportation. Il y a urgence.

Des volcans indonésiens à l'Ukraine

La Fondation Leroy fait également figure de pionnière en France. Lors de la crise du Covid-19, nous comptons parmi les premiers à lancer une production en masse de masques respiratoires, gels hydroalcooliques et autres équipements médicaux, livrés en province dès le 2 mars 2020[113]. Nous nous entourons à cet effet d'un collectif d'une centaine de couturiers et couturières, dont Shauna, une jeune immigrée kényane vivant à Saint-Denis. Elle travaille jour et nuit au rythme de 1 200 masques en 24 h. Shauna dessine également des masques destinés aux armées, toujours façonnés dans le 9-3. Nous livrons d'autres équipements à Balard (Direction générale de l'armement), aux hôpitaux civils et militaires, aux services de santé des armées, à la Croix-Rouge, aux Restos du Cœur. Sans oublier le Quai d'Orsay et nos ambassades d'Indopacifique. La Fondation Leroy est par ailleurs fière sponsor de l'Entraide Marine-ADOSM[114].

Lorsque Poutine ordonne à ses troupes d'envahir l'Ukraine, nous sommes, les tout premiers à partir braver les bombardements russes début mars 2022… avec trois garrots par personne, car on ne sait jamais. Entre autres actions, nous convoyons poches de sang, forceps, garrots, décapants pour tubulures de sang ainsi que des médicaments, puis érigeons un hôpital de campagne.

En Ukraine, ma fille Chloé, cheffe infirmière, nous aide à distance avec son SAMU. Je pousse la chance jusqu'à Kharkiv avec le matériel envoyé par les Singapouriens et évite de peu un Scud, avant de me retrouver embarqué dans une colonne de pompiers allemands convoyant de grands brûlés au phosphore jusqu'à Augsburg. Les Russes ont bombardé un village du Donbass. Le lieu est parfaitement intentionnel. Les victimes sont toutes civiles. Il n'y a aucune cible militaire dans les environs, je peux en attester. Le phosphore traverse les toits, les planchers, les peaux, les chairs. Il finit par brûler les gens jusqu'aux os, couve à l'intérieur du corps et se rallume

[113] Selon le premier reçu de la ville de Saint-Denis (93).

[114] Entraide Marine-Adosm : association pour le développement des œuvres sociales de la Marine.

lorsque les bandages sont retirés. Il s'infiltre dans la circulation sanguine, empoisonne les reins, le foie, les organes sexuels et le cœur et provoque des défaillances multiples. Nos poches de sang et tourniquets sont hélas inutiles face à cette horreur absolue.

Il serait superflu d'énumérer toutes les actions menées par la Fondation Leroy. Il me semble en revanche opportun de saluer l'inspirateur : Pierre Barbecot. Rappelons qu'il est l'un des initiateurs des projets Eau vive et Un Village, une Pompe dans les années 1970 et plus tard de l'ONG Ingénieurs sans frontières[115].

Pierre a convaincu une grande partie des cadres de Leroy-Somer de verser 1 % de leur salaire à cette initiative. Eau vive est ainsi devenue la première ONG française au Mali. Pierre a encore mis la barre plus haut, vraiment très haut, en réparant bénévolement des motopompes à Doukouré au Mali. Au plus fort de l'été, il a enduré des températures au-delà de cinquante degrés à l'ombre et des tempêtes de sable en plein visage. Hommage à lui.

L'île vagabonde

Face à la Chine, il y a Taïwan. L'île « vagabonde », selon Pékin, vit sous la menace perpétuelle d'une invasion venue du continent. Il y a trente ans, la Chine se montrait moins inquiétante qu'actuellement, mais Taïwan est déjà un dossier sensible. Dans un objectif de résilience face aux risques militaires, environnementaux et autres, les réseaux de production et de distribution d'électricité taïwanais sont pourvus de nombreuses redondances. Toute habitation collective, y compris les constructions de deux étages, doit obligatoirement être dotée d'un groupe électrogène et par conséquent d'une génératrice. Je veux à tout prix que ce soit du Leroy-Somer.

Ce peuple mêlant des personnes d'origine chinoise aux aborigènes austronésiens (premiers occupants de l'île) fait preuve d'une constance et d'une abnégation admirables face à ces multiples menaces.

Taïwan est l'un des rares marchés d'Asie à être équipé d'un réseau électrique 60 Hz, d'où un important marché dans le domaine de la conversion d'énergie. Dans notre secteur principal, la génératrice, Taïwan est le second marché d'Asie. L'île État dispose cependant de deux constructeurs nationaux, Teco et Tatung. Il va sans dire que la préférence nationale ne joue pas en faveur du petit Charentais !

J'arrive à Taïwan avec mon bâton de pèlerin début 1988. Mes premières visites sont pour le représentant de la France, consul de France à Taipei, Chine. Puis pour l'attaché militaire. Ce dernier est présent sans être présent :

---

[115] ISF est créée en 1982. Modelée au départ sur Médecins Sans Frontières, c'est la première initiative de solidarité internationale provenant des milieux ingénieurs en France.

la France, afin de ne pas froisser les susceptibilités chinoises, n'a officiellement pas d'attaché militaire à Taïwan. Dans la réalité…

Le partenaire idéal pour Leroy-Somer est un officier de réserve doté d'un solide réseau de relations à la fois dans les domaines civils et militaires. Même si les ventes militaires de Leroy-Somer plafonnent à quinze pour cent de l'ensemble, nous pénétrons souvent les marchés civils grâce à elles, notamment en Asie où l'imbrication entre le civil et le militaire est essentielle.

L'attaché militaire français me fournit une liste de contacts sûrs : ex-commandos de marine ou capitaines de frégate. L'un des plus prometteurs est un colonel de Kaohsiung, « Kay-Em » Siu qui dispose d'un excellent réseau dans la marine nationale taïwanaise. Il vient de prendre sa retraite des commandos et cherche une entreprise à représenter. Nous partageons deux passions communes : les nages d'endurance et de combat. Kay-Em est passé par le prestigieux *Special Operations Combat Medic Course* de l'US Navy (SCOMC). Le courant passe bien entre nous. De plus, comme la plupart des élites de l'île, Kay-Em appartient à l'ethnie Hakka, la même que son presque homonyme Koy-Min, mon chef des ventes d'alternateurs à Singapour. Cela va grandement faciliter les relations. Le monde est petit.

Les constructeurs taïwanais, Teco et Kaohsiung, ne sont pas systématiquement compétitifs sur l'ensemble de leur gamme. Par ailleurs, l'Armée de terre et la Marine taïwanaise n'arrivent pas à s'équiper dans les temps voulus en conversion d'énergie. Nos succès sont rapides. Partis de rien en 1987, nous signons un premier contrat avec la marine nationale taïwanaise l'année suivante, puis d'autres avec les forces terrestres et aériennes, assortis de partenariats civils, sur la base de la résilience et du caractère *combat proven* de nos matériels, pour un total allant jusqu'à cinq mille machines par an. Le tiers de la production de l'usine de Sillac, certaines années. Bon nombre de ces pièces partent en Chine, où les industriels taïwanais réalisent à cette époque près de 80 % des investissements étrangers. Nous écoulons donc en Chine jusqu'à 3 000 machines par an via Taïpeï, sans être contraints de passer par la case « joint-venture »… Pendant que nos concurrents y perdent des millions, nous engrangeons contrat sur contrat.

Premiers pas avec Emerson

Un détail a son importance : Siu, militaire nationaliste aguerri issu de « l'île rebelle », sera notre principal allié en Chine. Du Fujian « colonisé » par les entreprises taïwanaises, au Guangdong « colonisé » par Hong Kong, nous pénétrerons jusqu'à Pékin et Shanghai par cercles concentriques : encerclement des villes par les campagnes, une stratégie à la Mao, sans devoir payer les pots cassés d'une JV !

Les Chinois mettent cependant la pression sur Emerson, notre principal actionnaire à partir de 1990. Ils demandent une production locale. Les exigences de Pékin arrivent droit chez Chuck[116], le patron d'Emerson. Je ne tarde pas à recevoir la visite de son COO. Al est un type de Chicago aux épaules larges, vraiment larges. Il doit peser dans les cent vingt kilos. Il a investi dans la startup Compaq qui fabrique des *laptops* et ne tarit pas d'éloges sur cette entreprise. Al attribue son époustouflante productivité à son Compaq, sur lequel il a installé un tableur révolutionnaire : Excel. Bientôt je dispose à mon tour de cet outil totalement innovant pour l'époque : un Compaq équipé d'Excel, le top !

La vision d'Al est la suivante : l'Inde et la Chine regorgent de talents à tous coins de rue, tandis que la Charente… Il n'a pas été enthousiasmé par la visite de nos usines, qu'il juge vétustes. En revanche, il s'émerveille de notre capacité à vendre des produits *made in Charente* à l'autre bout du monde en générant un retour sur fonds propres qui nous place parmi les cent premières entreprises d'Asie du Sud-Est. Il estime que dès lors que nous basculerons nos productions vers l'Inde et la Chine, nous gagnerons entre sept et huit semaines de BFR, soit quatre à cinq points supplémentaires de retour sur capitaux engagés. Il m'en fait aussitôt la démonstration à l'aide d'Excel sur son *laptop*.

Nous discutons du caractère socialiste ou non de l'Inde et communiste ou pas de la Chine. Al pense que l'empire du Milieu ne va pas tarder à devenir un paradis pour les affaires. Il est persuadé que Pékin renie jusqu'à l'identité même du système politique chinois. Mon point de vue est exactement inverse : post-Tiananmen, la Chine met en place un nombre croissant de commissaires politiques pour fliquer les employés dans les usines. Comme beaucoup d'Américains à cette époque, Al est aveuglé par « l'ouverture » de la Chine qui déploie des trésors d'hospitalité pour accueillir les dirigeants de grands groupes comme Emerson. Al a été reçu comme un chef d'État à Pékin… et ce détail lui a échappé.

Partout en Chine, des usines d'État qui ont récupéré des machines d'occasion en Europe commencent à produire des équipements électriques aux standards internationaux. Al me met entre les mains le dossier de l'un d'eux, Shanghai Mota San, puis celui d'un fabricant indien, à Mumbai, dont je dois également assurer la *due diligence*.

Al ne tarde pas à m'expliquer que *corporate*, c'est-à-dire les bureaux de liaison Emerson de Singapour et Pékin, ont émis une valorisation de 60 millions de dollars sur Shanghai Mota San et 45 sur l'Indien. Ces chiffres me paraissent énormes. C'est une astuce de sa part : « Vous savez ce qu'est une usine, faites baisser ces valos à la noix. »

[116] Charles F. Knight, de son vrai nom. Le magazine *Fortune* qualifie ce formidable entrepreneur de « patron le plus admiré des États-Unis ».

Au royaume de la dissimulation et de l'opacité, la DD chinoise n'est pas sans difficulté. Emerson n'arrive pas à déterminer la production de Mota San : 500 000 moteurs ? Un million ? J'identifie le goulot d'étranglement et estime la production à seulement 120 000 moteurs par an.

Sur place, je découvre que les ouvriers partent en retraite à 45 ans et que la moitié du staff, sur un total de 3 700 employés, est en congé pour « désaccord politique ». Les Chinois se dénoncent les uns les autres à la moindre dispute. La moitié d'entre eux est sommée de rester à la maison, tout en restant salariés de l'entreprise ! Du coup, Mota San est contrainte d'envoyer des convois de bus chercher des ouvrières dans le Heilongjiang, à 1 800 km au nord. Ces ouvrières, âgées de la soixantaine, sont constamment harcelées pour accélérer la cadence. Elles effectuent jusqu'à cent vingt heures de travail par semaine, payées à la pièce, au noir. Certaines finissent par péter un câble. En réponse, la direction a fait installer des filets en contrebas des dortoirs… pour prévenir les suicides des « vieilles ». On est loin de nos standards sociaux !

Je remarque aussi le nombre impressionnant d'ingénieurs qui fument cigarette sur cigarette sur les terrasses de l'usine.

Le site, promis à un rezonage à usage résidentiel, ne vaut rien. Il y a un commissaire politique par *danwei* (unité de travail) de dix à douze personnes. Cet espionnage permanent mène à une productivité effarante. La direction a été décimée par les purges après les événements de Tian'anmen. Rien ne semble indiquer la fin de ces luttes pour un « socialisme vrai » : détention de cadres, séances d'endoctrinement, critique… J'assiste par exemple à une réunion du comité de performance. Chez nous, ce type de réunion a vocation à améliorer le rendement d'un atelier ou d'un process. En Chine, il s'agit purement et simplement de séances d'autocritiques aux accents dramatiques : les ingénieurs s'autoflagellent, se reprochent à haute voix de ne pas avoir bien suivi la « Grande Pensée socialiste » : « Pointons la Juste Lame du Socialisme vers nous-mêmes pour n'avoir point respecté la noble pensée de Deng Xiaoping ». Ils pleurent à chaudes larmes, se frappent encore la poitrine alors qu'ils ont quitté la salle et implorent « Papa petite-paix », surnom de leur grand timonnier.

Il est également question de « mettre en application l'esprit du Congrès » (du PCC). Je retiens enfin ceci, scandé à pleins poumons : « Pointons la juste lame vers nous-même, mort aux tigres et aux mouches, remportons ensemble la victoire décisive de l'édification intégrale du socialisme de la nouvelle ère ! » Allez comprendre ce que représentent ces tigres et ces mouches ! Ceci me rappelle une scène du film *Les Chinois à Paris* (1974) de Jean Yanne. On y voit des Français de retour du *laogaï*[117]. Devant leurs épousent médusées, ils entonnent : « Nous sommes des tigres de papier ! »

[117] *Laogaï* : camp de rééducation par le travail.

J'envoie aussitôt mes conclusions à Al : « valeur négative, demande à la ville de Shanghai de remettre 60 millions de dollars au pot. »

Cependant Emerson se prépare à mettre les bouchées doubles sur ses acquisitions dans l'empire du Milieu. Ces dernières sont généralement initiées par *corporate*-Singapour, aidé d'un cabinet de consultant en stratégie, d'un auditeur externe et d'un opérationnel, CEO d'une des filiales d'Emerson concernées par la cible.

La démarche se termine par une confrontation des opinions à la *war-room* d'Emerson sur Bukit Timah, à Singapour. Je pointe les risques : financiers, sociaux et autres. La masse salariale représente chez nous, en France, entre 14 et 18 % du CA (la règle interne du « 14-18 »). Nos usines tournent avec très peu d'encadrants et des frais généraux nuls. On sort nos produits avec 25% d'Opex et 1% de G&A en moyenne. En Chine, en revanche, les coûts salariaux atteignent 35 à 40 % du CA voire davantage. Une armée mexicaine occupe les étages de bureaux dont nul ne comprend la fonction exacte. Côté salaires, j'estime un surcoût de 10 à 12 % par rapport à la France. Certes, les salaires chinois sont inférieurs, mais les dépenses sont grevées par l'encadrement, les absences et congés, et un travail de piètre qualité (à l'époque).

Bien sûr, on pourrait envoyer nos ingés là-bas et mettre de l'ordre. Mais comment ferait-on pour rapatrier les (très éventuels) profits ? Récupérer des royalties, dividendes, frais de gestion et autres en Chine est théoriquement possible, mais demande des négociations permanentes. Les Américains espèrent facturer à l'usine entre 6 et 7 % du CA, au titre de la propriété intellectuelle, mais cette notion est totalement inconnue en Chine. Confucius : « Je n'ai rien inventé et n'ai fait que copier. »

Mieux vaut donc expédier les machines depuis l'Europe vers Singapour, qui verse des dividendes conséquents à Angoulême, avant de les diriger vers la Chine. De plus, la question du BFR se pose. Une vente en Chine depuis Singapour s'accompagne en général d'une lettre de crédit cash ou d'un paiement à trente jours, que nous faisons aussitôt escompter. Si nous sommes implantés en Chine avec une filiale, il faudra faire crédit à des gens qui, par définition, ne paient pas… ou très mal. Et quid de l'inévitable cannibalisation des marchés du sud-est asiatique, rentables à l'époque, par une usine chinoise qui ne l'est pas ? Nous sommes sur le point de répéter l'erreur de l'usine indienne de 1957…

La quasi-totalité de la génération de *free cash-flow* est assurée par le grand export, et notamment l'Asie. Qu'advient-il au groupe dans le cas où l'Asie n'envoie plus d'argent à Angoulême, mais consomme tout son cash sur place, dans un site de production chinois sous-performant ?

Enfin et surtout, il y a la question de l'image de la Chine. Pékin se montre sous son meilleur jour aux Américains, mais le géant chinois inquiète fortement les voisins asiatiques. Veut-on que Leroy-Somer soit perçue comme une marque *chinoise* ? Puis-je vendre du matériel chinois à la Navy philippine et regarder droit dans les yeux un colonel de Réserve des commandos qui reproche à Pékin d'équiper les maos et la Jemaah qui assassinent ses camarades ?

Al encaisse cette série d'arguments : « *OK, let's talk India, then.* » Le cas de l'Inde est certes différent. Aucun litige avec ses voisins, hormis la Chine et le Pakistan. L'Inde constitue généralement un assez bon choix sur le plan géopolitique, hormis avec les Arabes et les Malais, qui lui condamnent ses pogroms envers les musulmans. Autre souci : l'opérationnel. Je détaille l'histoire de nos déboires avec notre usine indienne depuis sa fondation en 1957. Je raconte les tracas de cet ingénieur indien, au demeurant compétent, qui nous a accompagnés en Malaisie pour une installation de groupe de continuité informatique. Au poste-frontière de Johore, au retour, les douaniers nous arrêtent. Ils vérifient mon passeport, puis le sien : « Suivez-nous au poste ». Solidairement, je le suis. Bien que tous ses papiers soient en règle, Arnav est accusé de « voler le travail des Malaisiens » et de bien d'autres choses. Je reste trois heures à ses côtés, jusqu'à ce qu'il soit relâché.

Le *made in Europe* conserve ses atouts, comme le *made in ASEAN* : Malaisie, Indonésie ou Viêtnam de préférence. Là, les paiements sont rapides, les dividendes rapatriables à volonté sur Angoulême et non au bout de huit ans de négociations avec les autorités.

Une vingtaine de DD plus tard, sur des cibles situées de Chongqing à Bangalore, Emerson ne dispose toujours d'aucune usine en Asie pour ses machines électriques. Je continue d'engranger des profits importants sur Singapour, aussitôt fléchés vers Angoulême. « *Al is fuming,* » (Al voit rouge) me confie Beth, sa collaboratrice à Saint-Louis. *So what ?*

Un projet à Fort Bonifacio

Un autre projet d'Emerson consiste à tenter de centraliser les activités de soutien technico-commercial au plan mondial en un endroit précis. Le début des années 1990 correspond à la grande époque des *call centers* et Emerson investit dans un immeuble à Fort Bonifacio près de Manille pour y loger une centaine d'ingénieurs sédentaires. Les Philippins sont compétents, aimables (c'est un fait) et moins chers. L'alternative est Mumbai, mais l'anglais parlé là-bas pose problème.

Al me demande combien me coûtent mes propres ingénieurs. Les salaires de Tony, Andy, Dave et Koy-Min dépassent à eux seuls l'ensemble du *call center* philippin (plus de cent personnes). Il faut « gagner en efficacité ». Al m'explique les avantages de sa solution. D'abord la disponibilité : quelques ingénieurs philippins décrochent le téléphone en quelques secondes et établissent le dialogue. Ensuite le vocabulaire, avec l'emploi de formules de politesse et autres formalités pour mettre en confiance le client et enfin l'élocution *in American English.* J'ai dit à quel point j'apprécie les

Philippines et ses habitants. Mais, de grâce, pas pour résoudre les problèmes de nos Malaisiens, avec lesquels ils sont en conflit sur le territoire de Sabah ! Al serait avisé de lire quelques ouvrages de géopolitique…

Corporate se paie bientôt le luxe de jouer le client mystère. Elle appelle LS-Singapour et tombe sur Tony. Leur conclusion ? Un Philippin serait plus poli et parlerait avec un bien meilleur accent. Pour ma part, je ne demande pas à Tony d'avoir une belle voix (il fume comme un pompier) ni de répondre dans un parfait anglais du Texas. Son rôle est de résoudre nos problèmes.

Face au taux d'impayés record constaté en Asie plusieurs années auparavant, j'ai mis en place un process basé sur des procès-verbaux d'installation de nos machines « *final and definitive* ». Si d'aventure un acheteur argue d'un soi-disant ennui technique pour ne pas payer dans les temps, je sors les PV que Tony a fait signer au client et me fais régler illico. D'où une réduction du DSO de près de cent jours. Sur 100 millions de dollars, ce gain représente au moins 25 millions de dollars de trésorerie supplémentaire.

Al me répond en substance : OK, mais dorénavant le call center générera les PV et conclura à chaque fois d'un « *Thank you Sir.* » Je suis convaincu que cela aboutira à une terrible dégradation de notre qualité de service ainsi qu'à une hausse de notre BFR—et donc une baisse substantielle du RoCE.

Heureusement pour nous, nos adversaires succombent aussi aux sirènes des *call centers*, *back offices* et autres promesses de gains de temps et d'argent. Stamford licencie son équipe singapourienne. Il la remplace par des Indiens à l'anglais difficilement compréhensible ; Regal Rexnord rapatrie l'intégralité de sa filiale régionale de Singapour vers New Delhi. Suite à cela, leurs parts de marché sont divisées par deux ou trois. Nos concurrents jouent global, alors que nous jouons *glocal*[118]. Le remplacement des Singapouriens par des expats indiens a un impact fortement négatif sur les ventes de nos concurrents en ASEAN. Nous raflons la mise avec nos équipes *glocales*.

Al insiste malgré tout pour que Leroy-Somer monte à bord de son *global call center*. Je me fends alors d'une note à notre patron commun, Chuck le *most admired CEO*. Je mets en évidence le lien entre qualité du service et RoCE, à travers le BFR. J'ai utilisé le terme magique : *RoCE*. Chuck m'envoie une note : *your call*. Le débat est clos avec la fermeture du centre d'appels puis le départ d'Al quelque temps plus tard, personnage sympathique, mais dont le suivi aveugle des modes de management de l'époque pose problème.

---

[118] Glocal : néologisme indiquant une mise en relation des échelles locales et mondiales.

Premiers pas au Cambodge

Parmi les marchés encore vierges à la fin des années 1980, reste le Cambodge. Cette oasis de paix dans un cercle de feu a basculé dans la guerre en mars 1970. Quatre comploteurs - Lon Nol, Sirik Matak, In Tam, Long Boreth - se liguent pour faire tomber le prince Sihanouk, avant d'être renversés à leur tour par les Khmers rouges, un mouvement communiste radical d'inspiration maoïste, équipé et financé par la Chine.

De ses lectures marxistes, Pol Pot retient qu'il faut « régénérer » la société en se débarrassant des séquelles du passé, éliminer les « bourgeois » et faire émerger un « homme nouveau ». La paranoïa monstrueuse des Khmers rouges conduit au massacre de la population. Pékin se félicite de cette « démonstration de socialisme authentique. » La plupart des tueurs ont entre dix et treize ans. Ils abattent les « ennemis du socialisme » avec des Kalachs plus grandes qu'eux. Sont-ils seulement conscients de ce qu'ils font ?

Ce pays-charnier est encore très fermé en 1987-1988. Nous désirions ardemment y arriver les premiers, afin de créer un « réflexe Leroy-Somer » lors de la reconstruction du pays.

J'y pénètre en passant par la Thaïlande. La frontière est jonchée de mines terrestres, bombes, grenades et autres pièges. Elles tuent ou blessent plusieurs milliers de personnes chaque année.

Sopphart, que je rencontre par l'intermédiaire de Khunying Raksincharoensak, notre agente en Thaïlande, est l'une de ces victimes. Il me raconte la triste histoire de sa fratrie. Parti ramasser du bois de chauffage avec ses frères aînés en 1988, il marche sur une mine qui lui arrache le pied. Au son de l'explosion, ses frères accourent pour l'aider. L'un d'eux traverse un fil-piège relié à une grenade à fragmentation. Il meurt sur-le-champ. L'autre perd un œil.

La capitale, Phnom Penh, renaît lentement de ses cendres. De l'autre côté de la frontière, l'armée thaïlandaise gère des camps de réfugiés où vivent des centaines de milliers de Cambodgiens. Khunying Raksincharoensak, bientôt administratrice de notre filiale, est bien introduite dans les milieux humanitaires. C'est dans l'un de ces camps, à Khao-I-Dang au nord d'Aranya-Prathet et à une quinzaine de kilomètres de la frontière cambodgienne, qu'elle rencontre « Jo », notre futur agent au Cambodge. Le camp a été construit en 1979. Il compte un hôpital, un théâtre et une église ainsi que des huttes dans lesquelles la grande majorité des réfugiés vit depuis une dizaine d'années. Avec ses 280 000 habitants, il représente dorénavant la première « ville » du Cambodge devant Phnom Penh.

Au Cambodge même, le conflit entre les Khmers rouges et l'armée vietnamienne s'éternise. Chaque camp fait jouer ses alliances. Pékin encourage fermement les Khmers rouges dans leur poursuite du « socialisme réel » ; les Vietnamiens sont soutenus par Moscou, et le prince Sihanouk par Paris, Tokyo et Singapour.

Notre principal allié dans ce conflit est le Japon. Son pacifisme d'État le pousse à la recherche d'une solution de paix aux côtés de la France.

La population cambodgienne est royaliste. Dans les camps, les réfugiés vouent une adoration sans limites au prince Sihanouk. La Thaïlande ne voit pas d'un bon œil les Bộ đội[119] à ses frontières. Elle craint de devenir la prochaine cible d'une soif d'expansion du régime de Hanoï par un effet domino.

Les choses se compliquent à la toute fin des années 1980 : Bangkok négocie avec Pékin. La Chine arrête son soutien à la rébellion maoïste thaïlandaise en échange de l'appui de Bangkok à la guérilla khmère rouge, contre l'occupant vietnamien... Du coup, la Thaïlande devient alliée de Pol Pot. Pour sa part, l'armée vietnamienne légitime son maintien au Cambodge pour empêcher le retour au pouvoir des Khmers rouges dont le monde entier connaît désormais la barbarie. Les affrontements s'éternisent.

C'est donc grâce à la France et au Japon (nos deux pays sont souvent engagés dans des initiatives diplomatiques conjointes) que l'issue du conflit est envisageable, courant 1987. En décembre, une rencontre entre le prince Sihanouk et Hun Sen, chef du gouvernement d'union nationale cambodgien, a lieu à la Fère-en-Tardenois, puis une seconde à Saint-Germain-en-Laye, le mois suivant. En mars 1990, le Viêtnam annonce que ses forces ont quitté le Cambodge. Pékin arrête de soutenir les Khmers rouges, lesquels sont responsables du massacre d'un tiers de la population.

Dans la foulée des négociations dites « de Paris », l'ASEAN organise avec le Japon les *Jakarta Informal Meetings* (réunions informelles de Jakarta) en juillet 1988 puis février 1989 qui démontrent la possibilité d'une entente. En avril 1989, l'Assemblée nationale cambodgienne entérine une révision constitutionnelle. La République populaire du Kampuchéa (RPK) adopte le nouveau nom officiel d'État du Cambodge, modifie son drapeau et son hymne. La monarchie est restaurée, le bouddhisme déclaré religion nationale. La plupart des réfugiés peuvent alors rentrer au pays. Le Cambodge connaît une croissance fulgurante : 17 % par an. Nous sommes les premiers industriels européens à y installer un centre de service ainsi qu'une agence. C'est le début d'une autre ère pour le Cambodge.

Vers un « réflexe Leroy-Somer »

Ainsi équipons-nous les premiers instituts techniques cambodgiens en matériel Leroy-Somer, notamment l'Institut de technologie du Cambodge, le Sala Techno. Début 1991, nous offrons aux Cambodgiens un labo flambant neuf Leroy-Somer-Télémécanique, conjointement avec les Singapouriens de NTU et du Singapore Polytechnic. Deux ans plus tard, le gouvernement

[119] Bộ đội : soldats vietnamiens.

français finance la rénovation de l'ensemble des bâtiments ainsi qu'une extension du labo. En 2017, le Sala Techno ouvre son deuxième campus dans la province de Tboung Khmum, toujours avec des machines Leroy-Télémécanique. Le nombre d'étudiants en ingénierie sur ces deux campus est de cinq mille. Notre labo en a formé vingt mille.

Nous aménageons également les centres de formation technique des collèges et universités, en Inde et en Chine avec ces mêmes équipements didactiques. Ils créeront le moment voulu, un « réflexe Leroy-Somer » et nous assurerons de belles ventes.

Il me semble essentiel d'harmoniser les initiatives de type *cash commando*, visant à rapatrier rapidement des fonds à Angoulême, avec des projets à plus long terme, tels que l'installation de matériel didactique. À cet égard, je tiens à exprimer ma gratitude envers l'INP de Grenoble et les Arts et Métiers de Bordeaux, ainsi que nos précieux partenaires singapouriens de la Nanyang Technological University et du Singapore Polytechnic.

Un grand merci à chacun d'entre eux.

Singapour, clé de l'Asie

Notre siège régional pour l'Asie se situe à Singapour depuis 1980. L'île-État peut être l'endroit le plus cher du monde... comme le plus économique. Pour nous, c'est au départ le plus cher. Jusqu'en 1988, nos bureaux sont à Goldhill et nos stocks, disséminés aux quatre coins de l'île. Résultat : les frais de commercialisation atteignent le pourcentage effarant de 40 % des ventes... Par chance, les concurrents font de même. Ansaldo se trouve sur Shenton Way et se paie des publicités à 10 millions de dollars. Alsthom dispose d'un bureau de représentation coûteux et les autres dépensent jusqu'au tiers de leur chiffre d'affaires en locations, salaires et autres, dont la moitié en frais administratifs et généraux (G & A[120]).

J'ambitionne de faire de Singapour notre filiale la moins coûteuse et la plus rentable du monde : je vise au maximum 1 % de frais administratifs et généraux pour l'ensemble de la zone Asie. J'y inclus les dépenses liées aux bureaux, aux espaces de stockage et aux services centraux, comme les RH, l'informatique et la comptabilité, qui seront tous basés à Singapour. C'est la condition *sine qua non* pour investir sur le service, à mon sens, la clé de tout. Si l'on veut que la zone devienne le premier débouché de Leroy-Somer, ces coûts extrêmement bas, couplés à un niveau de service hors pair, sont carrément existentiels.

Je veux également construire quelque chose de pérenne. Pour cela, j'entreprends d'abord un voyage au Japon afin d'étudier les pratiques de nos

[120] G & A : frais généraux et administratifs (*general and administrative*, en anglais).

concurrents pour améliorer la performance des filiales. Ce voyage est une véritable révélation.

Grâce à quelques contacts d'expatriés, je peux observer que les compagnies japonaises appliquent le *lean management*, une approche qui vise à éliminer les gaspillages et à maximiser l'efficacité opérationnelle. Tout est parfaitement organisé. Les processus sont fluides. Les employés s'impliquent dans l'évolution continue. Toutes les entreprises que je visite là-bas sont informatisées. Enfin et surtout, je remarque les maximes omniprésentes sur les banderoles des usines. Par exemple : 石の上にも三年 : la persévérance vient à bout de tout.

Je décide de mettre en œuvre une approche qui s'inspire de cette expérience à Singapour. Premier pas : l'adoption du *lean management* à la japonaise. Grâce à l'amélioration continue, nous optimisons nos flux de travail, nous réduisons les temps de cycle et augmentons la productivité globale des opérations.

L'intégration des progiciels de gestion des processus (ERP) est une autre composante essentielle de notre approche. Je choisis l'AS400 d'IBM, un ordinateur puissant, mais abordable. Les ERP permettent de rationaliser et d'automatiser les processus internes et facilitent ainsi la coordination entre les différentes fonctions de l'entreprise. Avec une meilleure visibilité sur nos opérations, nous pouvons améliorer notre efficacité globale, tout en comprimant les coûts.

Reste la question des locaux, souvent hors de prix à Singapour. Un samedi, je rassemble mes équipes et leur demande : « Où doit-on s'implanter afin de bénéficier d'un bâti au coût inférieur à 100 dollars le mètre carré à l'achat, tout compris ? » Seule solution, selon TeeKay : une usine de la Jurong Town Corporation (JTC).

Créée en 1968, la JTC construit la première zone industrielle de Singapour. Son concept est simple : des usines vendues en leasing à très bas prix, toutes identiques, mitoyennes, avec un petit parking devant, sans fioriture ni gazon.

Une multinationale française y a-t-elle droit ? La réponse est positive, car notre rôle est régional. Je négocie ainsi l'achat du 36, Lok Yang Way, à Jurong : les 3 850 m² de bureaux et ateliers nous reviennent à 400 000 euros, avec un leasing sur trente ans, renouvelable contre une somme modique, soit 500 000 euros sur 60 ans au total. La parcelle inclut un vaste terrain vague situé derrière l'usine. Je demande à Paul Barry l'autorisation d'y construire une extension. Barry me rappelle que les ouvriers eux-mêmes ont construit notre usine historique de Sillac, le soir après le travail à l'usine, sur un terrain désaffecté qui n'a rien coûté à l'entreprise. Nous consacrons par conséquent plusieurs week-ends à ériger trois murs de briques puis à couvrir le tout. Résultat : le coût de l'ensemble de nos bâtiments est inférieur à 0,15 % de notre chiffre d'affaires. C'est vraiment *peanuts*.

Cette approche nous permet d'obtenir des coûts globaux situés entre quinze et vingt points en dessous de nos concurrents. Grâce à cela, je suis en mesure de mettre le paquet sur le service, proposant toute une panoplie que même Siemens et ABB sont incapables d'offrir. Cette compétitivité exceptionnelle, associée à un niveau de service inégalé en Asie, demeure notre credo : rien n'a changé depuis 1988, Singapour est toujours notre implantation la plus rentable à l'international.

Malgré les trente-six ans écoulés depuis son acquisition, le système informatique fonctionne toujours à merveille. L'achat de nouveaux composants et softwares, pour les mises à jour régulières, génère de surcroît des crédits d'impôt à hauteur de 400 %. Cela se traduit par un coût des systèmes d'information négatif tout au long de ces quatre décennies. L'incroyable compétitivité de notre filiale singapourienne s'étend également à la gestion administrative. Les personnels locaux, parfois assistés d'un VIE français, assurent avec excellence ces fonctions. Cette expertise permet une consolidation régionale efficace et la production simultanée d'états financiers qui couvrent toute l'Asie conformes à trois normes comptables : le Singapore Gaap et le French Gaap puis l'American Gaap lorsque nous sommes contrôlés par Emerson. Le tout pour un coût là encore inférieur à 0,15 % du chiffre d'affaires.

Partis de fonds propres négatifs en 1987, nous créons un peu plus de 3 millions d'euros de fonds propres en l'espace de quelques années, tout en envoyant en France de substantiels dividendes : plus d'un million de dollars par an, outre les marges, substantielles, sur les machines et les services. Grâce à son excellent *rating* (notation financière) et à ses relations de confiance avec les banquiers, la filiale singapourienne emprunte à des taux ultra-compétitifs. Elle dispose d'une ingénierie financière de qualité qui lui permet de concrétiser d'importants contrats. Certains de nos ingénieurs : Tony, Dave, Koy-Min et Tee-Kay en particulier, deviennent des référents au plan mondial : Tony en matière de service, Dave pour le courant continu, Koy-Min pour les génératrices et Tee-Kay en ce qui concerne la mécanique. Enfin, je fais réaliser à Singapour les plus gros équipements de conversion d'énergie jamais vendus par le groupe, jusqu'à 750 kW, pour le port de Tanjong Pagar.

PARTIE VI

L'humain au centre de tout

Une question d'hommes

La pratique de la subsidiarité est une caractéristique distinctive de la culture Leroy-Somer. Elle se traduit par la grande autonomie accordée aux filiales, qui leur permet d'identifier rapidement les problèmes et de prendre des décisions indépendantes. Or cela peut parfois conduire à des situations où plusieurs vendeurs se rendent chez un même client simultanément…

Un client italien comme Ergen, par exemple, peut acheter différents types de produits chez nous : moteurs synchrones, alternateurs asynchrones et moteurs à courant continu. Cependant, dès le retour des vendeurs au siège social de Lainate, une tempête se déchaîne. Nos *capi divisioni* manifestent leur mécontentement de façon véhémente en s'accusant les unes des autres d'avoir pénétré leur territoire. Cette réaction est considérée comme normale en Italie. « Luke », de son vrai nom Luciano Torricelli, chef des ventes courant continu, est celui qui s'exprime le plus fort. Le directeur de filiale, Philippe Brillaud, intervient pour calmer les tensions et mettre ainsi fin à ce spectacle récurrent. Ensuite, nous nous rendons généralement à la pizzeria de Rho, sur le coup de 20 heures, pour partager un amaretto di Saronno. Ces souvenirs restent gravés dans ma mémoire comme des moments agréables.

En Asie, les pratiques sont un peu différentes. Le mot italien *confligere*, renvoie à la notion de « frapper ensemble ». En version chinoise, le conflit se dit *chongtu* et signifie « s'élancer à grande eau ». L'idée sous-jacente est celle d'une rencontre entre deux flux d'eau. Dans cette perspective, un conflit ne se produit pas lorsque deux forces s'affrontent et risquent de se détruire mutuellement, mais plutôt lorsque deux rivières se croisent. Il est essentiel de garder à l'esprit le symbole du yin et du yang : il met en évidence l'entrelacement des forces opposées, mais complémentaires. Tout est interdépendant. On ne peut faire porter la responsabilité ou la culpabilité à une unique personne. Ainsi la manière de gérer les conflits en Asie diffère-t-elle fondamentalement de celle de l'Europe.

Par ailleurs nos « grands timides » asiatiques ne le sont pas tant que ça… Officier de police de réserve, Andy a démantelé un gang de la Yao-Sei[121] ; réserviste dans l'Armée, Koy-Min a pour sa part remporté le défi des sept jours dans la jungle du Brunei… Je suis confiant en leur capacité à sortir de leur zone de confort et à nous suivre vers un futur enthousiasmant.

Lorsque je m'installe au cours de l'année 1987, Singapour vient de connaître une expansion historique. Des dizaines de gratte-ciel sont sortis de terre, dont le Westin Stamford (sans lien avec notre principal concurrent, hormis le nom). L'hôtel le plus haut du monde haut de quelque 230 mètres est l'œuvre de I.M. Pei[122], l'architecte le plus renommé de l'époque. Ce bâtiment apparaît comme une référence indispensable à la prise de futurs contrats. Las, l'intégralité de l'équipement électrique est attribuée à Siemens…

Pour surmonter cette déception, nous devons créer un véritable esprit d'équipage où les égos sont sincèrement mis de côté ; rassurer les équipes, car tout changement est anxiogène. Il faut aussi reconnaître des talents existants et pas toujours valorisés. Enfin, l'équipe doit avoir l'impression de revenir dans le camp des vainqueurs. J'énonce la vision : « D'ici douze mois, tous les consultants en ingénierie d'Asie-Pacifique prescriront du Leroy. »

Cap sur le Stamford

L'hôtel Stamford demeure le premier objectif. Tout dépend de la manière d'installer l'échelle contre le mur. Notre échelle n'était tout simplement pas appuyée sur le bon mur. Pour notre seconde offensive, je me rends sur place avec Andy, dont la capacité d'écoute est bluffante. Au cours de l'entretien avec le *facility manager* (gestionnaire de l'établissement), il s'avère que plusieurs séries de machines, sur les mille et quelques que compte l'hôtel, ne fonctionnent pas très bien. Ce n'est pas la faute du fabricant (l'honorable Siemens), mais celle de l'intégrateur local, un assembleur de systèmes de ventilation. Nous remplaçons quelques diodes et condensateurs, puis guidons le client vers l'adoption de moteurs Leroy-Somer en lieu et place de ceux de la concurrence. Nous pouvons ainsi *in fine* ajouter l'hôtel le plus haut du monde à notre liste de références. Le tour est réglé !

Par ailleurs, la carte de visite revêt une importance capitale en Asie. Elle doit susciter le respect grâce à des titres appropriés. La première demande qui m'est faite à mon arrivée dans la zone est de substituer le titre de

---

[121] Yao-Sei : triade chinoise particulièrement active en Asie du Sud-Est. La prononciation est proche de « je suis mort ». D'où le fait que personne n'ose réellement prononcer son nom. On l'évoque par sa localisation 14-K ou *Shísì K*.

[122] Ieoh Ming Pei, communément appelé I. M. Pei, est un architecte américain d'origine chinoise prolifique. En France, on lui doit le chantier de rénovation du Louvre dans les années 1980, dont la fameuse pyramide de verre et d'acier.

« vendeur » par des appellations telles que « *regional director* ». J'accepte, mais à la condition que nos vendeurs se comportent comme s'ils étaient vraiment responsables d'un bilan financier et d'un compte d'exploitation. Cela signifie qu'ils doivent passer par mon bureau chaque samedi matin afin de vérifier si leur « entreprise » est sur la bonne voie financièrement.

Plus la performance est mesurée, meilleure elle devient ! Le premier samedi, tout le monde est « en faillite », notamment à cause du BFR. Mes ingénieurs me regardent avec étonnement. Ils ne connaissent pas le concept. Ceci impacte profondément leur moral. Je leur apprends quelques techniques et en l'espace de quelques mois, la situation se redresse.

> Au milieu des années 1980, l'assureur MetLife embauche 5 000 vendeurs par an. Malgré tous leurs efforts, la moitié des vendeurs démissionnent au bout de douze mois. Martin Seligman, professeur d'université américain a effectué des recherches sur l'impact de l'optimisme dans le succès commercial et démontré que l'optimisme engendre le succès et non le contraire. MetLife reprend le principe et élabore un test d'optimisme… pour améliorer son processus de recrutement. Les résultats sont étonnants. Les ventes des « optimistes » dépassent de 31 % celles des « pessimistes ». Les « super-optimistes » qui ont obtenu un score extrêmement élevé au test d'optimisme et qui ont échoué au test d'aptitude technique dépassent tous les autres de 57 %... Je vais donc essentiellement recruter des « super-optimistes ! »

« Just one more… »

Convaincu qu'on peut toujours demander un léger effort supplémentaire à son équipe, je crée un club interne basé sur ce principe du « *just-one-more* ».

Nous évoluons dans une industrie où les marges sont limitées. L'inflation peut impacter nos coûts de quinze à vingt pour cent par an et le prix du cuivre tripler en une seule année. Il nous faut donc réajuster les prix de temps en temps et pratiquer une série de *just one more*. La meilleure condition pour atteindre le succès est de présenter un gain substantiel couplé à un effort minimal. Selon ce principe, je propose ainsi « juste un *pager* de plus » à chaque vendeur. Résultat : une augmentation de 50 % des appels et une progression équivalente de nos ventes. Nous adoptons également « juste un remerciement de plus » envers les collaborateurs des clients qui nous ont permis de surmonter leurs objections, puis « juste un séminaire de plus par semaine » afin de valoriser nos produits.

Au final, cette série de petits efforts entraîne une multiplication par trois de nos marges et par cent de notre flux de trésorerie et, à terme, de nos fonds propres.

Une certaine appétence au risque

Paul Barry a coutume de dire : « On ne produit pas des moteurs pour remplir des quotas ni les laisser prendre la poussière sur des étagères. » Dans 98,3 % des cas, notre clientèle est internationale. Une filiale — Singapour, Francfort, Chicago, Milan ou Londres par ordre d'importance — étudie le client et décide si une approche plus approfondie est justifiée. Prise de risques et autonomie sont indispensables. Elles nous permettent de rendre viables de petites unités, telle la filiale thaïlandaise (2,5 millions d'euros de CA) et d'en faire des centres de profit relativement protégés contre les risques qui affectent les autres entités.

Les succès de Leroy-Somer reposent avant tout sur la responsabilisation des collaborateurs, à tous les niveaux de l'organisation et quel que soit le poste occupé. Vis-à-vis des collègues, chacun est responsable de ses projets, de ses clients, comme si c'était sa propre entreprise. J'ose l'analogie militaire : nous sommes unis, parce qu'un combat mal mené peut conduire, non pas à la mort, mais à la faillite collective. Cette réalité supérieure galvanise l'ouvrier, le vendeur, le chef. C'est en quelque sorte la « fraternité d'armes » des Leroy-Somer.

Cette solidarité s'exprime également à travers l'implication des Leroy dans la société civile. On s'engage au don du sang, au club sportif, à l'aéro-club, à l'association cyclotouriste... Notre club de basket-ball accède à la Nationale III en 1975. Basket, foot et rugby sont nos trois sports vedettes.

Ce niveau d'engagement sociétal est fortement encouragé au siège comme au sein des filiales. Leroy-Somer donne une autorisation d'absence valable toute la journée aux salariés voulant donner leur sang, plaquettes ou plasma. Nos donneurs décident, malgré tout le plus souvent, de retourner au travail juste après. C'est aussi ça, l'esprit Leroy !

Les filiales Leroy s'entourent par ailleurs de compétences issues de la société civile. J'ai ainsi l'honneur d'avoir à mon *international advisory board* de Singapour : une présidente du don du sang, un haut gradé philippin ainsi qu'un prince malaisien, Tengku Abdulraman, qui devient ministre par la suite.

Une politique sociale d'avant-garde

Il ne suffit pas d'honorer de temps à autre les employés ou de leur donner la possibilité de s'engager et de s'épanouir en dehors du monde du travail. Il faut également qu'ils puissent bénéficier des profits de la société. Si l'idée vient du général de Gaulle au sein du conseil de la Résistance, Jean Girette[123], autre mentor de Chavanes, en fait l'un de ses combats. Ce prêtre-

[123] Polytechnicien, ingénieur des ponts et chaussées, Jean Girette, devient ouvrier après la mort de sa femme, et Frère Jean-François du Prado. Il relate son expérience de la vie d'usine dans son livre *Je cherche la justice* (éd. France-Empire).

ouvrier lance un appel à l'intéressement des salariés dans les années 1950 : « L'ouvrier désire qu'une solidarité vraie, et ressentie comme telle, puisse exister entre les progrès de sa situation matérielle et la prospérité de son entreprise. »

À la grande surprise du patronat, Marcellin Leroy met en place le tout premier plan d'intéressement de l'industrie française, dès 1946. Entre 1988 et 1990, les primes atteignent l'équivalent de 4 mois de salaire pour les employés du siège… et jusqu'à 14 mois dans certaines filiales ! En 1991, le cabinet de consultants Hays réalise une étude sur les meilleures entreprises où travailler à Singapour. Leroy-Somer est classée première. La seconde est Saft, également française. La troisième est Schneider. Beau triplé pour le Team France. Je précise que nos trois entreprises se sont liguées pour offrir une formation « culture française » à l'Alliance française de Singapour (que nous finançons également).

À tout seigneur, tout honneur : Georges Chavanes est embauché par Marcellin Leroy en 1956. À la mort de ce dernier, en 1958, il reprend la direction de l'entreprise et fait siennes les conceptions sociales de Marcellin Leroy. Nous l'avons vu précédemment, dès cette époque, il conçoit avec l'ancien maire et le boulanger du village de Lalouvesc, l'idée d'une « usine à la campagne » tout à fait autonome financièrement.

En 1960, il lance une collecte de capitaux avec le boulanger auprès des habitants du village. Chacun verse entre 500 et 1 000 francs en moyenne. Et la vingtaine de sœurs du couvent voisin se joignent aussi à ces « capitalistes ». Le boulanger réunit ainsi 220 000 francs. Un emprunt de la même somme est souscrit auprès du Crédit lyonnais.

Le 15 août 1962, la SA de mécanique et d'outillage embauche ses premiers ouvriers. L'aventure continue quelques années plus tard. À quelques kilomètres de là, dans la vallée, l'usine de tissage de Saint-Félicien fait faillite. Les investisseurs historiques de la SAMOV se joignent à nous pour reprendre l'affaire et convertir une centaine d'emplois au bobinage de moteurs électriques. L'implantation ardéchoise de Leroy-Somer se dote ensuite de trois unités supplémentaires : Arcens, autre usine textile en faillite est réorientée par les équipes Leroy dans la production de moteurs électriques (toujours avec l'aide des bonnes sœurs !), Devesset, une fonderie créée ex nihilo et Chazelles qui inaugure une autre usine de moteurs électriques. Résultat : plusieurs centaines d'emplois créés, un chiffre d'affaires de 60 millions de francs par an et une marge brute d'exploitation (Ebitda) proche de 15 %. Dans notre secteur, c'est énorme. L'aventure destinée à sauver un petit village de montagne s'est transformée en un groupe industriel qui fait vivre plusieurs centaines de gens du Vivarais. Elles emploient aujourd'hui 250 personnes en direct et près du double en indirect.

Dans la vallée, la belle aventure humaine et industrielle de Saint-Félicien continue. Notre nouvel actionnaire, Nidec, a décidé d'y développer l'activité.

PARTIE VII

De nouveaux actionnaires pour une nouvelle aventure

Un mystérieux acheteur

Un beau jour de juin 1989, je reçois un appel de la part de Bernard, un syndicaliste, membre du *board*. J'ai expliqué plus haut l'originalité de notre gouvernance : quatre de nos *boardmembers* sont en fait de simples employés. La Bourse n'aime pas trop ça, mais personnellement j'y trouve cet immense avantage : tout se sait, hormis bien entendu les discussions couvertes par le secret du *board*.

Bernard désire s'informer sur l'Asie, désormais premier apporteur d'affaires aux usines françaises. « Maison de verre » oblige, un membre du *board* a toute légitimité pour se renseigner sur ce qui est devenu la plus grosse implantation du groupe à l'international, surtout s'il paie le séjour de sa poche, hormis le plat de *laksa* que je lui offre à la Ah Mei Canteen de Jurong.

L'une des questions de Bernard a trait à la réputation de Singapour chez les syndicalistes : une sorte de paradis fiscal. Je lui montre les usines en étages de Kallang et de Paya Lebar, ainsi que les zones industrielles de Tuas et de Jurong. Il me demande où se planquent les fonds spéculatifs. Réponse : il n'y en a pas ! Nous avons à cette époque deux actionnaires singapouriens : le fonds souverain GIC et le fonds privé Goh. Tous deux sont en principe avec nous pour vingt ou trente ans, et parfaitement satisfaits de nos performances, les meilleures du CAC puis du SBF-120.

En venant de l'aéroport pour aller à Jurong, via la Pan Island Expressway, on ne voit que des usines, puis la jungle, puis à nouveau des usines, des usines, un bout de jungle, et enfin des usines. « Quid des banques ? » Les banques se trouvent à proximité des lieux de production, expliqué-je. J'amène Bernard chez le chef de notre pool bancaire de l'époque, DBS Bank, à Jurong, au beau milieu d'un pâté d'usines collées les unes contre les autres. Je lui présente notre banquière, Fang. Elle sort d'un rendez-vous à l'usine mitoyenne et s'excuse d'une tache de cambouis sur sa jupe. « C'est ça, Singapour ? » Trente pour cent d'emploi industriel, en effet. Le triple de la France. Mais pas le Panama !

Sur le ton de la confidence, Bernard m'apprend qu'il « se trame » quelque chose à Angoulême. Philippe Sabouraud, membre du directoire, est à Los Angeles en compagnie de Jean-Paul Montupet qui vient de signer un accord. Des noms de repreneurs circulent : Caterpillar ? General Electric ? Ma collaboratrice July Roslan ne tarde pas à recevoir un appel urgent : Philippe Sabouraud annonce en effet son arrivée imminente en Asie.

Chef de la division grand public, Philippe Sabouraud est aussi membre de la plupart de nos conseils d'administration à l'international. Il visite nos installations singapouriennes, félicite habilement tout le monde pour « l'immense travail effectué et tout ce qui vous reste à accomplir » puis me lance « Vous savez que nous vivons une période historique… » Je comprends alors qu'il ne s'agit pas d'une simple alliance industrielle, mais de quelque chose de beaucoup plus important.

Nous vivons un profond bouleversement de l'industrie en France. Les « familiaux », évincés par l'ISF, disparaissent au profit de financiers. En effet ces premiers n'ont pas les moyens d'acquitter l'ISF, à moins de se distribuer des dividendes considérables, ce qui affaiblirait les capacités d'innovation et d'investissement de leurs sociétés. Or les fonds ne paient pas l'ISF.

L'ISF est fondamentalement un impôt anti-emploi français et anti-industrie. Le CAC-40 et le SBF-120, jusqu'alors familiaux et français, vont donc devenir américains et essentiellement financiers. L'ISF favorise les fonds notamment étrangers qui vont désormais gérer nos entreprises depuis Dublin en lieu et place des Suzette et Albert-Jean d'Angoulême et de Saint-Symphorien d'Ozon.

L'OPA proposée par Emerson se situe à 2 125 francs l'action. C'est une bonne affaire pour l'employé-actionnaire lambda. La dernière campagne de souscription, fin 1987, était à 320 francs… Faut-il vendre ? Je suis aux premières loges pour en décider : l'Asie contribue aux deux tiers de l'augmentation de nos ventes comme des profits et ce n'est que le début. Trois de nos cinq premiers clients au plan mondial sont désormais asiatiques : Keppel (Singapour), FELDA (Malaisie) et NaPoCor (Philippines). Leroy-Somer est devenu le co-leader des exportations industrielles françaises dans la zone indopacifique, aux côtés d'Airbus. Nous avons scellé d'importants partenariats avec les EdF locales, au grand dam des honorables Siemens, ABB, GE & Co. De même avec les forces armées de la région, désormais équipées en matériel Leroy.

Question : pourquoi changer d'actionnaire ?

Réponse : « parce que c'est dans l'intérêt de tout le monde. »

Admettons. Les 2 125 francs proposés par action correspondent en effet à 3,65 fois l'Ebitda projetée pour 1990, un multiple correct pour l'époque. En dehors des familiaux (les Hommet et Bertin) et du directoire (Barry, Henry, Montupet et Sabouraud), nous sommes trois patrons de filiales à détenir chacun plus de 3 000 actions : Singapour, Italie et Allemagne. 1 700 de nos employés possèdent chacun plusieurs actions : c'est dire à quel point notre actionnariat est éparpillé. Dans l'écosystème Leroy, ce sont ainsi plusieurs milliers d'investisseurs qui croient en nous. Cela fait beaucoup de gens susceptibles de vendre à des tiers, tels Siemens ou ABB.

Je procède à deux ou trois calculs. Leroy-Somer est alors une SA au capital de 131,7 millions de francs divisé en 1 317 406 actions de 100 francs nominal, dont 1 258 374 sont inscrites à la Bourse de Paris. Les 593 742 actions détenues par les Hommet, Bertin et Montupet sont déjà entre les mains d'Emerson. Suzette détient à elle seule 30 % des actions et 43 % des droits de vote. L'affaire n'est cependant pas encore gagnée pour l'acquéreur.

Que faire ? Appeler les fonds singapouriens et leur vendre une nouvelle *equity story* ? Je viens de leur exposer que nous sommes la plus belle valeur de la place de Paris, aux côtés de LVMH… Leroy-Somer, meilleur parcours du CAC depuis sa création en juin 1986 puis du SBF, leur a fait obtenir en moyenne 400 à 550 % : TRI[124] inégalé au plan mondial chez GIC et CK Goh. On va leur raconter quoi ? Que c'est fini ? Je viens de leur faire miroiter, sans rien promettre, la perspective d'une performance à venir tout aussi éblouissante, notamment sur la base des contrats signés en Asie.

Je reçois quelques jours plus tard la visite d'un autre envoyé du siège. La rébellion couve. Personne ne comprend pourquoi une entreprise aussi florissante que Leroy-Somer est en vente. Les patrons de filiales et de *business units* sont en général contre l'opération. Le directoire est en revanche pour. « Si vous bloquez, m'assène-t-on, ça se terminera en bain de sang avec Siemens et ABB qui vont déclencher une guerre pour le contrôle du capital, avant de nous découper en petits morceaux. »

Soit. L'Allemand est notre ennemi juré depuis qu'il a copié notre moteur N, coulé en aluminium directement sur le paquet de tôle (que nous n'avions pas breveté). Nous avons riposté en nous inspirant librement de leur méthode de traitement thermique des tôles dans une atmosphère non oxydante (pas non plus protégée). L'honorable Siemens a répliqué en copiant l'alternateur autorégulé (toujours pas breveté). Avec le recul, c'est grâce à cette lutte au couteau entre Siemens et Leroy-Somer que le secteur est resté à la pointe de la technologie. De nos jours, nous collaborons sur certaines gammes et nous affrontons sur d'autres. La *coopétition*[125] est globalement très positive pour l'innovation.

Néanmoins, l'acquéreur n'est ni Siemens, ni ABB ni GE. Il faut se montrer coopératif, sinon il y aura surenchère puis démembrement du groupe. Sabouraud fait passer le message : « Évitez la bataille boursière en apportant à l'OPA toutes les actions à l'acheteur américain. »

---

[124] TRI : taux de rentabilité interne ou taux de rendement interne.

[125] Coopétition : coopération de circonstance ou d'opportunité entre acteurs économiques concurrents.

Un projet « à synergies »

J'ai précédemment expliqué comment les filiales à l'international conçoivent elles-mêmes leurs propres ensembles de maintien et conversion d'énergie et comment cette activité nous amène à verser des dividendes considérables à Angoulême. Grâce à la conversion d'énergie, nous avons signé avec NaPoCor, l'EdF philippine, et obtenu le « contrat du siècle » portant sur 1 200 génératrices de 750 kVA, suivis d'autres, encore plus importants.

Las ! L'acheteur possède Liebert, une filiale spécialisée dans ce domaine. Par ailleurs le Britannique Control Techniques, également en voie d'intégration par Emerson, conçoit l'électronique de pilotage des moteurs. Chez nous, cette activité est exercée aux Agriers, près d'Angoulême. Faudra-t-il fermer les Agriers ?

J'ai souligné l'importance de former d'excellentes équipes commerciales, dirigées par des leaders exceptionnels capables d'augmenter considérablement les ventes, à l'image de nos succès en Égypte (Paolo Campisi), en Thaïlande (Pranetr Raksincharoensak) ou encore au Chili (Luis Lara). Cependant, si la moitié de ce qui reste du catalogue est retirée, le front cédera inévitablement.

Pouvons-nous envisager une solution autre qu'Emerson ? Si oui, où commencer le roadshow ? Un roadshow est une rencontre avec les investisseurs, qui s'étend généralement à des destinations telles que Singapour, Kuala Lumpur, Sydney, Riadh, Toronto, Oslo, etc. Je préfère les investisseurs à long terme, ce qui est le cas des Asiatiques (GIC notamment) à qui je rappelle la croissance fulgurante de l'action Leroy-Somer de 1986 à 1990 (+710 %) avant d'aborder la stratégie pure.

Je continue de tisser les liens avec GIC, Temasek et CK Goh. Les trois nous doivent leur plus belle performance en *global equities*, et même en *equities* tout court : « *Mr. Besanger, what do you propose* ? »

Manille est une autre possibilité. Nous avons des partenaires et alliés tels que les Zobel de Ayala, francophiles, francophones, descendants de Basques, possédant des appartements à Paris où une de leurs filles est mannequin. Les Zobel sont en quelque sorte la royauté de l'Archipel. En plus de Singapour et de la Malaisie, les Philippines représentent désormais le pays où notre part de marché est la plus élevée. Nos efforts y sont couronnés de succès. Les Zobel ont investi dans des actions de notre groupe. Cette famille prestigieuse est associée à Mitsubishi, qui les aide à assembler des centrales équipées de générateurs Leroy. Mitsubishi, avec qui j'entretiens également des relations étroites, détient une part du capital d'Ayala y Compañía et il est envisageable qu'ils se joignent à notre tour de table.

Jaime Zóbel de Ayala, le patriarche du groupe est un ami personnel et un industriel respecté. Sa famille a des liens historiques avec Gustave Eiffel et parle un français irréprochable. La possibilité d'impliquer Temasek, GIC, Mitsubishi et le groupe Ayala semble cohérente.

Malheureusement, 88 % des actions ont déjà changé de mains à ce stade : avant même que les patrons de filiales puissent monter une contre-offre.

Affaire conclue avec Emerson

Dès lors, plus question de lancer une quelconque surenchère. Le 15 janvier 1990, l'annonce tombe : « Emerson-Europe a acquis 92 % du capital de Leroy-Somer. »

Pour les patrons de filiales comme pour bon nombre d'employés, c'est la cata. Comment les familiaux ont-ils pu brader le groupe à ces conditions ? Chamailleries internes, fisc ? Le directoire ne fonctionne pas. Une bonne partie de son temps est consacré à des querelles internes. Lorsque je me rends à Angoulême, j'explique l'Asie à Philippe Sabouraud. Normal, puisqu'il siège à mon *board*. Lorsque je sors de son bureau, la secrétaire d'Alain Bertin m'appelle : « M. Bertin souhaite vous voir. » « Normal », là encore : les Bertin possèdent près de 15% de notre entreprise, et même 16,8% avec le «gang des Lyonnais », un groupe d'investisseurs alliés aux Bertin. Je lui raconte la même chose : gros contrats, Ebitda, RoCE, freecashflow et perspectives à venir. Puis, Claude Henry me fait appeler. Normal : c'est lui qui s'occupe des usines, il veut savoir ce qu'il devra produire. Je lui explique la même chose qu'aux deux autres. Ensuite, les trois se chamaillent. Suzette, bienveillante, aimable, ne supporte plus ces dissensions. Chavanes : « la mésentente règne. » Un patron suffit : Paul Barry. Il est hélas souffrant. Claude Henry, plus jeune, pourrait prendre la relève. Il le fera bientôt.

Restent 8 % d'Astérix irréductibles qui s'opposent à la revente de Leroy-Somer : employés-actionnaires, patrons de filiales et certains fonds d'investissement. Parmi ces derniers, Marceau, dirigé par mon ami Franck Boniszyn. Il est toujours actionnaire de Nidec Leroy-Somer aujourd'hui à mes côtés et nous avons réinvesti lors de l'augmentation de capital de mars 2023, car nous y croyons plus que jamais, avec l'arrivée de Nidec qui déploie un véritable plan stratégique pour l'entreprise.

> Contrairement à ce que prétendent certains, Suzette ne nous a pas « trahis ». La fiscalité française étant ce qu'elle est, elle a simplement agi dans l'intérêt de tous, en évitant la surenchère et le dépècement.

Cependant Franck et moi sommes persuadés que Leroy-Somer vaut beaucoup plus que l'offre remise par Emerson. 400 millions de dollars, c'est grosso modo la valeur actualisée des seules opérations asiatiques. En tant qu'entreprise de technologie, on ne devrait pas baser l'évaluation de notre entreprise sur un simple multiple des ventes, ni même d'Ebitda, mais de *flux de trésorerie actualisés*. Or quand on actualise les flux de l'Asie, mais aussi des US, de l'Angleterre, l'Allemagne et l'Italie, on en déduit que l'action de l'époque vaut au bas mot le triple de ce qui est proposé par l'Américain… Il réalise une excellente affaire !

Cela dit, le rétablissement de l'ISF par Rocard a conduit à une vaste braderie de l'industrie française aux fonds étrangers. Ce mouvement s'accélère avec Alain Juppé qui prône le déplafonnement de l'ISF. On solde l'outil industriel français pour payer les fins de mois de l'État. 4 730 ETI industrielles passent sous contrôle étranger : un saccage.

Premiers pas avec Emerson

Je rencontre bientôt Al, le COO d'Emerson. Il a la sagesse de ne pas se comporter en « territoire occupé ». Il est cependant obnubilé par la construction d'une usine « de classe mondiale » sur la côte chinoise, afin de servir la quasi-totalité de l'international. C'est alors un dogme : la Chine étant le pays le plus compétitif au monde, toutes les activités industrielles ont intérêt à être localisées là-bas, n'est-ce pas ?

Je ne suis pas d'accord avec son opinion, et ce pour plusieurs raisons. D'abord, mon côté militaire m'enseigne que la Chine entretient une relation complexe et souvent tendue avec ses voisins. D'un côté, elle commerce avec eux, de l'autre elle envahit les domaines maritimes vietnamien, philippin, malaisien et autres. Le Viêtnam répond en appliquant une surtaxe de 18% sur les biens d'équipement chinois, mesure toujours en vigueur. Les Philippines et la Malaisie font spécifier « provenance G7 » sur leurs appels d'offres, ce qui exclut la Chine. En finançant les maoïstes philippins puis la Jemaah sur plusieurs décennies, Pékin s'est clairement attirée l'ire de Manille. La question taïwanaise s'y ajoute, de même que les invasions à répétition des territoires indiens et bhoutanais et les craintes inspirées à l'ASEAN. Le choix de la Chine comme base de production pour l'Asie n'est pas du tout évident.

Enfin, ce que j'ai pu voir là-bas n'est pas toujours encourageant : pertes abyssales dans les JVs, éviction de terrains rezonés, pillage des brevets et de la technologie. Schneider y perd 350 millions de dollars. Pour notre part, nous nous en sortons plutôt bien, mais c'est parce que nous avons divisé la Chine en trois zones, servies depuis Singapour, Hong Kong et Kaohsiung, à l'aide d'agents chinois implantés « sous le radar », qui ne dérangent personne et que je rémunère à la commission (généreuse, car les affaires vont bien, merci !). En tout cas pour nous, la Chine, c'est le paradis…

Quelques semaines plus tard, je reçois la visite de « Chuck » Knight, à Singapour. Le légendaire CEO *most admired* d'Emerson, escorté par Al. Chuck est, entre autres, réputé pour avoir maintenu un record inégalé sur Wall Street : 43 ans consécutifs d'augmentation des profits. Dans *Fortune*, il explique que son rôle est « d'accompagner le management dans une odyssée de croissance et de confiance en soi. » Et avec quel style !

Une anecdote : lorsque Chuck visite l'une de ses implantations, il demande à chaque personne rencontrée ce qu'elle fait. Si la réponse est claire et que sa fonction lui semble indispensable, il réplique par quelque compliment. Dans le cas contraire, il demande plus de précisions. C'est sa manière de faire la chasse aux *bullshit jobs* et autres *fuzzy job definitions* (postes à la définition nébuleuse).

Pourquoi nous a-t-il rachetés ? « Pour que vous nous appreniez l'international, » rétorque-t-il. Sur le terrain, le management français, mélange d'initiative et de créativité, marche plutôt bien. Assez admiratif, Chuck parle de la *French touch*. Une de ses interrogations porte sur la façon dont nous avons réussi à prendre pour un milliard de dollars de commandes avec des fonds propres négatifs : « Chez nous, les banquiers ne financeraient jamais ça. »

Je lui réponds qu'on ne savait pas que c'était impossible, c'est pourquoi nous l'avons fait. En toute sincérité, *that was the truth* ! « *So French*, » me répond-il. J'ai également mis en exergue, derrière mon bureau, mon diplôme de *combat medic* de la National Guard de Virginie. Il voit bien que je ne suis pas anti-américain. Par contre, j'ai beaucoup de questions… *So French* !

Calpers, 1er investisseur mondial

Le fonds de retraite Calpers est le premier actionnaire d'Emerson. Il est bientôt dirigé par William Christ Jr., un enseignant en économie agricole à l'Université de Davis, au cœur de la région productrice d'ail en Californie.

J'ai eu l'occasion de rencontrer cet authentique francophile lors d'un dîner organisé à Paris par la Fondation franco-américaine. Il est incroyablement éloquent sur l'économie de l'ail, sa passion et son domaine de recherche. Selon lui, la variété californienne est la meilleure au monde. Je lui propose de goûter du Violet de Cadours. Mon interlocuteur reconnaît volontiers que l'ail gersois est « très parfumé »… mais ne va pas jusqu'à admettre sa supériorité gustative.

Nous passons bientôt aux choses sérieuses. Bill préside les conseils de Calpers-CalStrs en tant que membre syndiqué. Ces fonds de pension qui gèrent les retraites de près de deux millions de Californiens sont les plus importants investisseurs institutionnels de l'époque. Leur influence s'étend jusqu'à notre intégration au CAC (juin 1986). Bill adopte une approche à long terme et se montre toujours impliqué dans Leroy-Somer lors de son acquisition par Emerson. Il vient de réaliser un gain de 620 % et me demande : « d'après vous, est-ce que ça va continuer, avec Emerson ? »

Le problème est qu'Emerson est beaucoup plus gros que Leroy-Somer… Une performance de 620% sur une entreprise de deux milliards de CA, c'est du domaine du possible. Mais sur trente milliards… ?

Calpers affiche un excédent annuel moyen de 10,8 % sur ses investissements, bien au-dessus de la moyenne historique de rendement des actions à 7 %. Une performance prometteuse pour les futurs retraités. Pour atteindre de tels résultats, Bill a mis en place un mécanisme quasi automatique pour ses investissements, impliquant 4 ans pour Leroy-Somer et 40 ans pour Emerson. Les employés publics de Californie complètent généralement leur retraite avec un plan acquis avec leurs économies, notamment le plan 401(k)[126]. La pension est déterminée par la valeur du compte individuel à l'heure de la retraite. Le retraité choisit de répartir sa pension en annuités, de recevoir la somme sous forme de paiements séparés et imposables, voire de la transmettre à ses héritiers. Si les placements sont fructueux, une retraite confortable est au rendez-vous.

Ironiquement, le concept du 401(k) trouve ses origines en France… où il est expérimenté pour la première fois en 1946 par un certain… Marcellin Leroy !

Cependant, une ombre plane sur Emerson : à mesure que Calpers grandit, dénicher de nouvelles « pépites » comme Leroy qui garantissent d'aussi bons rendements pour les retraités devient plus difficile. Or le fonds est en passe de doubler de taille en dix ans. En 2004, Calpers menace de se retirer d'Emerson, ce qui provoque une chute immédiate du cours de son action. Même scénario en 2009-2010. Pour faire face à cette situation, la direction d'Emerson prend des mesures drastiques, qui rappellent la décimation dans l'armée romaine.

Dans le contexte romain, la décimation consiste à punir des soldats pour des fautes commises. Les hommes sont répartis en groupes de dix, puis l'un d'entre eux, choisi au hasard, est exécuté. Chez Emerson, cette décimation se traduit par une réorganisation sévère du réseau commercial. Elle inclut la fermeture de nos filiales dont la Thaïlande et le Chili, celle de succursales importantes comme en Égypte. Aucun égard non plus pour les filiales de services au rôle pourtant déterminant. « Partez ! » : voilà le message cassant envoyé par Emerson.

Ces mesures engendrent un climat de peur et de méfiance qui ont des conséquences néfastes sur le moral et la productivité des employés. Deux ans plus tard, nos ventes à l'export affichent leur niveau le plus bas. Particulièrement en Asie du Sud-Est où elles sont divisées par sept. Les usines encaissent d'autant mal le coup qu'une grosse partie de la production a entre-temps été transférée en Asie. La baisse des commandes fait chuter la charge de travail. Celle du CA aboutit à la suppression des primes de participation et contribue aux grèves de 2014-2015. Les employés français perdent un quart de leurs revenus annuels, soit 4 700 euros sur un salaire de 1 500 euros.

La rentabilité du groupe Leroy-Somer dépend en grande partie de la santé de son réseau international, étant donné que 98,3 % de nos machines sont

[126] Le Plan 401(k) est un système d'épargne retraite par capitalisation très largement utilisé aux États-Unis.

exportées. Six filiales situées à Singapour, Dubaï, Chicago, Milan, Londres et Francfort génèrent la majeure partie des profits du groupe. Celles-ci possèdent elles-mêmes des sous-filiales très rentables, telles que DM Tech en Thaïlande ou la Service Italiana de Milan. Les bénéfices sont redistribués sous forme de dividendes à la holding d'Angoulême, qui les reverse aux usines. Au final, la décimation mise en place par Emerson a un impact délétère, tant sur le plan humain que stratégique et financier.

L'actionnariat salarié, pilier de l'engagement

1 700 de nos employés sont actionnaires, avant la reprise par Emerson. L'engagement des parties prenantes dans le capital constitue un pilier du groupe jusqu'à son acquisition par l'Américain en 1990. Cette politique novatrice, inaugurée par Marcellin Leroy dès 1946, inspire d'autres entreprises dont Bouygues et Essilor.

Sous l'impulsion de Paul Barry, des plans d'intéressement des employés renforcent leur présence parmi les actionnaires dans les années 1980. Sa fille, Nadia, trésorière du groupe, devient experte en ce domaine. Une expérience qui lui permet ensuite de créer un cabinet spécialisé. NBS Conseil, à Biarritz, est largement sollicité en France et à l'étranger pour ses compétences en la matière.

Les réformateurs catholiques de l'après-guerre défendent le concept de participation des salariés au capital. De Gaulle ne promulgue finalement la loi qui encourage ces démarches qu'en 1959. Marcellin Leroy a quant à lui devancé l'appel : la participation des salariés est en place depuis 1946 dans son entreprise ! En 1967, la participation est généralisée pour les entreprises qui comptent moins de 50 salariés. Nous en sommes les pionniers.

Respect et reconnaissance d'autrui

Jean Girette écrit : « La principale faiblesse du monde patronal c'est, à mes yeux, la distance infranchissable qui le sépare de la vie concrète des hommes de la base, engagés dans les processus de production. Les hommes de la base tiennent peu de place dans la vie patronale, entièrement mangée par les relations avec l'encadrement[127]. »

Chaque année, en janvier, à partir de 1978, Georges Chavanes organise une grand-messe qui réunit cadres, ouvriers, vendeurs... Plusieurs « oscars » sont distribués lors de cet événement : meilleur ouvrier, cadre, ingénieur ou vendeur le plus méritant.

---

[127] Girette, Jean, « *Je cherche la justice* ».

En janvier 1989, le récipiendaire de l'oscar du meilleur ouvrier est Jean-Paul, bobineur au Gond-Pontouvre : gestes parfaits, camaraderie exemplaire, don du sang… un vrai Leroy ! Puis mes équipes asiatiques montent sur scène et de gros contrats, philippins et malaisiens, sont annoncés.

Leroy-Somer va encore plus loin dans la reconnaissance du travail de ses collaborateurs : elle les invite à siéger à deux organes de gouvernance, le conseil de surveillance et le comité consultatif.

Ce dernier, appelé 3C, est jadis composé de trois membres du directoire et de quatorze membres du personnel. Ce système assure la représentation des employés ainsi qu'une certaine transparence des décisions. On y engage des discussions passionnantes avec les syndicalistes et autres représentants du personnel avides de connaître les questions et les réactions des principaux clients comme des investisseurs. Chez Leroy, nulle rumeur, nul bruit de couloir, puisque les employés eux-mêmes participent à la gouvernance.

Par ailleurs, un magazine mensuel informe les salariés sur l'activité des usines et des filiales, les principales commandes, les résultats financiers depuis les années 1960… Marcellin Leroy a toujours revendiqué : « il faut toujours dire la vérité aux employés. »

Lorsque je montre au 3C notre projet de centrales électriques aux Philippines ainsi que la liste des milliers de machines concernées, un représentant du personnel me lance : « Ton truc, c'est le Titanic !

- Oui Jean-Pierre, dis-je, tu as parfaitement raison, et d'ailleurs je t'ai prévu une petite bouteille de rhum, au cas où tu prendrais le premier canot de sauvetage !

Puis, plus sérieusement :

- Comment se fait-il qu'il n'y ait pas de filtre à air sur les machines ?
- Parce que là-bas, ce n'est pas nécessaire.
- C'est où, « là-bas ? »
- Mindanao, dans le sud de l'archipel.
- Elles serviront à quoi, mes machines ?
- À alimenter un hôpital. Aux dernières nouvelles, les génératrices de l'hôpital sont en panne (ce n'est pas toi, Bernard, qui les a fabriquées, mais un de tes concurrents) et je peux t'assurer que ce sont *tes* machines à toi, Bernard, qui vont bientôt s'ébranler pour sauver des vies humaines ! »

Connaître la finalité et l'utilité de son travail est tellement enthousiasmant !

* * *

Des hommes et femmes d'exception qui ont fait Leroy-Somer

Des dizaines de milliers de salariés ont travaillé dans le groupe Leroy-Somer en un peu plus d'un siècle. Des dizaines de milliers d'autres y ont été associés, en tant que sous-traitants, distributeurs, agents ou réparateurs. Il m'est évidemment impossible de tous les citer. J'en ai sélectionné quelques-uns.

Paul Barry, le *gentleman-farmer*

À tout seigneur, tout honneur : commençons par Paul Barry, compagnon de route de Georges Chavanes, puis son successeur de 1985 à 1991. Sa recette : un management sans drame, frugal, décentralisé, aussi exigeant que bienveillant.

En hiver comme en plein cœur de l'été, Paul Barry porte presque tous les jours le même gilet à col en V qui lui donne l'apparence d'un gentleman-farmer. L'homme n'est pas un expansif, ses gestes se cantonnent au strict nécessaire. Il parle peu, il parle bas. Modeste, discret, il y a chez lui une forme de réserve qui n'exclut ni l'humanité ni la chaleur des sentiments. Sa gaîté ne s'affiche pas au-delà d'un sourire, à peine perceptible.

Très actif sur le plan intellectuel, Barry demeure humble, mais pugnace, tempéré, mais exigeant. *Low profile*, accessible, avec *a touch of less is more* : il n'affiche pas une puissance écrasante, mais plutôt une forme de bonhomie.

La construction d'un réseau commercial international est l'une des grandes préoccupations de ce patron. Il la veut aussi vaste que possible et totalement autofinancée. Il s'y attelle avec calme et conviction, comme son tempérament l'y pousse. Grâce à son concept de « flottilles de filiales », toutes en surplus financier, il fait de ce maillage international la principale ressource de nos usines… et l'un des plus beaux réseaux français à l'international.

Très proche des commerciaux, Paul Barry se déplace souvent en Allemagne où l'entreprise vend beaucoup. De même, chaque année, il ne manque pas l'occasion de jouer le chef d'orchestre à la foire de Hanovre, l'un des plus grands événements de la technologie industrielle.

Sa curiosité, son appétence pour le domaine se révèlent aussi par les questions qu'il aime me poser sur nos réseaux asiatiques.

Georges Chavanes est plutôt un homme de « prod ». Personnage solaire, il ose des coups de gueule, parfois bien nécessaires lorsque la qualité n'est pas au rendez-vous ou en cas de retard. Paul Barry est son pendant commercial.

Les deux se complètent à merveille : Chavanes le sanguin, obsédé par l'exemplarité des produits, les délais, l'organisation des usines ; Barry l'empathique, à l'écoute, préoccupé par le service au client, résolument *customer-oriented.*

Avec lui le rapport à l'autorité change, mais nous restons toujours dans le contrôle, la rentabilité à deux chiffres. Barry a presque une conception messianique de la mission de Leroy, à la façon d'une ONG...

Dans le monde actuel, on constate une sorte de personnification des sociétés à travers la mise en avant des dirigeants. On ne trouve néanmoins ni biographie ni notice Wikipédia sur Paul Barry. Pas non plus le moindre article. Le patron ne fait jamais parler de lui : il s'efface au profit des collaborateurs, de l'histoire de l'entreprise et de ses produits. Si on compare l'ego de Paul Barry à celui des autres dirigeants du CAC de l'époque, il se situe prodigieusement en dessous de la moyenne. Le 23 juin 1986, date historique, les grands pontes du capitalisme français sont tous invités à poser pour une série de photos, à la Bourse du commerce de Paris lors de l'inauguration du CAC. Alors que l'entreprise est pionnière du CAC aux côtés de LVMH, Paul Barry est absent... *So what ?*

On ne peut pas parler de leadership incarné par Paul Barry chez Leroy-Somer. Pourtant, en tant que chef d'orchestre de la plus belle progression de cours du CAC puis du SBF de 1986 à 1990, Paul Barry pourrait, ou plutôt *devrait* figurer à la une de tous les journaux économiques. Ce n'est tout simplement pas sa tasse de thé.

Pour cet architecte de l'entrée de Leroy-Somer en tête de peloton du CAC, chapeau bas !

La motivation des employés d'un groupe dépend rarement d'un phénomène individuel, irradiant à partir d'un grand patron. Paul Barry l'a fort bien compris et met toujours en avant ses lieutenants.

> Une anecdote à ce sujet : lors d'une de nos grand-messes, je suis à ses côtés avec un investisseur institutionnel. Le *zinzin* interroge Barry : il souhaite des explications sur notre *equity story,* « Leroy-Somer vise une croissance disciplinée en Asie-Pacifique. » Barry me pointe du doigt et déclare : « Le responsable, c'est lui. Voyez ça avec lui. » Le *zinzin* me demande si je possède des actions Leroy. Je lui réponds que j'investis chaque mois la moitié de mon salaire en actions. Je ne suis pas le seul !

L'organigramme représentant le client en haut et le PDG tout en bas, c'est également du pur Barry.

Pour autant, la direction est ferme et on ne peut plus explicite sur des sujets fondamentaux comme le leadership, la gouvernance, la qualité des produits, l'efficience des process ou encore la lutte contre la corruption. Moins charismatique que son prédécesseur, Paul Barry s'affranchit de la notoriété pour réaliser son action.

Liberto Hoyos, père des équipes autonomes

Quel incroyable destin que celui de ce fier Espagnol, fils de républicains réfugiés en France.

Le 6 avril 1940, le gouvernement de la 3e République décrète : « La circulation des nomades est interdite sur la totalité du territoire. Les nomades, c'est-à-dire toutes personnes réputées telles dans les conditions prévues à l'article 3 de la loi du 16 juillet 1912, sont astreints à se présenter sous les quinze jours qui suivent la publication du présent décret, à la brigade de gendarmerie ou au commissariat de police le plus voisin du lieu où ils se trouvent. Il leur sera enjoint de se rendre dans une localité où ils seront tenus à résider sous surveillance de la police. Cette localité sera fixée pour chaque département par arrêté du Préfet. »

Liberto Hoyos et sa famille, comme nombre de ces « nomades », se retrouvent internés au camp de concentration des Alliers ! Cette superficie d'un hectare soixante-cinq en bordure de la voie ferrée Paris-Bordeaux sur la commune d'Angoulême est enserrée de plusieurs rangées de fils barbelés. À l'intérieur : onze baraquements de quarante mètres sur huit. La plupart sont faits de planches disjointes. Par temps de pluie, le camp se transforme en bourbier. Faute de pompe, l'eau potable des puits n'est plus accessible. Les fosses d'aisances sont pleines, donc inutilisables. Les douches ne fonctionnent pas. Des affections cutanées se répandent : gale, impétigo et autres. Une épidémie de typhoïde sévit… Le camp compte beaucoup de malades et bientôt des morts, des dizaines de morts. En août 1940, Vichy décide de les déporter à Mauthausen, où une mort quasiment certaine les attend.

Par miracle, la famille Hoyos s'échappe et se réfugie chez la belle-sœur de Melle Hérault, qui fait le ménage des bureaux de Sillac.

En 1957, Liberto Hoyos obtient son diplôme d'ingénieur des Arts et Métiers. Marcellin Leroy lui-même l'embauche immédiatement : il voit en lui un futur haut dirigeant. Son fils Nobel Hoyos, suivra par la suite le même parcours[128].

---

[128] Nobel Hoyos, né en juin 1964, fait la même école que son père avant de devenir directeur de l'usine de Beaucourt. Il est aujourd'hui administrateur de la SAMOV.

Liberto Hoyos débute par la position de directeur de la fonderie de Rabion. Position ô combien difficile ! Ses prix de cession sont jugés excessifs par les autres usines. Sillac décide ainsi de le boycotter en achetant à l'extérieur. Qu'à cela ne tienne ! Liberto Hoyos monte illico une équipe de commerciaux pour écouler sa production auprès d'autres industriels. Lui-même n'hésite pas à se rendre à l'autre bout de la France à bord de sa vieille Simca. Cet effort permet à Rabion de baisser fortement ses coûts et de devenir très compétitive. Dès 1958, il promeut une forme d'autogestion dans les ateliers de la fonderie. Des « équipes d'entreprise » et des « conseils de fonction » se retrouvent chaque semaine pendant cinquante minutes (pas une de plus). Elles réunissent les méthodes, la fabrication, le commercial... Chacun y est libre de s'exprimer comme il le souhaite.

C'est encore un succès : les coûts chutent, les ventes explosent... Dès lors, la « méthode Hoyos » devient celle de Leroy et marque le début d'une belle aventure humaine et industrielle. Sans Liberto Hoyos, Leroy-Somer n'aurait sans doute jamais été Leroy-Somer !

Marcelin Leroy, vu par Christiane, bobineuse

Marcellin Leroy était quelqu'un qui vous respectait, parce qu'à la base, il était bobineur, comme nous. Un ouvrier sans le bac ni rien. Il n'avait pas du tout la « grosse tête ». Ce n'était pas un grand bourgeois, mais il avait des manières : il passait dans les ateliers tous les matins et saluait très poliment « Bonjour, Madame Untel, bonjour, Monsieur Untel. »

M. Leroy connaissait tout le monde par son nom. Le soir, il venait vous féliciter pour le travail accompli dans la journée et de nouveau il vous serrait la main. C'était quelqu'un de très proche des gens. Il vous demandait si ça allait. Il demandait des nouvelles : le fils, la fille, l'époux, la santé, les études, tout ça.

On faisait quand même un peu attention. Il ne fallait pas qu'on se trompe, car il savait tout des moteurs !

S'il voyait un geste maladroit, il disait : « alors là, c'est vous qui voyez. C'est un peu comme vous le sentez, mais peut-être aussi qu'on pourrait s'y prendre comme ça. » Et il nous montrait le bon geste. »

André et les donneurs de sang

Un don du sang peut sauver trois vies. C'est un acte qui nous concerne tous. Au-delà de la générosité, le moment du don permet aux êtres humains de se rassembler pour offrir un peu d'eux-mêmes dans le but de sauver des vies.

Le modèle français repose sur l'altruisme : le don de sang est un acte volontaire de solidarité qui n'attend rien en retour. Les équipes médicales et les bénévoles qui encadrent les séances créent une ambiance chaleureuse, rappel puissant de notre humanité commune, de notre capacité à transcender les différences pour le bien-être de tous. Les préoccupations quotidiennes s'effacent. Elles laissent place à un sentiment d'appartenance, à une communauté unie par un objectif noble.

À Angoulême, nous devons beaucoup à l'action de nos maires. D'abord Georges Chavanes, puis Xavier Bonnefont, cheville ouvrière de notre récente labellisation « Commune donneur[129] ». Partenaire de l'Établissement français du sang, Angoulême dispose d'une importante section de la Fédération française des donneurs de sang bénévoles (FFDSB), première association du pays avec ses 820 000 membres.

Les vendredi 12 et samedi 13 mai 2023, six sections Rotary et la FFDSB se sont unies sous le haut patronage de M. le maire pour organiser un marathon de deux journées consécutives de don du sang dans les grands salons de l'hôtel de ville d'Angoulême.

Cet engagement est également une des grandes traditions de l'usine de Rabion. Liberto Hoyos était lui-même très assidu. D'un point de vue personnel et en tant que président de section, je me dois de saluer mes nombreux collègues qui participent. Certains Leroy atteignent de véritables records. Notre ami Jean-Pierre vient de franchir le cap des 150 dons. On se souvient aussi d'André, figure légendaire, qui comptabilise 174 dons. Il a commencé jeune et reste assidu, quatre fois par an. Le point de départ ? L'impulsion de son mentor, Liberto Hoyos et un pari entre camarades de Rabion. Voilà comment on devient, un donneur dont le score approche des deux cents, près de trente-cinq ans plus tard.

À Champniers, le 1er avril 2023, notre camarade Jean-Jacques Rullaud préside sa 30e assemblée générale des donneurs de sang… Collectivement, les « Champniers » en sont à leur 7 500e don !

« Frédo », Réserviste dans la Garde nationale

Être réserviste, c'est être deux fois citoyen, disait Winston Churchill. « Frédo » est la parfaite incarnation de cette double participation à la vie de la cité.

Lors de l'attentat du Bataclan (2015), il se porte volontaire pour servir comme réserviste opérationnel dans l'armée de Terre. Sous-officier, il encadre, anime et guide un groupe jusqu'à une dizaine de personnes, sans jamais perdre de vue son propre engagement opérationnel. Il tient son poste

---

129 Le label Commune donneur : symbolise et valorise l'investissement de la commune dans des actions menées en faveur du don de sang.

aux côtés de ses homologues de l'armée d'active dans des missions opérationnelles : sécurité des installations du régiment et du territoire national dans le cadre de l'opération Sentinelle. Son souhait d'être un citoyen qui agit en faveur de la liberté de notre pays et s'engage contre le terrorisme l'a conduit à se porter volontaire dans le cadre de cette opération.

Ainsi, durant une quinzaine de jours, il participe chaque année à la lutte antiterroriste, avec des moyens humains et matériels qui mettent en œuvre les savoir-faire militaires. Ces actions répondent à plusieurs objectifs : protéger la population, dissuader les terroristes et réagir en cas d'attaque.

Pour Leroy-Somer, cet engagement est gagnant-gagnant. En effet les structures de plus de 500 salariés doivent établir un rapport de responsabilité sociale de l'entreprise, or le soutien à la Garde nationale s'inscrit désormais parmi les actions valorisées.

Le jour où Leroy-Somer devra « planter le drapeau » en rouvrant quelques département, filiale ou succursale, nous savons pouvoir compter sur l'engagement et le leadership de Leroy, tels que Frédo !

Pranetr, l'ami de Rabion

En Thaïlande, tout est affaire de relations, militaires notamment. En juillet 1988, j'y recrute l'entrepreneur Pranetr Raksincharoensak, officier de réserve et fondateur de la société de distribution de matériel électrique D.M. Tech. L'épouse de Khun Pranetr est administratrice de plusieurs grands groupes thaïlandais et grande donatrice à l'Alliance française, où je suis également administrateur. Son numéro 2, Wudhichai (« Wud »), est un ancien officier de la Marine royale thaïlandaise, carré et précis comme une horloge. Nous nous entendons tous à merveille et les affaires de Leroy-Somer en Thaïlande ne tardent pas à décoller à la verticale.

Dans le domaine des motoréducteurs et de l'électronique associée, les équipes de D.M. Tech sont incontournables et techniquement très pointues. Elles offrent un service client exemplaire. À la fin des années 1980, je recrute Sunny Hau et développe notre nouveau réseau asiatique. L'équipe de Pranetr, Wud & Co a eu l'occasion d'apprécier le fonctionnement de notre système de partenaires. L'apport des équipes de D.M. Tech enrichit le pack Leroy. Il permet à l'usine de Rabion de réaliser de belles ventes à l'exportation.

Pour Leroy-Somer, ce partenariat évolue bientôt en filiale et se traduit par une première série de commandes de la part d'EGAT (l'EDF thaïlandaise), la Royal Thai Navy (génératrices, convertisseurs). Nous travaillerons ensuite pour la Royal Thai Air Force (conversion d'énergie 50/400Hz notamment).

Grâce à Pranetr, Leroy-Somer devient également leader dans le domaine des Pouliblocs, Compablocs et autres motoréducteurs au royaume de Siam, ainsi que dans le secteur des génératrices et de la conversion d'énergie à usage militaire.

Leroy-Somer équipe l'aéroport de Bangkok, la plupart des hôpitaux du pays, les groupes de secours des grands immeubles et l'Université Chulalongkorn, entre autres.

Lorsque Leroy-Somer prend le contrôle d'une entreprise étrangère, elle applique ce principe fondamental : elle récupère les fonctions support qui sont gérées avec des coûts très bas. Les autres aspects, en particulier le commercial, sont du ressort du partenaire étranger.

Une anecdote à ce sujet : l'université de Chulalongkorn insiste sur l'utilisation de matériel américain, notamment de General Electric ou Emerson, voire allemand. Origine, parcours, fonction ou autres titres : l'idée de hiérarchie est très forte en Thaïlande, comme dans toute l'Asie. On est colonel, docteur, professeur, ingénieur ou rien. Si, par hasard, on vous présente en héros, ce qui fut mon cas, il vaut mieux éviter de trop se vanter. La meilleure réponse quelque peu standardisée est : « *Mị̀ c̄hạn khœ phyāyām xỳāng tĕmthī̀* » (Je m'efforce de faire de mon mieux).

L'usine de Rabion bénéficie grandement de l'expertise commerciale et de l'atelier de service de D.M. Tech. Cependant, bien que l'affaire soit à l'équilibre, Emerson la considère comme « trop petite » et décide de la fermer en 2010, malgré 43 millions d'euros de commandes cumulées apportées aux usines de Rabion, des Agriers et de Sillac.

Pierre Barbecot, « l'Africain »

Loin des effets de mode, Leroy-Somer a toujours été une authentique pionnière en matière de RSE. Pierre Barbecot quitte Angoulême en plein été pour se diriger vers le Niger ou le Mali dès les années 1970. Son but : réparer des pompes et amener de l'eau au village. Il lance l'opération Eau vive avec une douzaine d'ingénieurs Leroy comme lui.

Pierre Barbecot débute sa carrière chez Michelin, en tant que chargé de mission pour le Sénégal. Il rejoint Leroy-Somer en 1976 où il crée le poste de responsable de zone Afrique.

L'initiateur de ces premiers projets humanitaires est connu de tous pour son engagement sociétal : Pierre consacre effectivement une bonne partie de ses vacances à réparer des pompes dans les pays les plus pauvres, comme au Mali dans les années 1970. Pierre est aussi l'un des fondateurs de l'ONG Ingénieurs sans frontières (ISF) qui voit le jour en 1982. Cette association de solidarité internationale regroupe actuellement près de mille bénévoles. Dès le début, les Leroy apportent un concours sans faille et très apprécié à cette ONG.

L'engagement de Pierre Barbecot est également bien connu de ses amis et partenaires africains. Ses actions nous valent des liens solides sur ce continent, ainsi que des distributeurs fidèles et loyaux. Altruiste et généreux, camarade cher à tous, Pierre Barbecot constitue sans aucun doute l'un des meilleurs exemples de l'esprit Leroy.

André Dulac, père de l'alternateur moderne

Chanteur de *bel canto* à ses heures perdues et aficionado du chanteur italien Paolo Conté, André Dulac est aussi un entrepreneur et un inventeur hors pair. Il est à l'origine de l'alternateur autorégulé, du principe de la génératrice *shunt*, ou encore du régulateur de tension contrôlé par transistor. Ces trois innovations historiques bouleversent la conception des alternateurs et permettent à Leroy-Somer d'en devenir le leader mondial.

PDG de l'entreprise Électronique du Sud-Ouest, à Toulouse, il revend des parts de son entreprise à la holding du Groupe en 1961 pour rejoindre Leroy-Somer. Chez nous, il développe notamment plusieurs variateurs de vitesse révolutionnaires, conjointement avec ses associés Marcel Sallerin et Paul Carache. Ses succès font des envieux. Certains rebaptisent l'ESO d'André Dulac : « les sots »… Ces ingénieux « sots » permettent à Leroy-Somer de se hisser à la première place des fabricants européens de machines tournantes.

Dans un premier temps, André Dulac fait face au refus des clients metteurs en groupe français de monter ses génératrices révolutionnaires. Il s'expatrie à Milan où il inaugure la toute première filiale du groupe à l'exportation, en 1963 : la Leroy-Somer Italiana S.p.A.

Entre temps il fonde en 1982 la Division d'électronique industrielle (DEI) à l'usine des Agriers en Charente. La DEI compte jusqu'à deux cents collaborateurs avec les filiales. La division conçoit le premier motovariateur électronique (MVS) à très bas coût ainsi que toute une famille de variateurs de vitesse et de démarreurs progressifs aux performances exceptionnelles pour la commande des moteurs dans les applications machines, les process et les bâtiments. Il s'en vendra des dizaines de milliers dans le monde.

Entre autres succès techniques et commerciaux, on doit à André Dulac le leadership de Leroy-Somer sur le marché européen des alternateurs, de solides relations avec les motoristes Volvo et Caterpillar, ainsi que les premiers régulateurs de tension et de fréquence, au départ conçus et montés par lui-même.

Agriculteur à ses heures perdues, André Dulac exploite par ailleurs un domaine à Jegun où il aime aussi se reposer. C'est dans cette commune du Gers qu'il décède le 15 décembre 2009.

Jean-Pierre Jourdin, le Marin

L'ADN de la Marine, c'est l'esprit d'équipage : un savoir-être fondé sur le respect, l'entraide et le soutien mutuel, avec abnégation et éthique. À bord d'un bâtiment, chacun compte sur autrui et dépend d'autrui, chacun doit être fort, avec son éminente dignité, mais *avec* et *pour* autrui. Chaque vie compte. Malgré une mer démontée, on n'hésite pas à se mettre à l'eau pour sauver des vies.

Les valeurs de la Marine infusent celles de Leroy-Somer, grâce à bon nombre de Marins qui ont travaillé et continuent de travailler chez nous. Jean-Pierre Jourdin en premier lieu.

Jean-Pierre est recruté par André Dulac en 1963, peu après sa sortie de la Marine nationale. Dulac le pressent comme son futur bras droit en Italie. Très vite, Jean-Pierre reprend l'atelier de Giorgio Secchi, et œuvre à ses côtés dans la maintenance et la réparation de matériels concurrents. Chez Leroy, on entre chez le client par la porte du service !

Le technicien de service après-vente qui part en mission ne choisit ni sa mission ni son moment. En 1984, alors responsable de la *divisione energia*, je demande à Jean-Pierre de bien vouloir passer quatre mois avec moi en Italie, dans le même appartement ! Nous quittons le logement à quatre heures du matin, avec notre R9, pour aller visiter des clients à Gênes ou à Trieste. Jean-Pierre sort ses deux ou trois mallettes qui contiennent des appareils de mesure, des pièces de rechange et autres. Il ausculte une machine de la concurrence et conclut : « Ah, je vois… Problème d'harmonique sept ! » Le client, inquiet, interroge : « Est-ce grave, docteur ?». Et Jean-Pierre répond, comme si l'état du « patient » est désespéré : « Je crains fort que l'arbre du rotor parte en vrille… ». Mon collègue n'a pas son pareil pour diagnostiquer une « faute terminale » et remplacer les machines de la concurrence par les nôtres.

Sur la base de son très beau parcours en Italie, chaque filiale commerciale de Leroy-Somer est bientôt adossée à une entité spécialisée dans le service. La structure commerciale possède généralement la majorité des parts de la filiale de service. Cette dernière conserve parfois son nom d'origine. Elle travaille pour le client en lui offrant un même service sur tous ses équipements. Tous pour un, un pour tous.

L’aventure continue avec Nidec

La Fondation Leroy travaille désormais aux côtés d’un nouvel actionnaire principal : le Japonais Nidec. La Fondation a été consultée par Emerson à plusieurs reprises avant, pendant et après la vente à Nidec. En juin 2015, un mél. reçu par la Fondation, puis un courrier adressé aux salariés de Leroy-Somer ont mis le feu aux poudres. Des « études alternatives stratégiques » sont évoquées par l’actionnaire et même si Emerson ne parle pas encore de vente dans l’immédiat, l’inquiétude s’installe chez certains. D’autres font le pari que Leroy-Somer aura beaucoup plus de potentiel aux yeux d’un autre acheteur qu’elle n’en a eu aux yeux d’Emerson, qui nous a « sabré » une bonne centaine de filiales. Tel est mon cas.

Les investissements exigés par la voiture électrique, notamment, sont colossaux. Signe du sérieux de ses ambitions, Nidec s’engage à investir 200 millions d’euros dans l’usine Stellantis de Trémery et à développer une co-industrialisation à Novi Sad, en Serbie, pour 1,5 milliard d’euros, dans le but de devenir le premier acteur mondial dans ce domaine.

Les cultures de Nidec et Emerson sont très différentes. Travailler en groupe et coopérer harmonieusement est très valorisé par les Japonais. Ce concept, connu sous le nom de *wa*, est profondément ancré dans l’histoire du pays. Il a influencé la façon dont les Japonais abordent le travail et les relations.

L’une des principales raisons de l’accent mis par les Japonais sur le travail de groupe est leur culture d’équipage, à laquelle je suis très attaché en tant que réserviste dans la Marine. Alors que les fonctionnements individualistes encouragent les personnes à se démarquer et à poursuivre leurs propres objectifs, les cultures « d’équipage » donnent la priorité aux besoins du groupe. Travailler en équipe est considéré comme essentiel pour réussir.

Le groupe japonais est également structuré pour stimuler la coopération et l’harmonie et éviter les frictions.

Nemawashi et *Ringi* se complètent dans le processus de management japonais.

La pratique officieuse et souple du *nemawashi* contribue à l’harmonie au sein des groupes : il fait référence au processus de discussion, de négociation qui garantit que tout le monde est sur la même longueur d'onde avant une prise de décisions. Il permet à chaque membre du groupe d'apporter ses idées et d'obtenir un consensus.

Le *ringi*, pratique officielle et rigide, correspond à un management participatif ascendant : toute nouvelle idée fait l'objet d'une concertation des gestionnaires de rang inférieur avant de remonter la hiérarchie pour être examinée.

Ces pratiques font circuler les idées, elles permettent que chacun se sente entendu et soit concerné lors des grandes décisions. Elles évitent les conflits.

Une ambition nouvelle

La stratégie d'Emerson était basée sur le *pure playership* (spécialisation à outrance) et la poursuite de l'effet d'échelle. Nidec recherche en revanche *à la fois* l'échelle et le champ. Effet d'échelle : elle vise le leadership mondial à la fois des moteurs et des alternateurs industriels. Effet de champ : en ré élargissant la gamme Leroy-Somer et en rebâtissant le réseau international et ses filiales.

La capacité de Nidec à corriger le tir et à se projeter dans l'avenir est phénoménale. Les Japonais ne disent-ils pas qu'il faut « faire couler le passé dans l'eau » ?

Nidec a gracieusement invité la Fondation Leroy à Kyoto, ancienne cité impériale considérée comme l'une des villes les plus agréables au monde. Kyoto nourrit sa simplicité esthétique avec une touche d'élégance, de sérénité et de pureté qui n'a pas changé depuis des siècles. Et en même temps c'est le siège de Nidec, champion mondial des solutions pour les énergies renouvelables. Il n'est pas illogique que cette entreprise ait son siège dans cette ville, l'une des plus conscientes de l'écologie au monde.

L'*omotenashi*, cet art de recevoir et d'accueillir que les Japonais maîtrisent à la perfection, prend tout son sens à Kyoto : nous sommes là au « vrai » Japon. Aucun doute : Nidec sait regarder vers l'avenir sans renier son passé.

Un autre facteur qui a milité dès le départ en faveur de la solution japonaise est notre excellent *track record* (bilan) en termes de partenariats avec les Japonais. J'ai expliqué comment nous avions signé des accords avec de grands groupes. Le Japon est un pays avec lequel nous sommes véritablement en *win-win*.

Grâce à la frugalité de son organisation, Nidec investit massivement dans la recherche et le développement. Elle repousse sans cesse les limites du possible. Cet engagement envers l'innovation conduit à l'élaboration de produits révolutionnaires, dont des moteurs et des variateurs à haut rendement qui peuvent réduire considérablement la consommation d'énergie.

Une étude de l'*Energimyndigheten*, l'Agence suédoise de l'énergie, le prouve sans l'ombre d'un doute. Si l'on définit les classes de rendement comme correspondant à 20 % de pertes en moins entre deux classes, alors les études effectuées sur une vingtaine de types de moteurs de grandes marques démontrent que notre moteur Dynéo améliore le rendement de l'équivalent d'une classe *entière* par rapport au meilleur produit concurrent et de *près de trois classes* par rapport aux autres.

Le moteur Leroy-Somer est le moteur le plus efficient au monde. Cela s'explique par notre focus sur les machines électriques et elles seules.

Un autre avantage de l'utilisation des produits du groupe Nidec Leroy-Somer est leur fiabilité. Les produits du groupe sont conçus et fabriqués selon les normes les plus élevées. Une qualité qui garantit qu'ils peuvent résister aux conditions de fonctionnement les plus exigeantes. Cette fiabilité est essentielle dans des secteurs tels que la fabrication et le transport, où les temps d'arrêt peuvent être coûteux et perturbateurs.

Les produits Nidec Leroy-Somer sont également connus pour leur polyvalence. La société propose une large gamme de moteurs, variateurs et solutions d'automatisation, lesquels peuvent être personnalisés pour répondre aux besoins spécifiques de chaque client. Cette flexibilité permet d'utiliser les produits du groupe dans une variété d'applications, des simples systèmes de convoyage aux lignes de production complexes.

En plus de ses produits, Nidec Leroy-Somer offre également un excellent service client. Le groupe dispose d'un réseau mondial de centres de service et d'équipes d'assistance technique : les clients peuvent obtenir l'aide dont ils ont besoin, où qu'ils se trouvent dans le monde. Cet engagement envers le service client a permis de fidéliser notre clientèle. Elle fait confiance à Nidec Leroy-Somer pour lui fournir des produits et un support fiables.

Enfin, Nidec Leroy-Somer s'engage pour le développement durable. Le groupe reconnaît l'importance de réduire la consommation d'énergie et de minimiser l'impact environnemental. Il développe de nombreux produits qui peuvent aider les clients à atteindre ces objectifs.

Nidec-Leroy-Somer développe en ce moment même une gamme de moteurs électriques à très haut rendement, alimentés par des piles à combustible pour les futurs avions d'Airbus. Le groupe aéronautique et spatial vise à mettre sur le marché une série d'avions zéro émission d'ici 2035. Il a sélectionné Leroy-Somer pour apporter son expertise dans les moteurs électriques et contribuer, à travers ses équipes et solutions innovantes de recherche et développement, à cet ambitieux projet d'aviation commerciale écoresponsable.

L'ambition est porteuse de rêves, et comme l'indique le slogan du groupe : « *All for dreams.* »

Hydrogène : 100 % gagnants

La transition vers une économie de l'hydrogène représente un changement majeur dans notre paysage énergétique mondial. Dans cette révolution, les moteurs et génératrices de Leroy-Somer occupent une position enviable, grâce à leur stratégie visionnaire et à leur expertise technique.

LS développe des moteurs spécifiquement adaptés aux applications hydrogène (moteurs électriques alimentés par des piles à combustible) et propose des génératrices optimisées pour les moteurs thermiques à hydrogène. L'entreprise est donc excellemment placée pour devenir un acteur clé dans ce domaine, que la technologie gagnante soit la pile à combustible ou le moteur thermique adapté pour brûler de l'hydrogène. Ce dernier nous semble toutefois prometteur : il coûte beaucoup moins cher que les piles à combustible, son rendement est meilleur et sa durée de vie plus longue. Les moteurs acceptent de surcroît un hydrogène de pureté moindre que celle exigée par les piles à combustible.

En contribuant à l'utilisation de l'hydrogène dans l'industrie, Leroy-Somer joue dans tous les cas de figure un rôle clé dans la construction d'un avenir énergétique plus durable et décarboné.

Telles sont quelques-unes des conclusions de mon étude Capgemini : *Fit for net-zero*[130].

De façon plus prosaïque, le fonds européen EIT[131] InnoEnergy me demande, en 2015, de prendre la présidence du comité de stratégie d'Atawey une entreprise pionnière de l'hydrogène. Grâce à ses solutions de production, de stockage et de distribution d'hydrogène, l'entreprise contribue activement à la transition énergétique. L'utilisation de ce gaz comme source d'énergie propre ouvre la voie à d'immenses opportunités commerciales.

Dans cette optique, Leroy-Somer se distingue par son engagement et sa réussite dans cette transition, notamment en calculant au plus près le couple moteur thermique H2-génératrice. Notre entreprise continue d'innover et de repousser les limites pour promouvoir l'utilisation de l'hydrogène en tant que vecteur énergétique durable. Elle contribue ainsi à façonner un avenir plus propre et plus durable pour tous.

---

130 https://www.capgemini.com/de-de/wp-content/uploads/sites/5/2020/10/Energy-Ventures-Full-report-2020.pdf

131 Les EIT, communautés de la connaissance et de l'innovation, ont vocation à stimuler recherche, innovation et éducation en Europe. L'EIT InnoEnergy soutient les innovations en matière d'énergie durable qui fournissent de nouvelles technologies pionnières et sans risque à l'industrie (réduction des coûts énergétiques, augmentation de la performance des systèmes, diminution des gaz à effet de serre) et qui créent des emplois.

De nouveaux moyens

La Fondation Leroy que j'ai l'honneur de présider est régulièrement invitée à Kyoto. Début mars 2023, Nidec nous propose de participer à ses côtés à une importante augmentation du capital de Nidec Leroy-Somer. Les Japonais utilisent le terme de *Kyochokai*, (harmonie industrielle) pour décrire cette voie qui permet à l'entreprise de prospérer, tout en y associant étroitement l'ensemble des parties prenantes.

Grâce à Nidec, de nouveaux moyens sont mis à la disposition de Leroy-Somer. Un autre repreneur eût tôt fait de découper l'entreprise en sept ou huit *verticals*, aussitôt revendus : génératrices, moteurs pour l'industrie, équipements de datacenters, défense, motoréducteurs, automobile, aéronautique... Nidec a fort bien compris que ces métiers, a priori différents, sont sous-tendus par une même propriété intellectuelle, des process communs, des équipes et valeurs communes.

L'adoption des véhicules électriques s'accélère rapidement et ces investissements vont créer un effet d'échelle capable d'assurer à Nidec Leroy-Somer 40 % du marché mondial du moteur électrique d'automobile à l'horizon 2030.

Le volet formation est à la hauteur des enjeux. Six mille heures de formation dédiées à l'électrique ont déjà été dispensées aux employés de Trémery. Notre *electrification academy* forme en ce moment quinze mille Français.

En 2023, Nidec Leroy-Somer motorise la DS3, la Peugeot e-208, la Jeep Avenger ainsi que l'Opel Mokka, pour une capacité de production d'un million de moteurs en 2024.

Nidec a une stratégie holistique, résumée par le slogan : « *everything that spins and moves* » (tout ce qui tourne et bouge). Vous pouvez être sûr que demain, vous continuerez à bénéficier de productions extrasûres et de qualité inégalée que vous preniez l'ascenseur, la voiture, ou... l'avion électrique !

C'est pour bientôt : 2035.

Ancrée à la fois dans les territoires et la mondialisation, la communauté Nidec-Leroy-Somer conçoit, fabrique, vend, et assure le service de produits hautement innovants, à la fiabilité légendaire.

Pour un renouveau de l'industrie française

Jacques Chirac me demande de présider la délégation d'affaires française au sommet Asie-Europe de Bangkok de mars 1996. Outre Leroy-Somer, j'emmène avec moi Alcatel, Baudoin, la SACM, les Câbles de Lyon, la Radio-Énergie... tous leaders mondiaux dans leur métier, ainsi qu'une centaine de PME-ETI, notamment dans le domaine du matériel électrique. Alcatel est alors le numéro un mondial des télécommunications devant Lucent, Nortel et Ericsson. Leroy-Somer est l'exportateur net français numéro un après Airbus et nos usines charentaises travaillent à 98 % pour l'export.

Las ! Aujourd'hui, plus aucun de ces industriels n'est français.

Pourtant l'industrie produit des richesses jusque dans les territoires les plus reculés de France. Elle donne un réel pouvoir d'achat à des millions de personnes, les émancipe, leur permet de monter des projets individuels, familiaux et collectifs. Par nature tournée vers l'ailleurs, l'industrie constitue un rempart contre l'enfermement sur soi.

Que s'est-il passé ?

En l'espace d'une génération, la France a perdu la moitié de ses usines. Trop de territoires industriels ont disparu. Cette situation induit de lourdes conséquences économiques et sociales pour la France qui risque de se paupériser.

En a-t-il été de même chez nos voisins ? Réponse négative : l'Allemagne a maintenu à la fois son emploi industriel et le nombre de ses usines, l'Europe de l'Est les a augmentés (et ils travaillent ensemble : *co-industrialisation*).

S'il n'existe pas de solutions miracles pour aider la production domestique, plusieurs pistes peuvent être retenues. En Asie par exemple, 60 % de chaque classe d'âge se dirige vers les sciences dures : maths, physique, sciences de l'ingénieur. En France, c'est moins de 4 %. Il faut réenchanter ces filières.

Ce qu'il faut à tout prix expliquer aux Français, c'est qu'aujourd'hui 80 % des exportations mondiales sont des produits manufacturés. Nos élites politiques se sont autoconvaincues que nous nous dirigions tous vers une société post-travail et post-industrielle. C'est totalement faux. La part de l'industrie dans le PIB a augmenté dans tous les pays du monde, hormis la France et les États-Unis.

Au sommet inaugural Asie-Europe de Bangkok (ASEM 96), 80 % des membres de ma délégation sont des industriels : tableautiers, metteurs en groupe, industriels des télécoms, etc.

Aujourd'hui, ce ratio est tombé à moins de 10 %.

Un autre atout de la France à cette époque était notre très grand nombre d'ETI familiales. En marge du sommet ASEM, j'organise une réunion d'entreprises familiales françaises, italiennes et allemandes et asiatiques, « matchant » les Zóbel de Ayala avec les Bertin entre autres. J'organise un *speed dating* entre familles européennes et asiatiques. Il se solde par la signature de dizaines d'accords.

L'industrie est un secteur passionnant et haut en couleur !

Aujourd'hui, nos usines subissent plus que jamais les prélèvements de municipalités qui orientent notre argent vers des structures franchement inutiles et qui n'existent pas ailleurs en Europe, à l'instar des Centres techniques municipaux (CTM). En Allemagne, le CTM, c'est le garagiste local, auquel a été attribué un contrat pluriannuel de maintenance. Cela coûte dix fois moins cher.

Les encouragements prodigués aux start-ups ne régleront pas le problème des soixante-dix-sept pour cent d'écart de compétitivité des secteurs publics entre la France et l'Allemagne[132]. La seule solution viable consiste à amener les impôts de production au niveau européen (soit une division par sept) et à supprimer les quelque 4 350 normes de plus que l'Allemagne.

Chez Leroy-Somer, nous avons notre méthode à nous pour régler le problème, mais elle n'est pas légale. Nous bâtissons nos usines en 3 mois, invitons un ministre et le mettons devant le fait accompli. Dans « l'homme qui construisait une usine par an », Georges Chavanes rend hommage à Henri Moesch : « On lui demandait de construire une usine, il fallait qu'elle soit prête quelques mois après... [133] Sous son crayon, les usines sortent de terre les unes après les autres... C'est ainsi que l'usine de Gond-Pontouvre a été inaugurée en grande pompe par le ministre Olivier Guichard, alors qu'elle avait été bâtie sans permis de construire. »

Rien qu'en Charente, nous avons bâti quelque cent mille mètres carrés d'usines sans permis (accordés par la suite).

---

[132] La sphère publique française représente 1,38 fois le privé, contre 0,78 fois en Allemagne. Soit une sphère publique française 77% plus chère qu'outre-Rhin.

[133] Chavanes, Georges : *Leroy-Somer, une aventure industrielle et humaine au XXe siècle*, Sud-Ouest éditions, 2012.

Enfin, *last but not least* : la fiscalité. La France en est la championne du monde toutes catégories. La raison en est simple : la sphère publique pèse 58 % du PIB, contre 42 % pour le privé. À titre de comparaison, le ratio allemand était également de 58/42 lors de l'intégration de la RDA. Il est maintenant tombé à 44/56. Lorsque les ratios étaient à l'avantage de la France, c'était notre pays qui investissait, recrutait, exportait. Aujourd'hui c'est l'inverse.

Reste enfin la question de la Chine, qui pratique des droits de douane cinq à dix fois supérieurs aux nôtres dans les mêmes catégories de produits. J'ai expliqué plus haut comment les entreprises de la filière photovoltaïque française : France-Photon, Solar Force, Genesol et Photowatt, ex-filiales de Leroy-Somer, ont perdu leur leadership. En cause : le dumping chinois. En 2012, à la suite d'une pétition de la filière européenne, Bruxelles lance une enquête antidumping sur les cellules photovoltaïques fabriquées dans l'empire du Milieu, et leur applique des droits de douane. Or il est écrit dans le plan quinquennal chinois que la Chine doit détenir 95 % du marché mondial, quoi qu'il arrive. Pékin réagit en bloquant nos exportations de vin. Paris plie, et demande alors à Bruxelles la suppression des droits de douane sur les panneaux chinois…

Relancer l'export

Une croyance persiste : la France serait devenue incapable d'exporter. Les échanges de biens ont enregistré un déficit historique de 164 milliards d'euros en 2022, c'est un record sans précédent. Les conséquences de cette situation sont multiples : dette, chômage et situations de précarité.

Lorsque les échanges sont excédentaires, comme c'est le cas pour l'Allemagne, la demande étrangère stimule la croissance interne. En présence d'un déficit commercial, la croissance est entravée, le taux d'emploi souffre et le bien-être de la population s'en trouve affecté. Prenons une économie dans laquelle il y aurait une employée de sous-préfecture, Mme Dupont, et un artisan-fabricant de fenêtres, M. Duschmoll. Imaginons que l'activité économique se résume à la pose et à l'installation d'une fenêtre par an (100 €) chez chaque résidant. L'artisan exportait la moitié de sa production et investissait une somme équivalente dans son outil de production. Un beau jour, criblé de taxes, il fait faillite, mais retrouve un emploi à la sous-préfecture. Que se passe-t-il au niveau du PIB ?

An 1 : C+I+G+NX = 200+100+100+100 = 500

An 2 : C+I+G+NX = 200+0+200–100 = 300

Le PIB a baissé de 40 %. Pourquoi ? La conso C est restée stable et la dépense gouvernementale G a doublé grâce à l'embauche de M. Duschmoll. Clochemerle loue son sous-préfet qui a créé un nouvel emploi de sous-préfecture. Mais les exportations nettes (NX) sont devenues négatives et il n'y a plus le moindre investissement.

Les balances commerciales de l'Italie et de l'Allemagne sont en hausse de respectivement 55,5 et 51 milliards d'euros sur vingt ans, car ces deux pays ont su se doter de véritables politiques industrielles et d'exportation. Nous avons effectué l'exact chemin inverse.

Il est encore temps de changer de politique. Le plus efficace pour la France n'est pas d'augmenter les aides (recordman mondial !), mais plutôt d'alléger les fardeaux fiscaux et réglementaires des entreprises en les mettant au niveau européen. On peut également s'inspirer de la méthode qui a permis à la France de sortir de son état de faillite en 1983. Face à l'urgence, la gouvernance des aides à l'exportation est regroupée sous l'égide du ministère de l'Industrie. Un organisme est chargé d'apporter des fonds propres lors de rachats de réseaux de distribution industrielle à l'étranger : l'IDI. Un autre va assurer les factures émises par ces réseaux : la Coface. Un troisième va financer les VIE[134] : l'Actim. Ces trois organismes ciblent ensemble leurs actions sur trois zones : États-Unis, Europe et Asie de l'Est. Le tout est exclusivement dirigé vers les entreprises industrielles, puisque 80 % du commerce mondial est assuré par les industriels.

La part du lion ira à Leroy-Somer, Legrand et Schneider. Ils quintuplent les exportations de matériel français sur la période 1983-1990. Leroy-Somer obtient plus d'une centaine de VIE sur la période 1984-1990, 7,5 millions de dollars de fonds propres pour ses filiales étrangères et 9 milliards de francs de factures « cofacées ». Nous livrons en contrepartie + 1000 % de croissance rien que sur l'Asie.

Depuis, les stratégies suivies depuis par la France en matière de soutien aux exportations ont souffert d'éclatement, de complexité administrative et de faible performance. La stratégie dite « de Roubaix » (2018) fait consensus contre elle. Au lieu de désigner l'Italie, l'Allemagne, les US et l'Asie du Sud-Est comme cibles prioritaires, c'est l'Afrique qui est définie comme but principal à l'export. Au lieu d'épauler des ETI industrielles, « Roubaix » se concentre sur les startups et PME primo-exportatrices, faisant l'impasse sur l'exportation de biens industriels et le développement dans la durée.

Le muscle du plan Mauroy de 1983, l'IDI et Actim, a disparu. La Coface a réduit son champ d'intervention. Les autres acteurs sont dispersés. Enfin, au niveau de l'exécutif, la cotutelle de Bercy et du quai d'Orsay sur Business France se révèle contre-productive.

Le système des VIE fonctionne en revanche à merveille. Le message donné aux jeunes depuis sa création dans les années 1970 et son renforcement en 1983-1984 est qu'on n'a pas besoin d'attendre d'être expatrié à quarante ans pour partir défricher un marché à l'étranger. Le VIE permet aux Français âgés de 18 à 28 ans de débuter leur carrière à l'international, avoir accès à des missions passionnantes et de réels débouchés : 92 % des jeunes sont recrutés en fin de mission.

J'ai également proposé à Bercy - sans réponse - un « VSIE », volontariat senior, car j'estime devoir une grande partie de mon succès en début de carrière (VIE Italie) à André Dulac qui grâce à son expérience m'a très efficacement épaulé sur le terrain pendant quatre mois.

Selon la Cour des comptes, la masse salariale des employés de l'État affectés au soutien à l'exportation aura été de 797 millions d'euros en 2021, contre une somme de crédits octroyés à l'export de 500 millions d'euros seulement et des prêts sans garantie à l'international de 750 millions d'euros à peine. Un niveau très inférieur à celui des Allemands et des Italiens. Dans une entreprise comme la nôtre, l'ensemble des coûts de support

[134] Volontaires à l'international en entreprise, cf. supra.

(informatique, finances, frais généraux : en anglais le G & A[135]) ne doit pas dépasser les 1%. L'État français est loin du compte !

En 1983, l'essentiel des sommes était déployé en fonds propres IDI, assurance-crédit Coface et VIE Actim. Aujourd'hui, la masse salariale des administrations consomme l'essentiel des crédits.

Les Italiens ont mis en place une stratégie opposée à celle de Roubaix en se concentrant principalement sur les États-Unis, l'Europe et l'Asie du Sud-Est, ainsi que quelques marchés réellement émergents, dont l'Égypte.

L'Italie est le pays d'Europe ayant connu la plus forte progression de son solde commercial ces vingt dernières années (+55,5 milliards d'euros), alors que ses données macro-économiques (charges, déficits, dette, etc.) sont souvent pires que celles de la France. Côté public, c'est l'ambassadeur qui pilote les gros contrats industriels. Les Italiens confient le reste à un institut récemment nationalisé, l'ICE[136], équivalent de nos Conseillers du commerce extérieur de la France. L'ICE a su conserver des coûts très bas et un mode opératoire proche du secteur privé grâce à son ancien statut, celui d'une ONG. Il a ouvert une soixantaine de *showrooms* dans le monde, principalement au sein de centres commerciaux. Ces *showrooms* exposent des produits et catalogues italiens et ont en charge la promotion des PME, afin de décharger l'ambassadeur de tâches consommatrices en temps. Le coût de l'ICE est faible : le quart du dispositif français, qui n'offre ni *showrooms* ni entretiens sans rendez-vous.

Enfin, les Italiens ont su conserver et développer l'équivalent de notre IDI des années 1980 : la SACE, pour les apports en fonds propres aux réseaux commerciaux diffusant du matériel industriel italien.

La bonne nouvelle est qu'il est aujourd'hui possible de faire renaître bon nombre d'activités industrielles grâce aux nouvelles technologies. Il existe dans notre pays un gisement de 15 000 projets et 450 000 emplois industriels en dix ans à exploiter dans les territoires, selon la Fabrique de l'industrie. Création d'un nouveau livret pour mieux orienter l'épargne vers le financement de l'industrie, simplification des procédures de réhabilitation des friches... Nous sommes toujours capables d'écrire de nouvelles et très belles pages de l'aventure industrielle française.

---

[135] *General and Administrative Expenses.*

[136] *Istituto del Comercio Estero*

REMERCIEMENTS

Je veux remercier ici très chaleureusement les nombreuses personnes qui m'ont fait part de leurs précieux témoignages et commentaires, à commencer par mon camarade et ami Jean-Claude Laloire, et Cécile Ybert pour ses conseils et la correction de cet ouvrage

Je remercie nos Armées pour le cadre de rigueur qu'elles m'ont donné, ainsi que les cabinets de conseil en organisation avec lesquels j'ai eu le plaisir de travailler.

Je remercie tous les collaborateurs de l'Équipe France : Ambassadeurs, collaborateurs de la BPI et de Business France, CCI, conseillers du Commerce extérieur de la France qui se consacrent sans relâche à la réindustrialisation du pays aux côtés des entrepreneurs.

Enfin et surtout, je tiens à remercier tous mes collègues de Leroy-Somer et de la Fondation Leroy.

Et puis, ce dernier hommage à mes collaboratrices, Paola Cardani et July Roslan que j'étais amené à appeler plusieurs fois par jour, étant l'essentiel du temps en clientèle et dans le réseau. Elles ne sont pas « secrétaires », mais de véritables collaboratrices, y compris sur le plan stratégique. Leurs capacités à soutenir la prise de décision font d'elles des membres fondamentaux de l'équipe dirigeante. C'est notamment là qu'est le trésor de notre entreprise !

LEROY-SOMER EN QUELQUES DATES CLÉS

1919 : Marcellin Leroy fonde une entreprise de moteurs électriques à Angoulême et ouvre son premier magasin, place Saint-Pierre en face de la cathédrale d'Angoulême.

1946 : les Ets. M. Leroy sont pionniers de l'actionnariat salarié.

1950 : lancement du moteur « N ».

1957 : Georges Chavanes est nommé directeur général.

1957 : Leroy-Somer signe son premier accord de licence à l'exportation avec Crompton-Greaves (Inde).

17 octobre 1958 : décès de Marcellin Leroy.

1962 : les Ets. Leroy inventent le financement participatif industriel, à Lalouvesc (Ardèche).

1967 : la fusion entre les établissements Marcellin Leroy et la Société des moteurs électriques du Rhône (SoMER, Saint-Symphorien d'Ozon), détenue par la famille Bertin, donne lieu à la création du groupe Leroy-Somer.

1972 : acquisition du groupe Guinard-ROTOS.

1973 : Moteurs Leroy-Somer est cotée en bourse.

1981 : rachat des moteurs Patay.

1982 : reprise du groupe Alsthom-Unélec. Les Ateliers de constructions électriques d'Orléans et les Constructions électriques de Beaucourt rejoignent le groupe Leroy-Somer.

1983 : rachat du distributeur de matériel électrique américain King Bearing.

Janvier 1985 : Paul Barry succède à Georges Chavanes.

26 mai 1986 : annonce d'une perte historique sur les pompes Guinard.

23 juin 1986 : Leroy-Somer, première valeur du CAC aux côtés de LVMH (« CAC 5 »).

Janvier 1988 : signature du premier contrat avec la National Power Corporation philippine, « contrat du siècle » pour l'électrification de 7 750 îles philippines.

Début 1989 : signature de plusieurs contrats avec Keppel pour l'équipement de plateformes offshore en Asie, au Moyen-Orient, au Brésil, aux États-Unis et au Mexique.

Juin 1989 : signature du protocole de vente de Leroy-Somer à Emerson.

Janvier 1990 : Emerson finalise l'acquisition de 92 % du capital de Leroy-Somer.

Janvier 2017 : Nidec finalise l'acquisition de l'essentiel du capital de Leroy-Somer.

4 décembre 2017 : annonce de la création d'une coentreprise avec Stellantis pour la fabrication des moteurs de véhicules électriques.

Janvier 2018 : annonce de la création de l'*electrification academy,* entité commune à Stellantis et Nidec Leroy-Somer destinée à former les collaborateurs du groupe Stellantis aux métiers de l'électricité.

Décembre 2022 : E-Motors, filiale commune à Stellantis et Nidec Leroy-Somer, ouvre officiellement ses portes à Trémery (57).

Février 2023 : Leroy-Somer est retenu par Airbus pour son avion zéro carbone.

GLOSSAIRE

BFR ou besoin en fonds de roulement : désigne la somme dont une entreprise a besoin pour financer son exploitation. Il s'agit d'un indicateur essentiel dans la gestion des entreprises.

BUSINESS UNIT : entité d'une entreprise au sein de laquelle les dirigeants bénéficient d'une certaine liberté dans le choix des stratégies et des ressources.

CAC 5 : nom donné au groupe des cinq premières entreprises cotées en bourse de Paris et mesurées en termes de perspectives de croissance, capitalisation, part du flottant, et autres critères. Leroy-Somer figure dans ce classement dès sa création le 23 juin 1986 aux côtés de LVMH, Synthélabo, EuroRSCG et UCB.

CAC 40 : nom donné au groupe des Quarante premières entreprises cotées en bourse et mesurées en termes de capitalisation à partir de 1988.

DUE DILIGENCE : travail consistant à passer en revue l'ensemble des coûts, chiffres d'affaires, résultats, contrats et autres engagements d'une entreprise, en vue de son rachat éventuel.

FREE CASH-FLOW : flux net de liquidités, mesuré après les investissements et les changements du besoin en fonds de roulement.

JOINT-VENTURE ou JV : entreprise dont le capital est partagé entre deux ou plusieurs actionnaires.

ROADSHOW : exercice dans lequel un dirigeant de l'entreprise fait face à un ou plusieurs investisseurs.

RoCE ou retour sur le capital employé : ratio essentiel à considérer lors de l'analyse d'une filiale, JV ou projet.

RoE, *Return on equity* ou retour sur capitaux propres : qualifie la rentabilité des fonds propres et désigne la rentabilité financière d'une filiale, JV, ou toute autre entreprise.

ZINZIN : investisseur institutionnel, c.-à-d. collecteur d'épargne, qui investit une partie importante de celle-ci en valeurs mobilières. Les zinzins regroupent banques, fonds de pension, compagnies d'assurance et organisations de placement collectif.

EXTRAIT

Discours de Jean Jaurès, paru dans la *Dépêche de Toulouse* le 28 mai 1890 :

« Il n'y a de classe dirigeante que courageuse. À toute époque, les classes dirigeantes se sont constituées par le courage, par l'acceptation consciente du risque.

Dirige celui qui risque ce que les dirigés ne veulent pas risquer.

Est respecté celui qui, volontairement, accomplit pour les autres les actes difficiles ou dangereux.

Est un chef celui qui procure aux autres la sécurité en prenant pour soi les dangers.

Le courage, pour l'entrepreneur, c'est l'esprit de l'entreprise et le refus de recourir à l'État ; pour le technicien, c'est le refus de transiger avec la qualité ; pour le directeur du personnel ou le directeur d'usine, c'est la défense de la maison ; c'est dans la maison la défense de l'autorité et, avec elle, celle de la discipline et de l'ordre.

Dans la moyenne industrie, il y a beaucoup de patrons qui sont à eux-mêmes, au moins dans une large mesure, leur caissier, leur comptable, leur dessinateur, leur contremaître : et ils ont avec la fatigue du corps, le souci de l'esprit que les ouvriers n'ont que par intervalles. Ils vivent dans un monde de lutte où la solidarité est inconnue.

Jusqu'ici, dans aucun pays, les patrons n'ont pu se concerter pour se mettre à l'abri, au moins dans une large mesure, contre les faillites qui peuvent détruire en un jour la fortune et le crédit d'un industriel. Entre tous les producteurs, c'est la lutte sans merci : pour se disputer la clientèle, ils abaissent jusqu'à la dernière limite dans les années de crise le prix de vente des marchandises, ils descendent même au-dessous des prix de revient, ils sont obligés d'accorder des délais de paiement démesurés qui sont, selon leurs acheteurs, une marge ouverte à la faillite et s'il leur survient le moindre revers, le banquier aux aguets veut être payé dans les vingt-quatre heures.

Lorsque les ouvriers accusent les patrons d'être des jouisseurs qui veulent gagner beaucoup d'argent pour s'amuser, ils ne comprennent pas bien l'âme patronale.

Sans doute, il y a des patrons qui s'amusent, mais ce qu'ils veulent avant tout, quand ils sont vraiment des patrons, c'est gagner la bataille. Il y en a beaucoup qui, en grossissant leur fortune, ne se donneront pas une jouissance de plus ; en tout cas, ce n'est point surtout à cela qu'ils songent. Ils sont heureux, quand ils font un bel inventaire, de se dire que leur peine ardente n'est pas perdue, qu'il y a un résultat positif, palpable, que de tous les hasards il est sorti quelque chose, et que leur puissance d'action s'est accrue.

Non, en vérité, le patronat, tel que la société actuelle le fait n'est pas une condition enviable. Et ce n'est pas avec les sentiments de colère ou de convoitise que les hommes devraient se regarder les uns les autres, mais avec une sorte de pitié réciproque, qui serait peut-être le prélude de la justice ! »

ANNEXES

Annexe 1 : les valeurs clés du groupe Nidec Leroy-Somer

Pour mener à bien nos responsabilités sociales, nos attitudes fondamentales sont :

Passion, enthousiasme et ténacité

Travailler dur et intelligemment

Faire maintenant ; faire sans hésiter ; faire jusqu'à ce que ce soit fait.

Annexe 2 : code de conduite Nidec Leroy-Somer

Le Groupe Nidec Leroy-Somer est engagé dans une démarche volontariste de comportement éthique et de lutte contre les pratiques répréhensibles. Le code de conduite qu'il diffuse à chacun de ses employés compte sept principes de conformité :

1. Nous respecterons toutes les lois et réglementations applicables et agirons toujours avec respect, intégrité et honnêteté.
2. En tant que fabricant mondial, nous veillerons à produire des produits de qualité et exempts de défauts.
3. Nous veillerons à ce que l'information diffusée par la Société soit précise et délivrée en temps voulu.
4. Nous nous engagerons à gérer et à utiliser correctement les informations et les biens de la Société.
5. Nous veillerons à maintenir un environnement de travail sûr et de bonnes conditions de travail.
6. Nous nous engagerons au respect total d'une concurrence libre et loyale et nous n'adopterons pas de comportement anticoncurrentiel.
7. Nous maintiendrons les systèmes de contrôles nécessaires pour garantir la conformité au Code de Conduite du Groupe Nidec Leroy-Somer.

Dans le cadre de sa politique de lutte contre la corruption, l'entreprise met en place une politique de cadeaux. Tous les collaborateurs Nidec Leroy-Somer sont tenus de la respecter. Tout manquement pourrait faire l'objet de poursuites voire d'une sanction conformément au règlement interne de l'établissement. Cette politique s'applique aux cadeaux reçus d'un partenaire, d'un fournisseur, d'un consultant. Elle concerne aussi les cadeaux donnés aux clients ou toute autre tierce partie.

Nous attendons de la part de nos partenaires, agents, clients et fournisseurs qu'ils respectent nos engagements en la matière afin de ne pas créer de situation assimilable à de la corruption.

Absolument tous les employés Nidec Leroy-Somer, de l'atelier aux bureaux de la direction de chaque entité à travers le monde, ont été formés à l'éthique et à la lutte contre la corruption. Le sujet est tellement important que le Groupe ne laisse personne ignorant de la chose. Chacun doit être un acteur vers la voie royale décrite par le président Nagamori-san dans son discours de soutien sans faille à cette procédure.

Ces règles ne peuvent fonctionner qu'avec la participation active de tous les partenaires commerciaux ou industriels, les clients, les intermédiaires ou tout fournisseur de biens ou de services avec lesquels l'entreprise interagit.

En conformité avec toutes les bonnes pratiques et la loi française, le groupe a mis en place un service d'alerte. Retrouvez tous les points de contact sur la page Ligne d'alerte. Ce service s'adresse à tous les collaborateurs, les clients, les fournisseurs qui auraient à dénoncer des pratiques ou auraient un doute ou des questions sur des pratiques qui ne respecteraient pas les règles énoncées ci-dessus. Ce service d'alerte est accessible par téléphone depuis n'importe quel pays, par un portail internet ou une adresse de messagerie électronique. Les personnes qui auraient à dénoncer des faits répréhensibles sont protégées par les dernières réglementations en vigueur. Le traitement des informations se fait de manière tout à fait anonyme.

Parce qu'en matière de corruption on n'est jamais seul à agir, il est impératif que les tiers de premier ordre avec qui nous interagissons soient évalués. Une procédure dite de *due diligence*. Cette obligation de vigilance est mise en place pour tous les agents, les distributeurs et les clients intégrateurs situés dans des pays à risque.

De même, des questionnaires de bonne conduite sont envoyés à nos fournisseurs.

Annexe 3 : la « méthode Leroy »

1. Les silos se forment lorsque les départements ou les équipes travaillent isolément sans communication ni coopération transversale. Donc chez Leroy, pas de silos ! Les différentes fonctions de l'entreprise travaillent en proximité physique. Ceci explique pourquoi la comptabilité, par exemple, est systématiquement située à côté des ventes et non en back-office plus ou moins lointain. Dans un monde de plus en plus numérique et virtuel, il est absolument essentiel de veiller à encourager et faciliter les interactions physiques entre les employés.

2. Transparence et communication ouverte : Leroy-Somer encourage une culture de partage d'informations et de connaissances. Elle veille à ce que les employés aient accès aux informations pertinentes pour leur travail. Cette approche favorise un meilleur partage des connaissances, une compréhension mutuelle accrue et une collaboration fructueuse, ce qui est bénéfique à la fois pour les individus et pour l'entreprise dans son ensemble.

3. Réduction des coûts : Nous identifions tous les domaines où l'on peut réduire les dépenses sans compromettre la qualité des produits et services.

4. Recouvrement des créances : Nous avons mis en place des politiques strictes en matière de recouvrement des paiements, afin d'augmenter les liquidités de l'entreprise.

5. Gestion des stocks : sans stocks adéquats, pas de ventes. Nous surveillons attentivement nos niveaux de stocks et les ajustons en fonction de la demande réelle. Trop de stocks peuvent immobiliser du capital, tandis que des niveaux insuffisants peuvent entraîner des retards dans les livraisons et une perte de ventes.

6. Diversification des sources de revenus (un principe challengé par Emerson, cependant) : nous recherchons de nouvelles opportunités commerciales et élargissons notre gamme de produits et services pour atteindre de nouveaux marchés. Cela nous permet d'augmenter nos revenus globaux et de réduire notre dépendance à l'égard d'un seul segment de marché.

7. Politiques de prix adéquates : nous évaluons régulièrement nos prix pour nous assurer qu'ils sont alignés sur la valeur que nous offrons.

8. Optimisation des flux de trésorerie : nous utilisons des techniques d'avant-garde en tenant compte des périodes de pointe et de creux. Nous anticipons les besoins en liquidités à court terme et établissons un plan pour couvrir les périodes où les dépenses dépassent les revenus. Un suivi quasiment quotidien des flux de trésorerie nous aide à prendre des décisions éclairées pour maximiser le cashflow.

9. Évaluation et réduction des dépenses non essentielles : nous passons systématiquement en revue toutes les dépenses de l'entreprise et identifions celles qui ne contribuent pas directement à la croissance ou à la rentabilité. Nous éliminons ou réduisons ces dépenses non essentielles pour libérer des ressources financières et augmenter notre cashflow.

10. Enfin et surtout, fidélisation des clients existants : nous mettons l'accent sur la satisfaction client et fournissons un excellent service après-vente.

Annexe 4 : les dix commandements de l'international, par Serge Besanger

Tes employés tu fidéliseras
L'empathie culturelle tu développeras
Les marchés clés tu cibleras
Ton client jamais tu ne corrompras
Tes valeurs tu défendras
Les règles juridiques spécifiques tu t'approprieras
Tes implantations tu filialiseras
Et pleinement autonomes tu rendras
Tes filiales d'une véritable gouvernance tu doteras

Annexe 5 : allocution de Serge Besanger à la grand-messe de Leroy-Somer, le 20 janvier 1989

Mes chers collègues et camarades,

L'une des choses que nous avons découvertes en Asie du Sud-Est, et que nous avons trouvée très préoccupante, c'est que beaucoup d'enfants meurent tous les jours dans les cliniques infantiles.

Réfléchissez à cela… Ils meurent dans des cliniques où l'on est censé soigner les enfants. Il en meurt tous les jours.

Il en meurt dans un bidonville appelé la montagne enfumée, à Manille.

Imaginez un endroit où 120 000 personnes vivent sur une décharge où sévissent les pires maladies.

Ces enfants meurent. Pourquoi ?

Parce que les respirateurs de l'hôpital voisin ne fonctionnent pas à cause des coupures d'électricité.

A-t-on le droit de priver un enfant dont la vie dépend d'un respirateur, de l'énergie indispensable à celui-ci ?

C'est pourquoi nous fabriquons des groupes de continuité.

C'est pourquoi nous fabriquons des génératrices.

C'est pourquoi nous fabriquons des moteurs électriques.

C'est pourquoi nous fabriquons tout ce qui peut permettre l'accès à une énergie fiable, et son utilisation dans des systèmes d'entraînement disponibles à toute heure du jour et de la nuit.

Et c'est pourquoi nous vendons et assurons le service de ces équipements d'une intégrité et d'une efficacité inégalées partout dans le monde.

C'est pourquoi nous sommes tous ici présents, unis par notre fiabilité légendaire et notre passion pour l'excellence. C'est pourquoi nous jurons, tous ici présents, de continuer à offrir les meilleures performances et une sécurité inégalée, avec cette rigueur qui nous habite, et avec la passion de nos métiers.

Annexe 6 : discours d'acceptation de la médaille des affaires étrangères pour actes de bravoure et de dévouement décernée le 24 mars 2021 par Jean-Yves Le Drian, Ministre des Affaires étrangères

« La médaille d'honneur des Affaires étrangères est une décoration d'État créée pour récompenser les actes de courage et de dévouement déployés par des Français à l'étranger, ainsi que des activités professionnelles bénéficiant au rayonnement de la France dans le monde. Elle vise ici plus particulièrement à récompenser un entrepreneur particulièrement engagé et qui, au-delà des risques personnels qu'il a encourus lors de missions humanitaires et autres à haut risque tout au long de sa carrière, champion de la conquête des marchés extérieurs, a su organiser, gérer, orienter aux mieux les entreprises à l'international et montrer la voie à ses collègues, afin de contribuer de façon significative au redressement des comptes extérieurs de la France en tant que « premier de cordée » à l'exportation dans la zone Asie-Pacifique.

Serge Pierre Besanger a été pendant 27 ans, de 1984 à 2011, cadre dirigeant du groupe Leroy-Somer, de ses filiales, ex-filiales et participations dont la SODEER devenue Guinault, avant de prendre la présidence d'une de ses holdings. Il a fortement contribué à développer ce groupe à l'international. Il a par ailleurs été président de comités des Conseillers du Commerce extérieur de la France, dont l'Asie, président du Comité de lutte contre la corruption, et auteur d'un guide des meilleures pratiques fort utile à nos exportateurs. Enfin, il est une figure nationale du Don du Sang, toujours très engagé pour faire rayonner notre modèle unique au monde, basé sur le bénévolat. À travers cette haute distinction, c'est tout le monde de l'exportation et des affaires internationales qui se trouve honoré. Il est espéré que cet honneur encouragera les acteurs de l'exportation à entamer une coopération riche et à prendre des décisions avisées en matière de promotion de l'offre française et, en définitive, de parvenir à une croissance économique solidaire. »

Discours de remerciement

Monsieur le Ministre, Amiral, Mon Général, Mon Colonel, Monsieur le Secrétaire général, Monsieur l'Ambassadeur, Madame la Directrice, mes chers camarades et collègues, chère famille,

C'est un immense honneur pour moi de recevoir la Médaille d'honneur des Affaires étrangères.

Monsieur le Ministre, je suis très honoré que vous me remettiez personnellement cet insigne. Je ressens bien le privilège que cela représente, alors que votre emploi du temps est si dense. Je voudrais ici vous exprimer toute ma gratitude. Merci d'avoir accepté de me remettre ces insignes et de nous accueillir aujourd'hui dans ce lieu hautement symbolique du rayonnement de la France sur le plan international, le Quai d'Orsay.

Je voudrais également vous remercier, tous, de votre présence aujourd'hui à mes côtés, et de votre soutien si précieux.

J'attribue cette magnifique décoration républicaine à mon investissement au service du commerce extérieur de la France, ainsi que de diverses associations, toujours dans le but de contribuer au rayonnement de notre pays dans le monde.

Tout mon parcours a été vécu dans cet esprit de service, valeur que cette médaille aime promouvoir et je me permets de citer cette phrase de Gandhi qui disait en 1937 dans une lettre à l'Ashram « Si nous cultivons l'habitude de rendre service, notre désir de servir s'accroîtra sans cesse et contribuera non seulement à notre propre bonheur, mais aussi au bonheur du monde en général ».

En effet, nous pouvons trouver le bonheur en rendant service à la Cité qui nous abrite et par là développer des capacités dont nous n'avions même pas conscience. C'est ainsi que l'esprit de service nous apporte davantage que ce que nous croyons donner.

Et puisque l'occasion m'en est donnée, je vais me faire le porte-parole des personnes qui m'ont encouragé dans cette voie.

Je citerai d'abord ma mère, volontaire à l'âge de 21 ans pour enseigner le français dans des villages de montagne en Algérie ; mon père, hélas récemment disparu, militaire, que j'ai ensuite suivi dans ses nombreux périples africains. Ils m'ont offert tous les deux des séjours merveilleux dans pas moins de 14 pays en 10 ans.

Mon père était officier au 65e régiment d'artillerie d'Afrique, basé à Blida en Algérie. Les passionnés d'histoire savent ce qu'est ce régiment, qui en contrôlant les hauteurs de la Mitidja empêcha les aéronefs putschistes de partir bombarder l'Élysée - tel était leur sinistre projet - en avril 1961. Au milieu de ce tumulte, le 65e émergea comme un symbole d'intégrité, de patriotisme et de valeurs républicaines. La conscience et le sens du devoir de ces hommes transcendaient les enjeux politiques pour préserver l'essence même de la République. Attachés à ces principes, ceux du 65e s'opposèrent fermement à l'idée de renverser le gouvernement élu, car ils comprenaient que la démocratie représentait le lien vital entre le peuple et l'État. Leur combat fut une déclaration d'amour envers une France républicaine et démocratique. Cependant, ce choix ne fut pas facile. Mon père comprit que le salut de la France ne résidait pas dans la trahison des principes républicains, mais dans leur défense inébranlable. L'histoire du 65e nous rappelle que, dans les moments les plus tumultueux, ce sont les individus courageux et résolus qui maintiennent le flambeau de la démocratie brûlant. Ils incarnent l'idée que la loyauté envers les principes fondateurs de la nation prévaut sur les intérêts personnels ou les passions éphémères. Cette histoire devrait inspirer les générations actuelles et futures à rester fidèles aux principes qui guident une nation vers un avenir meilleur.

Je tiens également à remercier tous mes collègues des cabinets de conseil en stratégie et organisation, ainsi que mes professeurs qui m'apprirent la rigueur, le sens de l'analyse, et l'optimisation de l'organisation des entreprises.

Je remercie tous mes collègues du groupe Leroy-Somer qui m'ont épaulé tout au long de ma carrière et sans lesquels cette entreprise n'aurait jamais pu conquérir le leadership au plan mondial.

C'est un métier difficile que d'être patron des activités d'un groupe industriel multinational sur une zone s'étendant sur onze fuseaux horaires. Je suis devenu l'un des meilleurs clients d'Air France. Certaines années j'ai dû effectuer l'équivalent de quinze fois le tour du monde. Or tous ces voyages se mesurent pour moi en amis plutôt qu'en miles. Car quel bonheur de rencontrer sur le terrain des hommes et des femmes, merveilles d'engagement, de motivation, d'innovation, et d'humanisme !

Je remercie nos armées, et plus particulièrement la Marine nationale qui assure la sécurité des Français, 365 jours par an, 24 heures sur 24, sur toutes les mers du monde.

Je remercie également nos ambassades, qui représentent, défendent et promeuvent les intérêts de la France, de ses entreprises et de ses ressortissants dans tous les domaines à l'étranger. Je sais à quel point votre mission est essentielle au bien-être de notre pays. Chaque exportateur a besoin de pouvoir se faire une idée du pays dans lequel il souhaite faire affaire. Ceci serait impossible sans vos efforts rigoureux, consciencieux et complexes.

Vous produisez de la confiance et du lien entre les pays, et cela n'a pas de prix.

Cette médaille, je souhaite aussi la partager avec tous mes amis. Car je voudrais vous montrer qu'aujourd'hui nous ne célébrons pas une personne, mais une histoire commune.

Je suis originaire de Brive-la-Gaillarde, ville enchâssée dans les contreforts du Massif central et en même temps ville culturelle authentique ouverte sur le monde, hôte par ailleurs du glorieux 126e d'infanterie, régiment d'élite de notre Armée depuis Verdun jusqu'à l'Afghanistan et au Mali. Lorsque je suis arrivé à Singapour comme patron des activités de la zone Indopacifique de Leroy-Somer, il faisait chaud, mais je n'ai certes pas autant souffert de la chaleur que mes valeureux camarades de l'Opération Barkhane !

Mon engagement dans le tissu associatif, d'abord dans mon Alsace-Lorraine maternelle, puis dans la région parisienne lors de mes études, a été très enrichissant, mais n'a pas complètement assouvi mon ambition de mieux servir la société. C'est finalement le Don du Sang, à la fois civil et militaire, qui a été le grand tournant dans ma vie de jeune adulte.

C'est une action qui va dans le sens même de mon engagement, servir les autres, soulager la souffrance, créer le lien avec autrui.

Et ce lien peut également être créé grâce au commerce international et aux investissements internationaux qui lient les peuples entre eux et contribuent au dialogue des civilisations et non au choc des ignorances.

Échanger, investir, soulager, soigner, nourrir, mais aussi aider au développement pour libérer l'homme de la servitude et du besoin : autant de tâches exaltantes menées dans un effort continu, sans relâche grâce à la volonté et à l'abnégation de tous les acteurs de « l'équipe France » à l'étranger.

Je crois que cette distinction envoie également un message fort aux nombreuses personnes qui se consacrent à la promotion de la paix, de la sécurité et des droits de l'homme ; à toutes celles qui promeuvent les entreprises françaises et l'attractivité de la France à l'étranger ; à toutes celles qui assurent la promotion des idées, de la langue et de la culture françaises à travers le monde tout en servant la diversité culturelle et en tout premier chef, nos Alliances françaises ; à toutes celles qui agissent sur le terrain, travailleurs humanitaires et de santé, pour soulager les souffrances des populations en besoin d'assistance partout dans le monde, et qui interviennent dans des contextes de plus en plus dangereux.

À celles, enfin, qui contribuent à organiser une mondialisation qui respecte le développement durable et l'équilibre de notre planète.

J'ai donc beaucoup de plaisir et de fierté à être présent aujourd'hui.

Alors que nous affrontons la pire pandémie depuis plus d'un siècle, ainsi que des incertitudes vertigineuses en termes géopolitiques et économiques, le monde a plus que jamais besoin de la France.

Je voudrais donc vous dire que je considère à titre personnel que cet honneur n'est pas une consécration, c'est au contraire une obligation d'action.

Monsieur le Ministre, la médaille que vous venez de me remettre est un nouvel « ordre de mission ».

Je continuerai donc à servir avec ardeur les instances de l'État, les entreprises, les institutions de recherche et d'enseignement, les fondations et associations avec lesquelles j'ai créé des liens. Vous pouvez être certain que je poursuivrai cette mission au service de la France et de ce ministère où vous m'avez très symboliquement invité, pour recevoir ces insignes.

Monsieur le Ministre, Amiral, mon Général, mon Colonel, Monsieur le Secrétaire général, Monsieur l'Ambassadeur, Madame la Directrice, mes chers collègues et camarades, très chère Famille, je vous remercie.

Serge Pierre Besanger
Président de la Fondation Leroy

Annexe 7 : Quand l'entreprise est partenaire de la Garde nationale

Les employeurs sont essentiels dans le dispositif de la Garde nationale française. Leur adhésion est un préalable nécessaire afin d'inciter leurs réservistes salariés à se dévoiler et à faciliter leur mobilisation lorsque les armées en expriment le besoin.

Les entreprises qui deviennent partenaires de la défense ont valeur d'exemple. Elles concrétisent leur engagement envers la Nation en reconnaissant celui de leurs réservistes. De plus, cette forme de notoriété offre l'avantage de les rendre plus attractives pour recruter, mais aussi fidéliser les jeunes qui rejoignent le monde du travail et souhaitent apporter une réponse concrète à leur désir d'engagement.

Ce partenariat est source d'une fierté partagée : fierté d'être réserviste et fierté d'employer des réservistes. Les nombreuses entreprises déjà signataires se félicitent de la conclusion de ce pacte gagnant-gagnant qui se concrétise par une meilleure implication des collaborateurs et un accroissement des performances. Ce constat illustre précisément la valeur immatérielle du réserviste. Il s'agit en effet d'une catégorie de personnels étant en capacité de transposer dans leurs entreprises, pour l'intérêt commun, les valeurs militaires acquises durant leurs périodes de formations et missions opérationnelles.

En contrepartie des facilités accordées aux réservistes, les entreprises signataires d'une convention de soutien à la politique de la réserve opérationnelle peuvent bénéficier de certains avantages tels que : l'attribution de la qualité de partenaire de la défense nationale, par arrêté du ministre des Armées, la déduction au titre de l'impôt sur les sociétés (dispositif de mécénat d'entreprise) du montant de la rémunération maintenue, la possibilité de faire état de leur soutien à la Garde nationale dans leur déclaration de performance extrafinancière pour une prise en compte au titre de la responsabilité sociale des entreprises (RSE), prétendre à l'assimilation de certaines périodes de réserve à la formation professionnelle continue et à la récupération des coûts salariaux correspondants, avoir accès à des informations relatives à la défense et à la sécurité nationale, s'inscrire à des colloques, formations et stages proposés par le secrétariat général de la Garde nationale.

Toujours soucieuse de promouvoir l'action des réservistes et des employeurs de réservistes tout en recueillant l'adhésion d'un large public à ces principes, la Garde nationale organise des événements parmi lesquels le Prix de la Garde nationale. Remis chaque année, à l'occasion d'une cérémonie, ce prix récompense les employeurs qui œuvrent en faveur de l'engagement de leurs collaborateurs réservistes en mettant en place de bonnes pratiques en interne. Certaines signatures de convention donnent lieu à des actions de communication particulières lors desquelles les réservistes de l'entreprise sont invités et mis en avant.

L'événement national majeur, valorisant les réservistes, à l'occasion d'une manifestation sportive, est le Trophée de la Garde nationale. Par ailleurs, chaque année, durant un mois, se tiennent les journées nationales des réservistes (JNR) ; l'occasion pour les militaires et les employeurs de réservistes, de mettre en valeur leur engagement grâce à des manifestations de natures diverses et d'informer le grand public, notamment les jeunes de moins de 30 ans.

ET POUR EN SAVOIR PLUS…

On consultera le témoignage de Georges Chavanes, *Leroy-Somer, aventure industrielle et humaine du XXe siècle*, paru chez Sud-Ouest éditions en 2012. Les valeurs de prise de risque, l'esprit d'initiative, le goût du travail bien fait y sont amplement décrits, de même que la volonté de l'actionnaire majoritaire, Madame Suzanne Hommet, d'investir à long terme sans rechercher le profit immédiat.

D'autres portraits de Leroy peuvent être consultés dans le livre de Daniel Baudout, « *Leroy-Somer* », paru aux éditions de l'Institut d'Histoire sociale de la Charente en 2019.

Concernant l'industrie au sens large, on lira avec profit *La Désindustrialisation de la France : 1995-2015*, de Nicolas Dufourcq, paru chez Odile Jacob en 2022.

Serge Pierre Besanger en compagnie de Pierre Barbecot,
ex-directeur de zone Afrique
et Georges Chavanes,
ex-président du directoire puis président du conseil de surveillance de Leroy-Somer.

Photo prise à Torsac, en Charente, en novembre 2012.

L'auteur peut être contacté à l'adresse mél suivante : sbesanger@gmail.com
et sur LinkedIn : https://www.linkedin.com/in/serge-besanger/u

Structures éditoriales du groupe L'Harmattan

L'Harmattan Italie
Via degli Artisti, 15
10124 Torino
harmattan.italia@gmail.com

L'Harmattan Hongrie
Kossuth l. u. 14-16.
1053 Budapest
harmattan@harmattan.hu

L'Harmattan Sénégal
10 VDN en face Mermoz
BP 45034 Dakar-Fann
senharmattan@gmail.com

L'Harmattan Cameroun
TSINGA/FECAFOOT
BP 11486 Yaoundé
inkoukam@gmail.com

L'Harmattan Burkina Faso
Achille Somé – tengnule@hotmail.fr

L'Harmattan Guinée
Almamya, rue KA 028 OKB Agency
BP 3470 Conakry
harmattanguinee@yahoo.fr

L'Harmattan RDC
185, avenue Nyangwe
Commune de Lingwala – Kinshasa
matangilamusadila@yahoo.fr

L'Harmattan Congo
219, avenue Nelson Mandela
BP 2874 Brazzaville
harmattan.congo@yahoo.fr

L'Harmattan Mali
ACI 2000 - Immeuble Mgr Jean Marie Cisse
Bureau 10
BP 145 Bamako-Mali
mali@harmattan.fr

L'Harmattan Togo
Djidjole – Lomé
Maison Amela
face EPP BATOME
ddamela@aol.com

L'Harmattan Côte d'Ivoire
Résidence Karl – Cité des Arts
Abidjan-Cocody
03 BP 1588 Abidjan
espace_harmattan.ci@hotmail.fr

Nos librairies en France

Librairie internationale
16, rue des Écoles
75005 Paris
librairie.internationale@harmattan.fr
01 40 46 79 11
www.librairieharmattan.com

Librairie des savoirs
21, rue des Écoles
75005 Paris
librairie.sh@harmattan.fr
01 46 34 13 71
www.librairieharmattansh.com

Librairie Le Lucernaire
53, rue Notre-Dame-des-Champs
75006 Paris
librairie@lucernaire.fr
01 42 22 67 13

www.ingramcontent.com/pod-product-compliance
Lightning Source LLC
LaVergne TN
LVHW010020081026
849535LV00016B/1842
* 9 7 8 2 1 4 0 4 8 5 8 5 5 *